insel taschenbuch 1822
Dietmar Grieser
Schauplätze der Literatur

Dietmar Grieser
Schauplätze der Literatur

Vom Zauberberg
zur Strudlhofstiege
Mit zahlreichen Abbildungen

Insel Verlag

insel taschenbuch 1822
Erste Auflage 1996
Insel Verlag Frankfurt am Main und Leipzig

Lizenzausgabe mit freundlicher Genehmigung des
Langen Müller Verlags, München
Hinweise zu dieser Ausgabe am Schluß des Bandes
Vertrieb durch den Suhrkamp Taschenbuch Verlag
Umschlag nach Entwürfen von Willy Fleckhaus
Satz: Hümmer GmbH, Waldbüttelbrunn
Druck: Nomos Verlagsgesellschaft, Baden-Baden
Printed in Germany

1 2 3 4 5 6 – 01 00 99 98 97 96

INHALTSVERZEICHNIS

... bis man eines Tages mit Verwunderung feststellt, daß dieser sagenhafte Ort wirklich vorhanden ist.

ERNST PENZOLDT

VORWORT

Dies ist ein Buch für Leser, die ein sinnliches Verhältnis zur Literatur haben.

Es ist der sinnliche vom asketischen Leser zu unterscheiden. Wo dieser, Purist und Puritaner, mit der bloßen Textaufnahme sein Auslangen findet, drängt es jenen, den Romantiker, auch zu *physischer* Annäherung an das geliebte Werk. Er möchte, was er in sein Herz geschlossen hat, mit Händen greifen.

Doch wie stellt er das an? Kann ihm, dem von solchem Eros Getriebenen, überhaupt geholfen werden? Literatur zum Anfassen – gibt es das? Leser und Werk – sind zwischen diesen beiden nicht letztlich Barrikaden errichtet, unüberwindlich aufgetürmt aus Raum und Zeit?

Gewiß. Doch es sind Barrikaden, denen beizukommen ist: der Zeit mit den Mitteln der Erinnerung, der Phantasie. Das Instrumentarium zur Aufhebung der *räumlichen* Distanz ist um eine Dimension reicher: um die des Reisens. Der Leser, der mit einem Stück Dichtung nicht nur im Imaginativen, sondern auch auf der *sinnlichen* Ebene intim werden will, kann dies tun, indem er ihm entgegenreist, ihm an seinem Schauplatz »nachsteigt«, wie es in der Sprache der Liebenden heißt: seine Nähe sucht.

Ob er sie aber auch finden wird? Ob diese Nähe nicht vielleicht doch etwas ist, was sich nur zwischen Buchdekkeln herstellen läßt, niemals außerhalb, niemals in freier Flur? Für den Asketen ist es keine Frage: Er wird in solchem Schweifen stets nur ein Abschweifen erblicken können, wenn nicht noch Verächtlicheres: Ausschweifung. Eine wirkliche Annäherung, wird er einwenden, kommt durch Literaturtourismus nicht zustande; Ionesco spräche von »esprit de concierge«. Literatur ist etwas Schönes, Tourismus ist etwas Schönes, wie schön muß erst Literaturtourismus sein – das wäre denn doch eine zu simple Rechnung. Wer den Dichter will verstehen, muß in Dichters Lande gehen – hier irrt Goethe.

Wenn es nun aber um ganz anderes ginge? Um jene kleine, sentimentale Zuwaage des Enthusiasten, jene gewiß überflüssige, aber darum doch nicht gleich tadelnswerte Neugier des »aficionado«, um einen Akt der Zärtlichkeit? Hermann Hesse empfiehlt in seinem berühmten Traktat vom Umgang mit der Weltliteratur, den Weg der *Liebe* zu gehen, nicht den der *Pflicht*. Ein guter Rat. Was aber, wenn es einen dabei gründlich erwischt? Wenn einer auf diese Weise dem Werther verfällt, wenn er Blanche DuBois' Scheitern als Endstation seiner eigenen Sehnsüchte erkennt, Raskolnikows Irrgänge durch die Gassen von St. Petersburg als seine eigenen Neurosen, Hans Castorps Exkurse auf den »Zauberberg« als Abbilder seines eigenen Strebens? Ist es dann so abwegig, wenn es ihn danach verlangt, auf eine Weise, die manchem anderen vordergründig erscheinen mag, die räumliche Distanz zu dem geliebten Werk zu verkürzen und sich auf die Suche nach der Brücke von San Luis Rey zu machen, in Joseph Roths »Hotel Savoy« Einkehr zu halten, an Julia Capulets Grab zu verweilen, sich auf Carmens Spur zu setzen, zu forschen, was seit Stifters Tagen aus dem Rosenhaus geworden ist, wie es sich mit dem Revier der bösen Buben Max und Moritz verhält und der sagenhaften Sherlock-Holmes-Adresse, mit dem Schloß Gripsholm und der Strudlhofstiege, ob der Schimmelreiter noch immer spukt und der steinerne Engel des Thomas Wolfe nach wie vor heimwärts schaut, kurzum: sich mit der Weltliteratur an Ort und Stelle einzulassen?

Dies hat ja der Büchernarr dem Kunstfreund voraus: Er kann seinen Sinnen freieren Lauf lassen. Den Louvre-Besucher, der fassungslos vor der Schönheit der samothrakischen

Nike steht, hindert der argwöhnisch lauernde Museumswärter daran, mit eigenen Händen die geliebten Konturen nachzuprüfen. Das ist das Klösterliche an allen Kunstsammlungen: Immer ist eine Verbotszone zwischen Werk und Betrachter – das Glas einer Vitrine, ein Absperrseil, das leidige »Nicht berühren!« In der Literaturlandschaft heulen keine Alarmanlagen auf: Die Wege, die Shakespeare und Dostojewski, die Thomas Mann und Hemingway, die Wildgans und Handke ihren Geschöpfen vorgezeichnet haben, sind allzeit frei begehbar. Nicht bloß in der Phantasie. Wo ihnen ein Stück *Realität* zugrunde liegt, auch in der *Realität*.

Vom Verbrecher sagt man, ein geheimnisvoller Zwang treibe ihn unwiderstehlich dazu, an den Ort seiner Tat zurückzukehren, noch bevor ihm, von der Obrigkeit überführt, dies von Amts wegen auferlegt wird: zum Lokalaugenschein. Solche Tatorterkundung zu entkriminalisieren, sie auch im literarisch-fiktiven Bereich salonfähig zu machen – dazu soll dieses Buch ein Beitrag sein.

DER DESINFIZIERTE ZAUBERBERG

Thomas Mann und Davos: Stationen einer Annäherung

Sie hätten sogar eigens die Kantonspolizei konsultiert, um eine hieb- und stichfeste Auskunft darüber einzuholen, was mit den Spucknäpfen zu geschehen habe und den Giftflaschen, und die Herren vom Amt hätten nach gründlichem Für und Wider zum Vergraben geraten. Das Operationsbesteck, obwohl hoch an Wert, habe man, nur um es los zu sein, hergeschenkt, und daß ich unter meinem Frühstücksgeschirr eine Silberkanne identifiziert habe, die noch das verräterische Signum »Waldsanatorium« trägt, ist der Frau Direktor, der ich von meiner morgendlichen Entdeckung berichte, gar nicht recht.

Das erste vom alten Inventar, das sie ausrangiert hätten, damals, Ende der fünfziger Jahre, als sie darangegangen seien, das *Waldsanatorium Dr. Jessen* ins *Waldhotel Bellevue* überzuführen, seien die Matratzen gewesen – vom vielen Liegen der schweren Fälle ganz ausgebeult, ein einziges schauriges *memento mori*. Und dann all das viele Weiß, wo immer man hinblickte! »Weiß und hart schimmernde Wände, mit einer lackartigen Ölfarbe überzogen«, »weiße, praktische Möbel«, »weiße, starke, waschbare Tapeten« heißt es im Anfangskapitel des »Zauberbergs«. Einen ganzen langen Sommer habe sie, das Febril-Sterile der Anstalt zu tilgen, Vorhänge genäht, nichts als bunte Vorhänge. Einzig die Liegestühle, deren »besonders wohltuende Wirkung« auch Hans Castorp nicht genug rühmen konnte, diese »ein wenig altmodischen Gestelle« aus rotbraun poliertem Holz, der dreiteiligen Matratze mit dem »weichen, kattunartigen Überzug« und der »weder zu festen noch zu

Alles in Weiß: Krankenzimmer im Original-»Berghof«.

nachgiebigen« Nackenrolle, habe man ins »neue Haus« übernommen – freilich (um auch sie von allem Tbc-Ruch zu befreien) mit einem frischen Farbanstrich. Ein Außenstehender mache sich ja keine Vorstellung davon, wie sehr die ersten Hotelgäste noch von der düsteren Vergangenheit des Hauses verunsichert gewesen seien. Ein kleines Loch in der Zimmerwand, von einem Bilderhaken herrührend, habe genügt, um ängstliche Naturen in Panik zu versetzen: Um Himmels willen, sitzen da am Ende noch Bazillen drin?

Heute, da die Tuberkulose weitgehend ihren Schrecken verloren habe, lache man über derlei, aber damals, 1957, als der Baron, dem das Haus gehöre, sie mit der Umwandlung des Lungensanatoriums Dr. Jessen, das zuletzt schon nur mehr ein Kurhaus mit freier Ärztewahl gewesen sei, in ein Hotel betraut habe, in ein Hotel für Wintersportler zumal, da sei es zunächst das Vordringlichste gewesen, jegliche Erinnerung an den »Schreckenspalast« und die »horizontale Lebensweise« seiner Insassen auszumerzen. Dreieinhalb Millionen Franken habe man sich die Sache kosten lassen. Ob ich nun also verstünde, weshalb man sich bei der Namensgebung solchen – zugegebenermaßen naheliegenden – Möglichkeiten wie »Hotel Berghof« oder »Haus Zauberberg« verschlossen und lieber für das unverfänglich-wohllautende, dank der wirklich imposanten Höhenlage des Hauses übrigens auch vollständig zutreffende »Bellevue« entschieden habe?

Jetzt, da es nicht mehr die Lungenkranken sind, die in Davos Heilung, Besserung, Überleben suchen, sondern viel eher die Asthmatiker, die Hautgeschädigten, die von Allergien Geplagten, da die Zahl der Sanatorien auf einige wenige geschrumpft ist und da die Skiläufer die Führung übernommen haben, da die Zimmer im ehemaligen »Berghof« statt mit Fieberthermometer und Spucknapf mit Mini-Safe und Schrankbar ausgestattet sind, da – laut Anschlag – Diätwünsche zwar Berücksichtigung finden, aber bis spätestens zehn Uhr im Büro zu melden sind, da die Fahnen vorm Portal nichts Grün-Weißes mehr an sich haben, nichts von »Emblemen der Heilkunde« wie noch in den Tagen des »Zauberbergs«, sondern massiv Nationales: Schweiz, Graubünden und Davos, haben auch »die da oben« aufgehört, die alte Zeit zu tabuieren. Man kann es sich mittlerweile leisten, Gäste mit literarischen Neigungen – zumal solche, die von sich aus danach forschen – über die vormalige Funktion gewisser im Souterrain gelegener Räumlichkeiten aufzuklären, kann sich also etwa in makabren Scherzen darüber ergehen, daß die Kellerbar, bevor man die Zwischenwände umgelegt habe, der Schlaftrakt der Assistenzärzte gewesen sei, die heutige Lingerie früher als Operationssaal, Laboratorium und Röntgenzimmer gedient habe, die Fonduestube die Spucknapfwaschkammer und das Fernsehzimmer – nun ja: das Moribundenkabinett gewesen sei. Ja, vielleicht ist sogar

Das Davoser Lungensanatorium Dr. Jessen: Modell des »Berghofs« aus Thomas Manns »Zauberberg«.

der Tag nahe, da man es bereuen wird, daß bei der Austreibung der »Berghof«-Vergangenheit allzu radikal verfahren worden ist und man Geschmack daran fände, dies und das vom alten Inventar, gar vom nunmehr literarisch so sehr aufgewerteten, noch zur Hand zu haben, um es bei Bedarf vorzeigen zu können: jenen zwar mitunter lästigen, aber doch auch schmeichelhaften Petenten aus Japan und Amerika zu Gefallen, aus Deutschland und aus aller Welt, denen es so viel zu bedeuten scheint, einen Blick ins »Russenzimmer« werfen oder ihr Ohr an jene »schändlich billig gebauten« Wände legen zu können, durch die der tief verstörte Hans Castorp »alles so deutlich hörte«, ihren Fuß auf den Balkon zu setzen, der noch genauso wie früher, da seine Konstruktion die verbotenen erotischen Kontakte unter den Pfleglingen begünstigte, »durchläuft und nur vermittelst undurchsichtiger, nicht ganz bis zum Geländer vortretender

Glaswände in einzelne Zimmerbereiche geteilt« ist, oder den charakteristischen Klang jener Restauranttür zu erproben, die die schöne Madame Chauchat immer so geräuschvoll ins Schloß fallen ließ.

Ansätze zu diesbezüglicher Umkehr, zu vermehrter Inanspruchnahme des noch vor kurzem verpönten »Ruhms«, haben mittlerweile sogar im neuen Hotelprospekt ihren Niederschlag gefunden, wo den Hinweisen auf Sonnenlage und Waldnähe, auf Liegebalkon und Sanitärkomfort, auf Parkraum und Garagenheizung auch ein eigener »Zauberberg«-Passus folgt – freilich einer, der der Direktion des Hauses auf dem Fuß eine Philologenrüge aus dem Hamburgischen eintrug, die Rolle, die das Waldsanatorium dabei gespielt habe, streng ins rechte Lot rückend: nicht geschrieben, wie man sich zu behaupten anmaße, habe Thomas Mann seinen Roman hier, sondern nur die Anregung dazu empfangen – damals im Frühjahr 1912, als seiner Frau, von den vier allzu rasch aufeinanderfolgenden Schwangerschaften geschwächt und von einem leichten Lungenspitzenkatarrh befallen, ein längerer Aufenthalt im Hochgebirge verordnet worden war. Frau Katia, von ihrer Mutter nach Davos begleitet, stieg zunächst im Hotel Rätia ab – das Haus existiert nicht mehr; an seiner Stelle steht heute ein protzigklotziger Supermarkt. Nach zehn Tagen wechselte man ins Waldsanatorium des berühmten Professors Jessen über, droben am Waldrand bei der Hohen Promenade, etwa auf halber Strecke zwischen Platz und Dorf. Und hier kam nach geraumer Weile – ganz wie der Ingenieur Hans Castorp zu seinem kranken Vetter Joachim Ziemßen – Thomas Mann zu seiner Gattin auf Besuch. Teils aus eigener Anschauung, »wie Odysseus im Schattenreich«, teils aber auch aus den Berichten und Korrespondenzen der für volle sechs Monate an Davos gefesselten Gefährtin nahm der Dichter nun also den »hermetischen Zauber« der Sanatoriumswelt in sich auf, dermaßen »impressioniert« von jenem Zwischenreich zwischen Leben und Tod, daß er – so Katia Mann in ihren Erinnerungen – »gleich daran dachte, über Davos eine Novelle zu schreiben, quasi als groteskes Nachspiel und Gegenstück zum Tod in Venedig«. Aus der geplanten Novelle wurde dann der »Zauberberg«.

»Ich leiste hier meiner gebesserten, aber noch keineswegs hergestellten Frau Gesellschaft und gewöhne mich mühsam an die 1600 m«, schrieb der 37jährige über jene dreieinhalb Mai/Juni-Wochen in einem Brief an den Freund Hans von Hülsen nach Bad Tölz. »Ein paar Tage lang machten sie mir sogar Fieber, so daß der Professor mich schon profitlich lächelnd für offenbar tuberkulös und einer längeren Kur bedürftig erklärte.« Doch Thomas Mann, der Diagnose mißtrauend, holte bei seinem Münchner Hausarzt brieflich Rat ein, und der schrieb ihm postwendend zurück, die Davoser Lungenärzte hätten noch bei jedem irgendeine »Stelle« gefunden, er solle nur ja gleich heimkehren, er habe in Davos ganz und gar nichts zu suchen.

So blieb es denn bei den paar Wochen, doch auch sie reichten aus, den Dichter in Fülle mit jenen »wunderlichen« Realien zu versorgen, die später – von Sommer 1913 bis Herbst 1924 schrieb Thomas Mann, mit zum Teil kriegsbedingten Unterbrechungen, am »Zauberberg« – in den Roman einflossen: im Sinne jener »subjektiven Vertiefung des Abbildes einer Wirklichkeit«, die er schon in seiner berühmten Selbstrechtfertigung »Bilse und ich« verteidigt und ein andermal als das überhaupt »Allervergnüglichste« bezeichnet hatte: »auf geistige, steigernde Art nach der Natur zu arbeiten«. Während Hans Castorp ein Zimmer im Haupthaus bezog: Nr. 34, den Vetter zur Rechten, das skandalöse Russenpaar mit seinen »geräuschvoll-tierischen« Spielen zur Linken, wurde Thomas Mann, ein »windiger Hospitant« nur, im Gästehaus untergebracht, dort wo dreißig

Jahre zuvor schon sein schottischer Kollege Robert Louis Stevenson logiert hatte, als Schwerkranker letzte Hand an das »Schatzinsel«-Manuskript legend. Es ist die heutige »Villa am Stein«, eine Zeitlang übrigens auch der Privatwohnsitz des Geheimrats Dr. Jessen, der im »Zauberberg«, wie Thomas Mann gelegentlich vor amerikanischen Studenten zugegeben hat, zumindest umrißartig als »Hofrat Behrens« wiederkehrt, jener schnoddrig-saloppe Chef des »Berghofs«, an dessen übermütiger Karikierung zum »Monstrum von Zynismus und Herzlosigkeit« später weite Kreise der Ärzteschaft glaubten Anstoß nehmen zu müssen.

Das Gebäude, die typische Dependance, inzwischen gleichfalls umgestaltet und modernisiert, ist dem Haupthaus vorgelagert, diesem jedoch nicht mehr zugehörig: Privatappartements. Dafür blieb in Dingen, bei denen sie der heutige Besucher wohl am wenigsten erwarten würde, eine bemerkenswerte Kontinuität gewahrt: In der Halle vorm Speisesaal, wo Thomas Mann den Assistenzarzt Dr. Krokowski »vor dem gesamten volljährigen, der deutschen Sprache kundigen und nicht moribunden Publikum« des »Berghofes« seine populärwissenschaftlichen Vorträge halten läßt, bereitet nun der Herr Hoteldirektor den Gästen des »Bellevue« eine »regelmäßig wiederkehrende Abwandlung des Tageslaufes«, indem er ihnen, ein Meister des anspruchsvollen Amateurfilms, einmal pro Woche seine Werke vorführt. Natürlich sind da Unterschiede. Ging es bei Krokowskis »belehrender Unterhaltung« nach dem zweiten Frühstück um das Generalthema »Die Liebe als krankheitsbildende Macht« (und später vollends um Biophysisches und schlicht Spiritistisches), so ist Direktor R. auf die filmische Umsetzung anerkannter Konzertstücke spezialisiert, wofür er sich notorisch die apartesten Drehplätze und Requisiten einfallen läßt. So kam für Griegs Peer-Gynt-Suite nur das Engadin in Frage, und die Flammen, die durch seine »Rhapsody in Blue« züngeln, stammen – das nenne ich künstlerische Ökonomie! – von jenem Feuer her, mit dem man im Zuge der Speisesaalmodernisierung den ausgedienten Fußbodenbelag von Anno »Berghof« verbrannte – so wie bald darauf übrigens auch die alten Sanatoriumsakten, die man zunächst volle zehn Jahre hatte aufbewahren müssen, nur weil noch immer, zumeist in Wiedergutmachungsangelegenheiten ehemaliger NS-geschädigter Patienten, die eine oder andere dringliche Anfrage zu erledigen war.

Gleich neben der Filmvorführkabine befindet sich die Hotelbibliothek. Sie ist gut bestückt, besser als in den alten Tagen, wo sie bloß den »erweiterten Unterhaltungsbestand eines zahnärztlichen Wartezimmers« bot; neben dem Hauptkatalog liegt eine Liste der jüngsten Neuerwerbungen auf. Der »Zauberberg«, obwohl in drei Exemplaren vertreten, darunter auch, für die Englischsprachigen, ein »Magic Mountain«, bilde einen ständigen Streitgegenstand unter den Gästen, weil ihn die meisten zu lange behielten, doch was solle man tun, die Ermahnten redeten sich regelmäßig auf die horrende Länge des Textes aus, und der zweite Teil, da helfe kein Beschönigen, ziehe sich ja in der Tat sehr. Auch als ich Nachschau halten will, sind die Nummern 264 a, 264 b und 706 nicht an ihrem Platz, und so überbrücke ich denn meine Wartezeit mit Max Frisch und delektiere mich daran, es so viel besser getroffen zu haben als dessen »Stiller«, der, gleichfalls auf Lokalaugenschein in Davos, wenn auch mit dem staatlichen Gefängniswagen, mit weit weniger Finderglück gesegnet ist als ich: »Sie haben mir das Sanatorium zeigen wollen, wo Julika seinerzeit gelegen hat; es ist inzwischen niedergebrannt, und mein Verteidiger ist darüber sehr untröstlich.« Am Nachmittag, im Café Schneider an der berühmten Promenade, wo die Zuckerbäcker, wintersportlichen Modetrends ihren Tribut zollend, sich »Curling-Steine« als neueste Kreation haben einfallen lassen und wo einst, in der großen Davoser Zeit, also in den Jahren vor 1918, als noch der russische Hochadel hierher Kaviar und Champagner frühstücken kam, in den paar Morgenstunden mehr umgesetzt wurde als heute – bei an sich anhaltend gutem Geschäftsgang – an einem ganzen Tag, blättere ich in der »Davoser Zeitung«. Mein Blick bleibt an einer Verlautbarung der *Schweizerischen Alpinen Mittelschule* hängen, die für die nächsten Wochen einen sechsteiligen Abendkurs »für Erwachsene und Jugendliche mit erfüllter Schulpflicht« ankündigt: »Thomas Mann / Eine Einführung in sein Werk«. Im Begleittext wird darauf hingewiesen, daß es nunmehr gut fünfzig Jahre her sei, seitdem der »Zauberberg« erschienen ist; ich lese, wieviel Staub dieses Ereignis damals in Davos aufgewirbelt habe, weil das Buch allgemein als »Schmähung des renommierten Kurortes« empfunden worden sei, und wie sehr man damit letzten Endes doch unrecht gehabt habe, da sich inzwischen – »mit dem nötigen geschichtlichen Abstand« – bestätigt habe, daß der Name Davos durch den »Zauberberg« doch »nur noch bekannter« geworden sei. Thomas Manns Einfluß auf Nächtigungsziffer und Kurtaxe – eine Art der Literaturbetrachtung, die mir aus der Feder eines Mittelschulprofessors nicht recht gefallen will. Sollte mir irrtümlich jene Dissertation in die Hände gefallen sein, die ein Doktorand der Wiener Hochschule für Welthandel vor einigen Jahren über das Thema »Touristisches Marketing mit besonderer Berücksichtigung von Davos« geschrieben hat? Eine höchst verdienstliche Arbeit übrigens, minuziös die Wandlungen des ursprünglichen Bergbauerndorfes zum Weltkurort und des Weltkurortes zum Wintersportparadies nachzeichnend, von einem Institut für Fremdenverkehrsforschung angeregt, von einem Professor der Wirtschaftswissenschaften approbiert – ich muß es nochmals sagen: eine durch und durch saubere Angelegenheit. Aber die Ankündigung eines Literaturseminars aus dem Blickwinkel touristischer Marketingstrategie?

Ich mache mich auf, den Mann, dem solches zugemutet wird, kennenzulernen. Dr. B. ist Lehrer für Deutsch und Philosophie an der *Schweizerischen Alpinen Mittelschule* in Davos-Platz, die sich in Zeitungsinseraten als »Die gute Schule in den Bergen« empfiehlt und, soweit es ihre Räumlichkeiten betrifft, im Jahr 1945 die Nachfolge jenes deutschen Krankengymnasiums Fridericianum angetreten hat, dem – wie wir aus dem »Zauberberg« wissen – einer der Protagonisten der »pädagogischen Provinz«, der jüdische Jesuit Leo Naphta, als Professor für alte Sprachen »zur Zierde gereichte«. Ich treffe Dr. B. in seiner Wohnung im Jürg-Jenatsch-Haus in Davos-Dorf an. Hier, in der auf Heimatstolz getrimmten »Villa vecchia« mit den schönen Wappen, Fensterläden und Sgraffiti, hat der Bündner Freiheitsheld, über den Conrad Ferdinand Meyer seinen berühmten Roman geschrieben hat, die wenigen ruhigen Tage seines Lebens zugebracht. Es ist jene dicht besiedelte Gegend zwischen dem Bahnhof Dorf, wo Joachim Ziemßen den Vetter aus dem Flachland vom Zug abholt, dem »Stationsgebäude, das nicht viel mehr als ein Schuppen war«, und dem »nach dem Hotel d'Angleterre genannten Englischen Viertel«, in dessen Luxusläden »die da oben« ihre Einkäufe zu tätigen pflegten, etwa dort, wo übrigens auch jenes »Häuschen mit der weinumkränzten Haustür« zu suchen wäre, das Thomas Mann nebst Krämerladen und Damenschneiderei als Domizil der streitbaren Herren Naphta und Settembrini angibt.

Dr. B. legt, als ihm mein Besuch gemeldet wird, die Geige aus der Hand; ich bin beruhigt: Hier wird Thomas Mann bestimmt nicht nach seinem touristischen Nutzeffekt taxiert. Ihn, B., interessierten am »Zauberberg« in erster Linie die Streitgespräche zwischen dem Freimaurer und dem Jesuiten, er selber sei ja Philosoph, die »Örtlichkeit« des

Ganzen sei für ihn etwas von durchaus untergeordneter Bedeutung, eigentlich nur ein »zufälliger Anhang«. Der Dichter, der eben ein Stück Wirklichkeit benützt hat – so sehe er das. Es gebe daher für ihn auch keine Veranlassung, in seinen Vorträgen das Davosische am »Zauberberg« besonders herauszustreichen, und eine einschlägige Exkursion wäre wohl das letzte, was ihm dazu einfiele. »Die Kunst des Lesens« sei schon das Thema seines vorangegangenen Abendkurses gewesen, im Jahr davor: Ihm gehe es darum, den Leuten mit praktischer Lesehilfe an die Hand zu gehen. Doch Dr. B. ist kein Unmensch: Er selber macht den Vorschlag, mich nach Tisch zu einer »Zauberberg«-Promenade zu treffen und dabei als der Ortskundige die Führung zu übernehmen.

Bei unserer vorläufigen Verabschiedung scheinen ihm noch letzte Bedenken durch den Kopf zu gehen: Wie ist das, verliere ich nicht mein Gesicht, wenn ich mich auf derlei Äußerlichkeiten einlasse? Doch am Nachmittag, als wir uns zur vereinbarten Stunde auf der Hohen Promenade, dem klassischen Auslauf der »Berghof«-Insassen, treffen, gibt Dr. B. auch den letzten Rest an Widerstand auf. Die Lust des Einheimischen, vor dem Fremden seine Schätze auszubreiten, siegt über alle literaturtheoretischen Bedenken, mein Begleiter kommt in Fahrt, kein Schnee ist ihm zu tief, kein Kletterpfad zu unwegsam, wo es darum geht, einen der markanten »Zauberberg«-Schauplätze zu lokalisieren, und die Mühen, die er etwa auf sich nimmt, Hans Castorps Lieblingsort am Gießbach anzupeilen, lassen fast den Schluß zu, längst sei dies auch sein eigener Lieblingsort geworden. Er schildert, wie sehr sich dies alles seit Thomas Manns Tagen verändert habe, sei es durch Besiedlung, sei es durch Lawinenabgänge; auch mit der Akelei, deren Anblick von seiner Sitzbank aus Hans Castorp so viel bedeutet habe, stehe es daher nicht mehr zum besten. Wir kommen an der Stelle vorbei, wo einst die Bobschlitten von der Schatzalp zu Tal sausten, im Winter – falls Thomas Mann zu glauben ist – mitunter Leichen mit sich führend: heute eine Skiabfahrt, grellrot markiert, eine von siebzig. Hangaufwärts liegt der Friedhof, doch aus dem hohen Schneepolster, der dessen »Denksteine und Kreuze« zudeckt, ragt an diesem Apriltag nur eine einzige jener Grabplatten hervor, deren Daten von so »zartem Gepräge« waren und deren Namen »aus allen Winden und Welten«: Bloß Vornamen und Todesjahr gelingt es mir zu entziffern – Nannie, 1906. Aber der wichtigere der beiden Ortsfriedhöfe, der mit den vielen Tuberkulose-Toten, sei ohnedies der am Waldrand in Richtung Clavadel gelegene, dort sei die Prominenz versammelt.

Dr. B. zeigt mir auch die Richtungen an, in denen Hans Castorps Ausflugsziele zu suchen seien: die »malerische Kaskade im Walde des Flüelatals«, dem man jetzt, solange der Schnee noch so hoch liege, nur mit Langlaufski beikomme, und das Kurhaus von Monstein, das am besten per Pferdeschlitten zu erreichen sei; er lenkt meinen Blick auf die Schneewände zu beiden Seiten unseres Hohlwegs, die den Leuten nach wie vor – so wie von Thomas Mann genüßlich geschildert – »zum Schreiben und Zeichnen dienten, zur Übermittlung von allerlei Nachrichten, Scherzworten und Anzüglichkeiten«; er bestätigt Joachim Ziemßens Jahreszeitentheorie, jene klimatische »Konfusion«, wonach es in Davos keinen Monat ohne Schneefall gebe, seine, B.s, eigenen Kinder seien öfter als einmal im August rodeln gegangen; und er kann sich nun sogar auf jenes heikle Thema einlassen, das schon so manchen »Zauberberg«-Scout in Verwirrung gestürzt habe: die Sache mit dem mystifizierenden Anfang. Während nämlich der Dichter, wo es ihm um die Beschreibung des »Berghofs« zu tun sei, die gesamte übrige Romanhandlung hindurch stets das Waldsanatorium zum Modell nehme, untrüglich und noch bei äußerster Verfremdung eindeutig, führe er den Leser ganz zu Beginn irre. Wären die

Vettern wirklich den bei Castorps Ankunft beschriebenen Weg gegangen, hätten sie also »die unregelmäßig bebaute, der Eisenbahn gleichlaufende Straße ein Stück in der Richtung der Talachse verfolgt, dann nach links hin das schmale Geleise gekreuzt, einen Wasserlauf überquert und nun auf sanft ansteigendem Fahrweg bewaldeten Höhen entgegengetrottet«, so wären sie niemals beim Hofrat Behrens alias Geheimrat Jessen gelandet, sondern bei der Konkurrenz, niemals im Waldsanatorium, sondern im Sanatorium Valbella, drüben auf der anderen Talseite, auf das denn auch vorzüglich die Beschreibung passe, die Thomas Mann von dessen Äußerem gibt: »ein langgestrecktes Gebäude mit Kuppelturm, das vor lauter Balkonlogen von weitem löcherig und porös wirkte wie ein Schwamm«.

Dem Thomas-Mann-Kenner ist klar, wieso der Verfasser des »Zauberbergs« in diesem einen Detail dem Waldsanatorium »untreu« geworden ist: So ergiebig dessen Interieur war, seiner Fassade fehlte es an Opulenz. Dies ist der Zeitpunkt, da Dr. B., bevor die Führung zu Ende geht, seine letzte Chance ergreift, ein klein wenig von dem verlorenen Terrain zurückzugewinnen: Wir kommen auf die Pläne zu sprechen, von denen zu wiederholten Malen zu hören gewesen sei, Pläne, den »Zauberberg« zu verfilmen. Das gibt B., nun wieder ganz Philosoph, wieder ganz aus der Rolle des Topographen und Heimatkundlers in die des Literaturasketen schlüpfend, das Stichwort, sich von aller weiteren Beschäftigung mit dem zu distanzieren, was der Dichter selber die »Vordergründigkeit« seines Romans genannt hat, und er kann es daher auch kein Versäumnis finden, daß die Davoser mit ihren Gedenktafeln und Gedenkbüsten, mit ihren Ruhmessäulen und Ehrenmälern wohl dem Sherlock-Holmes-Schöpfer Arthur Conan Doyle, dem Jenatsch-Barden Conrad Ferdinand Meyer oder dem Maler Ernst Ludwig Kirchner, nicht aber dem Autor des »Zauberbergs« ihre

Reverenz erwiesen haben: »Heute hat man andere Formen der Verehrung als Denkmäler.«

Die Dame im Verkehrsverein, die mir meine Interviews organisieren hilft, gibt sich Mühe, Verständnis dafür zu wecken, daß man in Davos, als der »Zauberberg« erschien, allen Grund hatte, dessen Autor gram zu sein. Und sie stellt es geschickt an: indem sie mich, den Fremden, in die Sache mit hineinzieht. Nichts also von etwaiger Empörung der Kurärzte über die Unterstellung, sie hielten ihre Patienten um des lieben Geldes willen über die Zeit hinaus in Davos fest (»Wollen Sie schon wieder drängeln?« weist Hofrat Behrens den Leutnant Ziemßen zurecht. »Schließlich läßt sich ja leben hier... Wir sind ja doch kein Bagno und kein sibirisches Bergwerk!«); nichts auch von schroffem Dementieren jener angeblichen Neigungen der Alt-Davoser Ärzteschaft, selbst an Kerngesunden den Keim der Krankheit zu konstatieren (welch ein pikantes Zusammentreffen, daß just in diesen Tagen Ivan Illich, bewundert-gehaßte Zentralfigur des Davoser Ärztekongresses 1975, der Medizin ins Gewissen redet, jeder fünfte Krankheitsfall gehe auf ihr Schuldkonto, auf das Konto eines Systems, das, um weiter expandieren, weiter profitieren zu können, alles tun müsse, die Leiden der Patienten zu konservieren!); und schon gar nichts von der überlieferten Entrüstung über den Vorwurf allzu großer sexueller Libertinage, der dem guten Ruf der Sanatorien da und dort Schaden zugefügt haben, ja sie geradezu als Lustschlösser erscheinen lassen mochte. Worum es den seinerzeit so aufgebrachten Davosern bei ihrem Unbehagen am »Zauberberg« gegangen sei, so klärt mich die Fremdenverkehrsdame auf, sei einzig und allein »der Schutz der Patienten« gewesen.

»Stellen Sie sich einmal vor«, geht sie die Sache frontal an, »Sie wären zur Kur hiergewesen, und dann machen eines Tages Ihre Bekannten Sie mit hämischem Grinsen aufmerksam: ›Hast du schon gelesen? Na, da hat dich einer in seinem Roman ja ganz schön durch den Kakao gezogen!‹ Sehen Sie, das geht nicht. Diskretion ist für uns das oberste Prinzip. Machen Sie einmal die Probe bei der Polizei – Sie werden sehen, die geben Ihnen keinen einzigen Namen heraus. Wenn Sie mich jetzt zum Beispiel nach den prominenten Besuchern der abgelaufenen Saison fragen wollten, ich könnte sie Ihnen nicht nennen. Nicht einmal wir haben Einblick in die Meldelisten. Als die Prinzessin Margaret von England zum Skilaufen hier war, blieb sie unerkannt. Und beim Skilift mußte sie genauso Schlange stehn wie alle andern.«

Das mag schon stimmen – heute. Aber soweit es die alte Zeit betrifft, irrt die gute Frau. Die »Davoser Blätter«, die ich mir einen Stock höher, beim Kurverein, vorlegen lasse, handliche Zeitungsbände mit der Patina der goldenen Jahre des Bündner Weltkurorts, veröffentlichten laufend und über ganze Seiten die Fremdenlisten, sorgfältig nach Heilanstalten und Hotels geordnet, und es genügt ein kurzes Blättern, um sogleich auch die Eintragungen »Herr Thomas Mann, München« und »Frau Thomas Mann, München« auszumachen. Und, ein paar Seiten weiter, die dazugehörige Annonce: »Waldsanatorium Prof. Jessen. 100 Meter oberhalb Davos-Platz. Heilanstalt für alle Formen der Tuberkulose. Höchster Komfort. Höchste Hygiene. Privat-Appartements mit eigenem Bad, Toilette und Telephon. Lichtsignale anstatt Glocken. Warm- und Kaltwasser in allen Südzimmern. Schwimmbassin. Sonnenbad. Röntgenkabinett.«

Zur Abendstunde, sowie er mit seinen Visiten fertig ist, bin ich beim Chefarzt der Hochgebirgsklinik Davos-Wolfgang angemeldet. Dr. Christian Virchow, Sproß der berühmten deutschen Gelehrtenfamilie, hat sich viel mit dem »Zauberberg« befaßt. Das wäre an und für sich noch nichts Besonderes, das haben gerade hier in Davos sehr viele seines Standes getan – schon damals, Mitte der zwanziger Jahre, als das Buch herauskam. Damals freilich vorwiegend geifernd. »Ein trübes Destillat einer trüben Zeit«, ließ sich der Geheime Sanitätsrat Dr. Karl Turban vernehmen, eine der medizinischen Koryphäen seiner Zeit, Herr über Tausende und Abertausende beschädigter Lungen. Er hielt sich vor allem an die medizinischen Details des Romans, ruhte nicht eher, als bis er Thomas Mann etlicher »Unrichtigkeiten« überführt hatte, bemühte sich, den Kollegen Jessen, dem in seinen Augen durch die Figur des »Hofrats Behrens«, dieses rhadamanthischen »Totenrichters und Teufelsknechts«, schweres Unrecht zugefügt worden war, zum Prozessieren zu bewegen, und sagte im übrigen dem »Zauberberg« baldiges Verschwinden in der Versenkung voraus: ein Sensationsroman, der beiseite gelegt und ein *Paralipomenon* bleiben werde. In den Sanatorien wurde alles getan, die Patienten dem »zersetzenden« Einfluß des Buches fernzuhalten, die Ärztewelt warf ihm vor, es sei dazu angetan, die Eltern junger Tuberkulöser davon abzuhalten, ihre Kinder nach Davos zu schicken, und als im Jahr 1927 Behrens-Jessen die Leitung des Waldsanatoriums niederlegte und nach Deutschland zurückging, hieß es sogleich, er habe dies nur aus Verärgerung über den »Zauberberg« getan. Dabei hatte er – zumindest in späteren Jahren – Humor genug, das Buch wiederholt selber zu verschenken – freilich mit der einschränkenden Widmung: »Von der besseren, im ›Zauberberg‹ nicht erwähnten Hälfte des Hofrats Behrens.« Doch es gab auch andere Stimmen. In der »Deutschen Medizinischen Wochenschrift« meldete sich eine Margarete Levy zu Wort, die – aus eigener Erfahrung als Kurgast und Ärztin in Davos – aus Thomas Manns Roman die Ermahnung an die Medizin herauslas, gegen die »entnervende und geistig verflachende Wirkung eines Lebens, das sich zusammensetzt aus Liegekur, Spazierengehen, Essen, Temperaturmessen und Schlafen«, eine »vernünftige Psychotherapie« zu entwickeln; ein ehemaliger Assistenzarzt vom »Berghof« schlug als Nutzanwendung aus dem »Zauberberg« Geschlechtertrennung in den Heilstätten vor, »wodurch die Kranken vor mancher Anfechtung und die Ärzte vor der ihrem eigentlichen Beruf fernliegenden Funktion von Moralwächtern bewahrt« blieben; und auch Davos selber, von dem großen Psychologen Willy Hellpach zur Versöhnlichkeit aufgerufen, unternahm mancherlei Anstrengungen, der »Zauberberg-Krankheit«, diesem nichtsnutzig-luxuriösen Leerlauf der »Schatten«, für die sich Thomas Mann in dem Kapitel »Der große Stumpfsinn« die albernsten Zerstreuungen einfallen ließ, zu steuern: Die Davoser Hochschulkurse wurden ins Leben gerufen, Männer wie Heidegger, Sauerbruch und Einstein kamen zu »denen da oben«, ihre Lehren vor ihnen auszubreiten, und sogar der Plan, in Davos eine Universität zu errichten, nahm vorübergehend Gestalt an.

Dies alles erfahre ich von dem Klinikchef Dr. Christian Virchow, einem noch jüngeren, vorzüglichen Mann von imponierender Strenge, dem ich in seiner Kanzlei gegenübersitze: ein »Verwandter höherer Gewalten« wohl auch er, doch kein Behrens-Typ, nicht ein Wort zuviel und jedes druckreif, der Literatur zugetan so wie jener der Malerei – kein Wunder, daß es ihn, den Thomas-Mann-Verehrer, nicht eher ruhen ließ, als bis auch er seinen Beitrag zum sich noch immer dahinschleppenden Versöhnungswerk geleistet hatte. War es denn möglich, daß sich in diesem Davos, als ihn sein Land im Jahre 1959 hierherschickte, noch immer vereinzelter Widerstand gegen den »Zauberberg« am Leben hielt? Es war. Und so sann dieser Christian Virchow auf eine spektakuläre Tat, auf irgend etwas Großes, Nobles, »Buchenswertes«, das geeignet wäre, die letzten bösen Geister zu bannen – und was konnte ihm da Besseres einfallen als ein »Besuch der alten Dame«? Katia Mann, 84jährig damals und

Witwe seit dreizehn Jahren, Bürgerin von Kilchberg, nahm die Einladung des Landammanns von Davos an, an einem der ersten Märztage 1968, 56 Jahre nach jenem Sanatoriumsaufenthalt, der eines der illustersten Werke der deutschen Literatur angeregt hat, für die Dauer eines Tages auf den »Zauberberg« zurückzukehren. Ihr Zimmer, »heiter und friedlich«, ihr Platz im Speisesaal, der »gute« und der »schlechte« Russentisch, Concierge und Korridor, Gesellschaftsraum und Promenade – sie alle spielten noch einmal, wohl das letztemal, für ein paar Stunden ihre frühere Rolle, und die alte Dame – seinerzeit, mit ihrer verschleppten Lungenaffektion, eigentlich nur jenen »Leichtkranken« zuzuzählen, die über die Achsel angesehen wurden, von denen die »Höher- und Hochgradigen« nur mit Geringschätzung sprachen – steuerte bereitwillig jenes Quantum fernsehgerechter Erinnerung bei, das man sich von ihr erhofft hatte: Erinnerung an den alten Behrens und die junge Chauchat, an die Damen Iltis und Stöhr, die in Wirklichkeit Maus und Plühr geheißen hätten, an Madame Tous-les-deux und den »Verein halbe Lunge«, ans Schweinchenzeichnen mit geschlossenen Augen und ans Türenknallen, an Balkonerotik und Walpurgisnacht, kurz: an den »Zauberberg«. Dr. Virchow drückt mir bei der Verabschiedung eine schmale Broschüre in die Hand und trägt mir auf, sie auf der Heimfahrt zu lesen. Es ist sein Bericht über jenen »eindrucksvollen, versöhnlichen Tag«, dessen heimlicher Regisseur er gewesen war – ein Ereignis so recht im Stile Thomas Manns, man brauche doch nur an »Lotte in Weimar« zu denken, dieses raffinierte Satyrspiel von der »großen Wirklichkeit« des »Werthers« und der »kleinen Wirklichkeit« des Lebens.

»Es ist mehr als kurios, die Realität, nachdem man sie lange vergeistigt, wieder vor sich zu haben«, schrieb der Dichter an Ernst Bertram, als er im Winter 1921, nunmehr zu einer Lesung vor Kurgästen, kurz noch ein zweitesmal nach Davos gekommen war. Und sein Hochgefühl beim Schreiben des »Lotte«-Romans schilderte er achtzehn Jahre später mit den Worten: »Ich genieße die Intimität, um nicht zu sagen: die unio mystica, unbeschreiblich.« In der Tat: Ich kann mir gut denken, wie ein wenig von dieser gleichen Kuriosität, dieser gleichen Intimität an jenem 8. März 1968 spürbar wurde, da sich aufs neue das »buchenswerte Ereignis« begab, daß eine Frau, der ein Künstler den Anstoß zu einem seiner bedeutendsten Werke zu verdanken hat, in Sachen ebendieses Dichters auf Besuch kommt. Wirklichkeit, die längst Dichtung geworden ist und für die Dauer eines Augenblicks noch einmal Wirklichkeit wird. Lotte in Weimar. Katia in Davos.

KIRBISCH REDIVIVUS

Mönichkirchen, Wildgans, die Schande und das Glück

Alle doch weit übertraf, schon auf Grund
seines Lebendgewichtes, Fürbaß Romanus
Ägid, der lendengewaltige Selcher!
Wohl, einem Stiere glich er an Widerrist,
Schultern und Nacken!

Sein Vater, das Modell des »lendengewaltigen Selchers«, drohte noch an der Schande, die ihm der Autor in seinen Augen zugefügt hatte, zugrunde zu gehen – er, der Junior, nun auch schon ein Mann hoch in den Fünfzig, hält den »Kirbisch« für »die größte deutsche Dichtung des zwanzigsten Jahrhunderts«. Dem Vater, zutiefst gekränkt über sein literarisches Ebenbild, mußte Anton Wildgans, von den besorgten Nachbarn des Bedauernswerten alarmiert, einen weitausholenden Besänftigungsbrief schreiben – er, der Junior, hält in der kleinen Leihbibliothek seines Hotels sämtliche Werke des Dichters für seine Gäste bereit, und als einmal der »Kirbisch« eine Zeitlang nicht im Buchhandel zu haben war, sprach er gleich von einer Schande für Österreich und beschwerte sich bei der Wildgans-Gesellschaft, deren Mitglied er ist. Karl Binder, Hotelier in jenem Mönichkirchen, das vor einem halben Jahrhundert – unter dem Decknamen Übelbach – die Kulisse für das österreichische Nationalepos »Kirbisch oder Der Gendarm, die Schande und das Glück« abgab, und einer der Söhne des zitherspielenden, gstanzlsingenden, frauenbetörenden Fleischermeisters, der Anton Wildgans zu der Prachtfigur des Fürbaß Romanus Ägid inspirierte, ist ein lebendes Beispiel dafür, wie der

Groll auf einen Künstler unter dem Eindruck von Zeit und Ruhm ins gerade Gegenteil umschlagen kann.

Dort, wo Wildgans – im letzten der zwölf Gesänge – die »schmerzhafte Magd« Cordula aus dem Ort, der ihr so übel mitgespielt hat, scheiden läßt: beim Friedhof, dem »mauerumwehrten«, hat die Gemeindeverwaltung gleich zwei Erinnerungsstätten auf einmal angelegt: die Wildgans-Rast und die Wildgans-Promenade. Und jenes Idyll aus dem Ersten Gesang, »wo über dem Dorf als Vorwacht der oberen Wälder, einsam, verwettert und alt, eine mächtige Fichte emporragt« und der »Hirte der ländlichen Seelen« mit Cordula und Vitus, der »Einfalt des Dorfes« zusammentrifft, hat man mit allem Drum und Dran, mit Denkmalschutz und Schenkungsurkunde, mit Widmungsplakette und Gedichttafel, zur »Wildgans-Fichte« ernannt. Ja, als die Mönichkirchner im Frühling 1971, 39 Jahre nach dessen Tod, den 90. Geburtstag des Hochverehrten feierten, schrieb einer der Ihren sogar eine Polka dieses Namens, und die Dorfmusik mit dem Bürgermeister an der Spitze hob das Opus an Ort und Stelle aus der Taufe. Nur die Aufstellung der Cordula-Statue, die ein unbekannter Meister geschaffen hatte und der ein Ehrenplatz über dem Portal des Schulhauses zugedacht war, scheiterte am Einspruch des Ortspfarrers. Hochwürden konnten sich nicht zu des Dichters Auffassung durchringen, der »Schenkin vom Gasthaus zum Störrischen Engel« komme, obwohl »gefallen«, der Rang einer »irdischen Maria« zu. Und so ziert sie nun, an der Stätte ihrer Schmach noch immer eine Ausgestoßene, beziehungslos den Dorfpark irgendeiner anderen niederösterreichischen Gemeinde, während von der Vorderfront der Mönichkirchner Volksschule ein etwas grämlicher Wildgans in die Runde blickt.

Im Gasthof Wechselpaß, dem Nachfolger jenes Stirner-Hofes, wo Anton Wildgans von 1913 bis 1932 immer wieder

Mit beziehungsvollem Wandschmuck huldigt das Mönichkirchner Gastgewerbe dem Autor des »Kirbisch«: Szenenphoto aus »Cordula«, der Verfilmung des Wildgans-Epos (mit Paula Wessely und Alma Seidler).

gewohnt und – laut Gedenktafel – »den überwiegenden Teil seiner Werke«, darunter den halben »Kirbisch«, geschrieben hat, haben sie für die Gäste von auswärts ein »Wildgans-Stüberl« eingerichtet. Daß als Textprobe aus dem »Kirbisch«-Manuskript ausgerechnet jene Stelle des versöhnlichen Schlußgesangs ausgewählt und zum Wandschmuck bestimmt wurde, an der »Übelbach« vorsorglich gegen jede voreilige Verdächtigung in Schutz genommen wird, es sei vielleicht ein ganz besonders übles Fleckchen Erde, nichts weit und breit komme ihm an Verworfenheit gleich (»Siehe, Übelbach ist ja ein Dorf nicht, in seiner Art einzig, kein Ausbund unter den Orten und Stätten der erdebewohnenden Menschen, Übelbach ist ja die Welt«): Wie soll man's deuten? Als schieren Zufall? Oder darf man doch so etwas wie einen sanften Verweis an die Adresse jener allzeit Schadenfrohen herauslesen, die vielleicht, ihren »Kirbisch« im Kopf, auf die Idee verfallen könnten, als Nicht-Mönichkirchner sich besser zu dünken? Hat nicht jener Alois Glatzl, der vor einigen Jahren zum Ruhme seiner Heimatgemeinde das Typoskript »Unser Dichter Anton Wildgans« verfaßte (darin sorgfältig alle Mönichkirchner Bezüge rot unterstreichend), das »Kirbisch«-Kapitel seiner Studie für alle Fälle mit dem »Trost« für die Ortsansässigen eingeleitet, der Dichter habe mit Übelbach durchaus nicht die Schlechtigkeit dieses einen Ortes anprangern wollen, Gott bewahre, sondern – nehmt alles nur in allem – die Schlechtigkeit der ganzen Welt?

Wildgans selber wußte sehr genau um die Gefahr, daß die Mönichkirchner seine in viertausend Versen daherdonnernde Abrechnung mit Schiebertum und Korruption und überhaupt allen nur erdenklichen Spielarten ländlicher Niedertracht in die falsche Kehle bekommen konnten. »Es wird, wenn's mir gelingt, eine merkwürdige Sache«, schrieb er am 4. Mai 1925 an seinen Verleger Alfred Staackmann nach Leipzig. »An dem moralischen Niedergang eines Dorfes während des Krieges wird der ganze moralische Zusammenbruch der Welt aufgezeigt werden, und der grimmigste Humor wird dabei nicht zu kurz kommen.« Bald darauf, in einem Brief an seine Mönichkirchner Quartiergeberin, klangen bereits erste konkrete Befürchtungen an: »Es spielt, vertraulich gesagt, in Mönichkirchen, und einzelne Mönichkirchner Personen und Ereignisse sind darin deutlich zu erkennen... Es könnte also immerhin sein, daß ich nach Erscheinen des Buches im Orte Feindseligkeiten begegne, die mir den dauernden Aufenthalt dort verleiden.«

Doch als es dann soweit war, beruhigte sich Wildgans mit der Wunschvorstellung, das Buch werde schon nicht nach Mönichkirchen gelangen: Wer sollte sich denn in dem puncto Literatur garantiert genügsamen Voralpendorf an der Wechselpaßstraße für ein Epos wie den »Kirbisch« interessieren? Doch das Unglück wollte es, daß ausgerechnet jene Zeitung, auf die fast alle Mönichkirchner Haushalte zu dieser Zeit abonniert waren, unterm Strich auf Seite 1 die Neuerscheinung groß herausstellte, zugleich enthüllend, dies Übelbach sei nichts anderes als ein Pseudonym für Mönichkirchen. Die Folge davon war, daß eine der Figuren des Buches, das ihr vom Dichter zugeteilte Epitheton »der findige Krämer des Ortes« prompt wahrmachend, auf der Stelle beim Wiener Sortiment fünf Dutzend Exemplare des »skandalösen« Werkes bestellte und unter die Leute brachte. »Und nun«, erinnerte sich später die Witwe des Dichters, »konnte man die Bewohner mit aufgeschlagenem Buch herumgehen und höhnisch konstatieren sehen: ›Siaxt es, dös bist du!‹« Im großen und ganzen habe es sie mehr belustigt als geärgert – mit einer Ausnahme: Fürbaß Romanus Ägid, der lendengewaltige Selcher. Und so erreichte Anton Wildgans eines Tages an seiner Mödlinger Adresse der schon erwähnte Alarmruf aus Mönichkirchen – ein Brief dieses

Inhalts: »Du hast da was Schönes angerichtet. Unser Bürgermeister, der Karl Binder, hat sich das Porträt, das Du von ihm gezeichnet hast, so zu Herzen genommen, daß er darüber regelrecht schwermütig geworden ist. Er hat sich in seine Wohnung eingesperrt, ißt nicht mehr, schläft nicht mehr und stöhnt nur immerfort vor sich hin: ›Nein, daß mir der Hofrat die Schand antut! Ich hab' ihn doch allerweil so gern gehabt!‹ Du mußt das in irgendeiner Form wiedergutmachen, sonst geht der arme Mensch noch vor Kränkung zugrunde.«

Wildgans tat, wie ihm geheißen, und richtete an den »lieben und sehr geehrten Herrn Bürgermeister« einen sechs Seiten langen Rechtfertigungsbrief, den dessen Sohn, der Hotelier gleichen Namens, heute wie ehedem, einem kostbaren Schatz gleich, hütet. Dort lesen wir unter anderem:

»Gewiß ist es richtig, daß es in meinem Buch gewisse äußerliche Ähnlichkeiten mit wirklichen Personen aus Mönichkirchen gibt, aber gerade diesen Gestalten ist nichts nachgesagt, was sie irgendwie in den Kot zerren könnte... Was Sie betrifft, so habe ich geglaubt, daß Sie der erste sein würden, der über diese heitere Ähnlichkeit lachen wird. Es ist doch weiß Gott keine Schande, wenn jemand bei den Damen beliebt ist und großen Erfolg hat... Wenn ich in meinem Buch von einem ›lendengewaltigen Selcher‹ spreche, so meine ich damit einen Mann von großer Potenz! Na, und das ist doch nichts so Übles!«

Am Schluß seiner »offenherzigen und freundschaftlichen Aufklärungen« durfte Wildgans nicht nur sicher sein, den Adressaten seines Schreibens von der vollkommenen Lauterkeit seiner Absichten überzeugt zu haben, sondern er konnte sogar die Bitte wagen, »daß Sie als Bürgermeister auch auf die anderen Mönichkirchner aufklärend und beruhigend einwirken mögen«. Ja, der Dichter trieb das dialektische Spiel so weit, daß er sich den gleichen Ort, der eben noch aufs höchste über ihn aufgebracht gewesen war, sogar zu tiefstem Dank verpflichtete, wo er doch, man denke, dessen »Schönheiten so liebevoll beschrieben« habe ... Ein psychologisches Meisterstück des gelernten Juristen, dem der Erfolg denn auch nicht versagt blieb: Der Wildgans-Kult nahm seinen Lauf, und er tut dies in mancherlei Gestalt bis heute – freundlich ignorierend, daß die übrige Welt dabei längst nicht mehr mithält. Da ist der Wirt, der sich zu mir an den Tisch setzt und voll genüßlichem Pathos das Wildgans-Gedicht vom »befriedigten Gast« deklamiert: Er weiß es zu schätzen, daß es in seinem Ursprung ein Preislied auf die Mönichkirchner Gastronomie ist. Oder, ein paar Häuser weiter, das Hotel, wo ich mich auf einmal in einem eigenen »Kirbisch-Zimmer« wiederfinde: sämtliche Wände reihum mit Szenenbildern aus »Cordula«, der Verfilmung des Wildgans-Stoffes, bepflastert, alles fein säuberlich unter Glas, garniert mit gepreßten Feldblumen à la nature, kalligraphisch synchronisiert mit den dazugehörigen Textstellen. Kino, Reader's Digest und Herbarium in einem. Zwischen die einzelnen Gänge meines Nachtmahls schieben sich also nun all die Filmgrößen, die seinerzeit für dieses Rührstück aufgeboten worden sind: zum Aperitif Jane Tilden, zur Vorspeise Erik Frey, zur Suppe Attila Hörbiger, zum Hauptgericht Paula Wessely, zum Nachtisch Alma Seidler. Als der Film herausgekommen sei, erzählen sie mir, habe man sich gleich in den Wagen gesetzt und sei nach Wien gefahren, um sich ihn anzuschauen, doch sei man von dem Gebotenen sehr enttäuscht gewesen. Ja freilich, an das Buch komme eben nichts heran, Hexameter seien nun einmal nicht zu verfilmen, und gedreht worden sei auch woanders, nämlich nicht in Mönichkirchen, wie es sich doch wohl gehört hätte, sondern drüben in Vorau, im Steirischen.

Übelbach heißt die Gemeinde am Hang des
gewaltigen Volland,
Wo die Geschichte von Schande und Glück des
Gendarmen sich zutrug.
Volland nannten die Väter verschollener Läufte
den Teufel,
Und so erzählt auch die Sage von jenem
Ursteingebirge,
Daß es der Luzifer sei, der Engel des Aufruhrs,
den Gottes
Machtspruch aus Himmeln verstieß, und hierlands
fiel er zur Erde.

Die Mönichkirchner sind dem Thema »Kirbisch« in jeder erdenklichen Weise nachgegangen: Kaum eine Spur, die vernachlässigt worden wäre. Der Gemeindesekretär, obwohl gar nicht in der Gegend gebürtig, sondern aus dem Norden des Landes zugewandert, glaubt die typischen Züge etlicher Gestalten des Buches (das von der Wildgans-Gemeinde gern als das österreichische Gegenstück zu Goethes »Hermann und Dorothea« gesehen wird) in deren heutigen Nachkommen wiedergefunden zu haben, und verweist dabei auf die gesicherten Erkenntnisse der Vererbungslehre. Aus dem Buch, das ihm die Schwiegermutter zu seinen ersten Mönichkirchner Weihnachten unter den Christbaum gelegt hat, ist so für ihn binnen kurzem ein über alle Maßen ergötzlicher »Kirbisch redivivus« geworden.

Und sein Amtsvorgänger, den die Frage nicht ruhen ließ, wieso gerade dieses Mönichkirchen einen Dichter wie Wildgans derart reich inspiriert habe, erging sich sogar, als er vor Jahren die Festschrift zur »Markterhebungsfeier« der Gemeinde schuf, in gewagten Theorien über »die besondere Eignung Mönichkirchens für die Freimachung geheimnisvoller, die geistige Zeugung fördernder Kräfte« und fand heraus, daß dafür – neben der »Höhenlage von tausend Metern« und »dem Blick hinaus in die Ferne, den man von diesem Paßörtchen genießen kann« – vor allem jenes »Einsprengsel von Urgestein in die rings sich breitenden Kalkgebirge« verantwortlich zu machen sei, das bekanntermaßen »auf empfindsame Nerven eine wohltätige Wirkung« ausübe.

Der Bürgermeister – ein Mann so frei von aller Amtssteifheit, daß er sich der Gästeschaft eines Kinderballs, für den gerade die Einladungen affichiert werden, als »Euer Onkel Franz« empfiehlt – gibt auf meine Erkundigung nach dem Verbleib der diversen »Kirbisch«-Modelle Auskunft, indem er sich nicht ihrer wirklichen, nicht ihrer bürgerlichen, sondern der ihnen von Wildgans verliehenen Namen bedient: Nicht der alte Rehberger also sei – als letzter Überlebender – vor zwei Jahren zu Grabe getragen worden, sondern »Hiebaum, der Schreiner«, nicht der Laden des alten Rois, sondern des »Kaufmanns Johann Baptist Populorum« befinde sich nach wie vor in Familienbesitz, nicht vom alten Herrn Windbichler, sondern von »Fleps, im Zivil der Adjunkt, jetzt Fähnrich bei schweren Haubitzen«, habe man unlängst vernommen, er lebe als hochbetagter Greis irgendwo in Wien, und »Rose Rachoinig, die ärarische Jungfrau«, das wisse man, habe vor kurzem in einem Altersheim an der Südbahn das Zeitliche gesegnet.

Mit manchen der mittlerweile aus dem Ort verschwundenen Namen sei zugleich auch das ihnen zugeordnete Metier erloschen: Ein Schmied habe sich, seitdem es nur mehr drei Gäule im gesamten Gemeindegebiet gebe, als entbehrlich erwiesen, der nächste Glaser habe unten in Aspang seine Werkstatt, und Hebamme – ja, Hebamme habe man nun auch schon lange keine eigene mehr.

Andere Berufe wieder hätten gewisse Wandlungen durchgemacht: So sei der Selcher eigentlich, wenn man's genau nehme, kein Selcher mehr, sondern nur noch der Filialleiter eines Betriebs aus dem Nachbarort, und der Gendarm, der ja an und für sich dem Wildgans-Epos den Namen gegeben hat, »ein Löwe an Mut, eine Schlange an Klugheit«, habe es heute weit weniger mit »Elementen subversiver Natur« als mit harmlosen Touristen zu tun, die sich nach dem Sessellift auf die Schwaig erkundigen wollen, nach dem Weg zum Studentenkreuz und nach der Schneelage auf dem Kogel.

Oder – auch das komme vor – nach dem »Kirbisch«.

FÜR 25 CENTS ZUR ENDSTATION SEHNSUCHT

Tennessee Williams' »Streetcar Named Desire« verkehrt wirklich

Also doch: hier hinten, hier an der Ecke Barack-Decatur Street, an den Ausläufern des Französischen Marktes von New Orleans, hier, wo sich keine Hausfrau mehr hinverirrt, sondern wo nur noch en gros gehandelt wird, wo, von den Lagerhäusern der Bananenkais verdeckt, die Mississippi-Dampfer »Natchez« und »Mark Twain« mit ihren Touristenladungen vorbeigleiten, die später, wieder an Land, in einer der Markthallen bei Zichorienkaffee neue Sightseeing-Kräfte tanken werden, wahrhaftig, hier ist sie: die Endstation Sehnsucht. Und sie heißt auch so: »Desire« lese ich auf der Tafel über dem Fahrersitz, die über Route und Ziel des Straßenbahnwagens Auskunft gibt, und Desire – das ist Sehnsucht. Auch Wunsch, Verlangen, Begierde. Aber hier, das ist klar, ist es Sehnsucht. Ich hatte es mir nicht so einfach vorgestellt. Gewiß, der englische Originaltitel, weniger verschleiert als sein deutsches Pendant, vielleicht auch eine Spur weniger poetisch, dafür amerikanisch zupackend, ließ konkretere Deutungen zu, wies auf Greifbareres hin, auf womöglich Lokalisierbares. »A Streetcar Named Desire« – das schloß, so ausdrücklich ausgesprochen, immerhin die Möglichkeit nicht aus, daß es irgendwo in der Welt, und nicht nur in der Welt des Theaters, eine Straßenbahn geben mochte, die – nein, eigentlich doch nicht: Wie sollte ein öffentliches Verkehrsmittel den Namen »Sehnsucht« tragen können? Straßenbahnen haben Nummern oder Buchstaben, heißen Westend oder Stadtwald, für Gemütsbewegung ist da kein Platz. Berthold Viertel hatte für die deutsche Fassung, als das Stück 1949, zwei Jahre nach der Broadway-Premiere, in Zürich herauskam, die schöne Formulierung »Endstation Sehnsucht« gefunden. Ein Drama amerikanischer Innerlichkeit – für den deutschen Gebrauch noch zusätzlich verinnerlicht. Zugleich aber Erhärtung meiner Annahme, dies alles sei sicher bloß bildlich zu nehmen: die Straßenbahn namens »Sehnsucht«, mit der Blanche DuBois zur Wohnung ihrer Schwester Stella Kowalski fährt, so wie übrigens auch die Wohnung selbst: »Elysische Gefilde« Nr. 632. Inbild, nicht Abbild. Symbolisches, wie gerade Tennessee Williams es in seinen Stücken einzusetzen liebt, um die Seelenzustände und Konflikte seiner Bühnenfiguren zu veranschaulichen: Rosen, Leguane, Glastiersammlungen. Enorm poetisch mitunter; manchmal, wie ihm oft genug vorgehalten worden ist, auch etwas vordergründig, zu dick aufgetragen, platt. Nichts anderes, so war mir klar, würde auch hinter dieser Straßenbahn, hinter dieser Wohnadresse stecken. »Symbole sind die natürliche Sprache des Dramas«, sagt Williams selber einmal über seine Arbeit, und seiner Hauptfigur Blanche legt er die Worte in den Mund: »Ich mag keinen Realismus. Was ich will, ist Magie.« Und dennoch: Die Sache ließ mir keine Ruhe. Wieso hatte der Dichter dann sein Schauspiel in einem Stück realer Umwelt angesiedelt: im »französischen Viertel von New Orleans«? Und läßt er nicht Stella ausdrücklich sagen: »New Orleans ist nicht wie andere Städte«? Wenn es also tatsächlich so ganz anders war als andere Städte, war dann am Ende etwa doch denkbar, daß durch diese Straßen eine Trambahn ratterte, die den ungewöhnlichen Namen »Sehnsucht« trug? Ich entschloß mich zu einer Anfrage bei den Städtischen Verkehrsbetrieben von New Orleans, Louisiana, USA – mehr als mich lächerlich machen konnte ich nicht. Die Antwort kam prompt. Der »New Orleans Public Service« schrieb zurück, man freue sich, mir dienen zu können, jawohl, ich sei richtig orientiert,

New Orleans 1940: die Straßenbahn »Desire« (Sehnsucht) auf dem Weg zur Endstation.

die Linie »Desire« gebe es tatsächlich, und sie sei »in full operation«: ein Bus, der das Stadtzentrum um die Canal Street mit der östlichen Vorstadt verbinde, in der einen Richtung die Royal, in der entgegengesetzten die Bourbon Street passierend. Ob ich denn nicht Lust hätte, ihnen einen Besuch abzustatten und die Dinge persönlich in Augenschein zu nehmen, ich sei herzlich willkommen, man werde alles nach Wunsch arrangieren, looking forward, yours sincerely. Ich war selig.

Doch sogleich mischten sich in meine Freude Zweifel: Ein Bus, keine Straßenbahn? Also war die Sache doch faul. Wahrscheinlich verhielt sich's damit so, daß die Stadtväter von New Orleans, geschmeichelt vom Welterfolg jenes Theaterstücks, eine der Buslinien ihres Streckennetzes, dem Dichter zu Ehren, im nachhinein auf den Namen »Desire« getauft hatten, nichts weiter. Eine noble Geste, gewiß, aber eben doch eine synthetische Angelegenheit, *laudatio post festum*. Das sollte eine Reise nach Amerika wert sein? Ich mußte mir die Sache wohl aus dem Kopf schlagen. Dennoch machte ich mich ans Studium des Verkehrsplans, den mir die Herren vom »New Orleans Public Service« mitgeschickt hatten: mit dem Mississippi-Bogen beginnend, der die Stadt nach Süden, und dem Pontchartrain-See, der sie nach Norden abgrenzt, dann die Canal Street durchmessend, die, von der Anlegestelle der Hafenfähre an, die Stadt in zwei Hälften teilt, und schließlich ausgiebig beim Französischen Viertel verweilend, dem »Vieux Carré«, jenem romantischen Stück Altstadt mit all den berühmten Straßennamen von Basin bis Bourbon, ein winziges Eckchen nur im Gesamtplan der Millionenstadt und doch so ziemlich das einzige, was wir Europäer – und auch dies bloß auf Grund ihrer Jazzvergangenheit – von ihr kennen. Ich fuhr mit dem Bleistift die Strecke nach, die der »Desire«-Bus laut Auskunft der Verkehrsbehörde bedient: die Royal Street stadtauswärts, die Bourbon Street auf dem Gegenkurs, und ich sah, wie er beide Male eine schier endlose Avenue kreuzt, mit Abstand die längste Straße der Stadt, wohl an die fünf Meilen messend, in schnurgerader Süd-Nord-Achse Fluß und See miteinander verbindend, ein Kanal aus Asphalt. Ihr Name: Elysian Fields. »Endstation Sehnsucht«, erstes Bild. »Man hat mir gesagt, ich soll eine Straßenbahn namens ›Sehnsucht‹ nehmen, dann in eine andere namens ›Friedhof‹ umsteigen und nach sechs Querstraßen aussteigen – bei den ›Elysischen Gefilden‹.« Nun stand fest: Die Reise nach New Orleans, auf Blanches Spuren, würde sich lohnen; der Straßenplan hatte jeden Zweifel ausgeräumt. Trotzdem schickte ich, um ganz sicher zu gehen, noch einen zweiten Brief über den großen Teich. Diesmal kam erschöpfende Auskunft: in Gestalt eines Prospekts der Louisiana Tourist Development Commission. Der Prospekt hieß wie das Stück: »A Streetcar

Named Desire«. Literatur und Wirklichkeit an einer ihrer Nahtstellen. Wirklichkeit, deren sich die Literatur bemächtigt und die sie stilisiert zurückerstattet – gleich zweifach: als Bühnenrequisit und als Museumsstück. Denn diese Straßenbahn »Desire«, mit der Tennessee Williams seine Blanche DuBois an das tragische Ziel ihrer Sehnsüchte transportiert, ist – so entnehme ich dem Prospekt – seit dem Jahr 1967 in einem Winkel des Französischen Marktes zu New Orleans als touristische Sehenswürdigkeit aufgestellt – nicht etwa bloß jenem Dichter zum Dank, der, als er sich dieses Motivs bediente, auf seine Weise den Ruhm der Stadt mehren half, sondern auch, wie eine Plakette an dem ehrwürdigen Vehikel besagt, »zur Erinnerung an die hervorragende Rolle, die das Verkehrsmittel Straßenbahn in der Entwicklung dieser Stadt zu ihrer heutigen Größe und Bedeutung innegehabt hat«. Kein Wunder, daß zu der Zeremonie eigens die örtliche Schönheitskönigin abkommandiert worden war. Ich erfahre weiter, daß New Orleans lange vor San Francisco, schon 1835, die ersten »trolley cars« in Gebrauch gehabt habe, noch mit Dampf betrieben, ehe man 1867 auf Maultier und Pferd und schließlich, vor der Jahrhundertwende, auf Elektrizität umgestiegen sei, daß die nun mumifizierte »Desire«-Garnitur in den Jahren zwischen 1906 und 1935 täglich ihren Dienst versehen, ehe sie als Schulwagen in der Lehrwerkstätte eine neue Bestimmung gefunden habe, daß die Linie nach dem Krieg – kein Bosheitsakt gegen den Dichter, sondern reiner Zufall, daß es just das gleiche Jahr 1948 war, da »A Streetcar Named Desire« zum großen Broadway-Hit wurde: 855 Aufführungen allein am Ethel Barrymore Theatre! – auf Busbetrieb umgestellt wurde, der größeren Wendigkeit und wohl auch der vielen Ruhestörungsklagen wegen (Tennessee Williams selber spricht in einer der Regieanweisungen seines Stücks vom »Pfeifen und Rattern der heranrollenden Straßenbahn«), und daß es viel Geld und Mühe gekostet habe, das alte Stück wieder auf Hochglanz zu bringen – so daß man es den anderen Sehenswürdigkeiten der Stadt an die Seite stellen konnte: Satchmos erster Trompete und der Totenmaske Napoleons, den Karnevalsfiguren des Mardi Gras und den schmiedeeisernen Filigranspitzenbalkons aus dem Vieux Carré, den Azaleenarrangements in den Patios der Kolonialvillen, den Raddampfern und Gaslaternen und – wen dergleichen Gigantomanie in einer so sehr auf »Old-world«-Charme eingeschworenen Stadt nicht schreckt – dem »Superdome«, diesem Riesenhallenbau der Hunderttausend, in dem sich ohne viel Mühe das ganze French Quarter unterbringen ließe. Die Restaurierung des »Old Desire Car« war schon deshalb keine leichte Sache, weil es heute in ganz Amerika keine einzige Straßenbahnfabrikation mehr gibt. Die Männer vom »New Orleans Public Service«, in den Werkstätten und Remisen draußen im Vorort Carrollton, mußten also alles selber in die Hand nehmen: das Erneuern der Hölzer (die Fensterrahmen aus Kirsch, die Wandleisten aus Ahorn, die Sitze aus Mahagoni), das Aufziehen eines frischen Daches, das Schleifen der Böden, das Auswechseln der Fensterscheiben, das Polieren der Beschläge. Nur die Motoren und die Bremsklötze, da nunmehr überflüssig (und wohl auch des zu hohen Eigengewichts wegen), wurden durch Sperrholzimitationen ersetzt, und die Registrierkasse, die nachzubauen besonderer Kunstfertigkeit bedurft hätte, konnte vom Chicagoer Antiquitätenhandel bezogen werden. So ist die Straßenbahn »Sehnsucht« wieder fast die alte, und als Tennessee Williams im Herbst 1970 nach New Orleans kam, um einer Wiederaufführung seines längst den modernen Klassikern zugezählten Stücks beizuwohnen, ließen sich nicht nur die Schauspieler des Repertory Theatre, sondern auch der Autor am Führerstand der »Desire« aufnehmen, erstere in voller Bühnenkostümierung, letzterer, den Hitzegraden des Golfs von Mexiko angepaßt, im federleichten weißen Tropical.

Spät am Abend treffe ich in New Orleans ein. Bevor die Maschine auf dem Moisant Airport aufsetzt, bekomme ich noch einen Vorgeschmack von amerikanischer Traveller-Kumpanei. Die Stewardeß, mit der Anrede »folks« Leutseligkeit verbreitend und mit ihrer Umhängetasche eher an eine Straßenbahnschaffnerin erinnernd, ruft die Passagiere zu einem lustigen »game« auf: Gesucht werden die Damen mit dem ältesten Penny (es findet sich einer aus dem Jahr 1938) und der Herr mit den meisten Schlüsseln (es findet sich einer mit 28 Stück am Bund). Beide gewinnen eine Flasche Wein. In solcher Hochstimmung gehen wir an Land. Obwohl es bereits auf Mitternacht zugeht, bis ich mich in meinem vollklimatisierten Hotelzimmer installiert habe, besteht kein Grund, irgend etwas aufzuschieben: New Orleans ist eine 24-Stunden-Stadt, und das heißt, wer der ärgsten Hitze ausweichen will, macht sich überhaupt erst jetzt auf die Socken, das »24 hours«-Schild am Entree zahlreicher Restaurants, Cafeterias und Bars spendet Beruhigung. Das pikfeine »Galatoire« (»coat and tie required after 5 p.m.«), wohin Stella am Pokerabend ihres Mannes Blanche zum Nachtmahl einzuladen erwägt, berühmt für seine kreolischen Forellen, für seinen »Gumbo« und »Pompano«, hat zwar schon die Rolläden heruntergelassen, aber weiter drinnen im Französischen Viertel und auch unten am Markt, wo die alte Straßenbahn steht, unbeleuchtet und ohne Gleis, verriegelt und verstaubt, pulsiert das Nachtleben von New Orleans. Eine der Kneipen trägt den Namen »Tortilla Flat«: Tennessee Williams in Gesellschaft von John Steinbeck. Ich bin sicher, auch nach Faulkner-Bezügen brauchte ich nicht lange zu suchen. Ich wende mich stadtauswärts: Die »Elysischen Gefilde«, Hauptschauplatz von »Endstation Sehnsucht«, liegen gleich um die Ecke. Die hohe Hausnummer, die Tennessee Williams angibt, die 632, braucht mich nicht zu entmutigen, hier beginnt jeder Block mit einer neuen Hundert. 632 – das bedeutet lediglich: sechs Querstraßen vom Kai. Obwohl das Viertel unmittelbar an das extravagante Vieux Carré anschließt und mit diesem auch mehrere der berühmten Straßennamen gemeinsam hat: Chartres, Royal, Dauphine, ist hier mit einem Schlag Vorstadt. Die ehemalige Münze, zuvor ein Fort und irgendwann einmal auch ein Gefängnis gewesen, ist heute dem Verfall preisgegeben. Ein Umspannwerk, eine Autowäscherei, allerlei trübe Läden für Plastikzeug, für Staubsaugerersatzteile, für Feuerlöschbedarf, »Dickey's Potato Chips Factory«, Jacob Schoen's Bestattungsunternehmen und ein von der »American Legion« gestifteter Kinderspielplatz, trotz seines großspurigen Namens »Washington Square« längst von den Stromern und den Kötern okkupiert, signalisieren Peripherie. Baulücken, leerstehende Häuser, zur Vermietung und zum Verkauf Ausgeschriebenes, nur ganz vereinzelt ein verzweifelter Versuch, etwas von der Grazie des French Quarter in die »Elysischen Gefilde« herüberzuretten: hier ein Säulchen, dort ein Eckchen Balkon, hier eine Andeutung von Eleganz an Gartentor oder Veranda, dort eine Bananenstaude neben der Garage oder ein Oleander am Portal. Die Nr. 632 bildet mit der 634 zusammen ein Haus: Holz, wie sehr oft hier, weiß, einstöckig, beengt – keine Eunice Hubbel (»Was suchen Sie, liebes Kind? Haben Sie sich verlaufen?«) könnte da über den Kowalskis logieren. Sonst aber »stimmt« alles: Mehr als die zwei Zimmer, in denen Stella, Stanley, Mitch und Blanche einander zerfleischen, ehe diese vom Nervenarzt abgeholt und ins Irrenhaus eingeliefert wird, stehen bestimmt auch dem Friseur, der hier inzwischen sein schläfriges Einmannunternehmen betreibt, nicht zur Verfügung. Auch für die paar kümmerlichen Freuden, die der Dichter seinen Protagonisten gönnt – Drinks aus dem nahen Drugstore, ein Chop suey aus der Chinesenküche, die Bar »Zu den vier Assen« und die Kegelbahn »um die Ecke« –, wäre nach wie vor gesorgt: In einer der Seitenstraßen hinterm Haus finde ich einen Krämerladen, eine Diskothek und eine Billardhalle, und das »Home Beverage Service« liefert, was die durstige Männerkehle begehrt, frei Haus: Stanleys Pokerabende wären gesichert. Der städtische Autobus »Desire« – Einheitstarif: 25 Cents, Betrag ist abgezählt bereitzuhalten, »operator carries no change« – hält fast vorm Haus, von Umsteigen keine Rede, und zu bestimmten Tageszeiten ist hier, genau hier, sogar auch die Endstation jener im Sommer 1974 eingeführten Mini-Busse, die, mehr nostalgische Touristenattraktion als allgemeines Verkehrsmittel, den alten Straßenbahnen nachgebaut worden sind: dunkelolivgrün wie diese, sogar mit verspielten Imitationen der nun völlig funktionslosen Stromabnehmer. Es war die Idee des Trolley-Fans Earl Hampton, und da der schrullige junge Mann bei der städtischen Touristeninformation arbeitet, war es für ihn ein leichtes, sein Projekt bei den zuständigen Instanzen vorzutragen. Nur zweierlei verleidete ihm am Ende doch seinen Erfolg: daß er eines Morgens auf der Titelseite des »Times Picayune« lesen mußte, welch glänzenden Einfall der Bürgermeister von New Orleans da wieder einmal gehabt habe, und zum andern daß er nicht mit seinem Zusatzvorschlag durchdrang, die Linie, Tennessee Williams zu Ehren, auf den Namen »Desire« zu taufen. Das ging deshalb nicht, weil es eine solche Buslinie, Nachfolgerin der berühmten Straßenbahn, ja schon gab. Dafür wurde auf den Stücktitel zurückgegriffen, als sich, zwecks Rettung der letzten noch bestehenden Straßenbahnlinie, der »St. Charles«, vor einigen Jahren ein Bürgerkomitee konstituierte: Es ist im Vereinsregister von New Orleans unter dem Namen »Streetcars desired Inc.« eingetragen ...

Mister Hampton, der zum Interview ganze Stöße von Unterlagen mitbringt, ein einziges leidenschaftliches Plädoyer für seine geliebten alten »trolley cars«, ist ein Mann von Humor. Es amüsiert ihn, daß ich ihn schamlos-parteiischer Agitation überführe: Seine umfangreiche Ausschnittsammlung zum Thema Straßenbahn berücksichtigt ausschließlich Pro-Stimmen, ausschließlich Berichte über Zuverlässigkeit und Umweltfreundlichkeit, über Leistungsfähigkeit und historischen Anwert. Alles auch nur entfernt Negative ist unterschlagen, jeder Hinweis auf Lärmbeschwerden oder Unwirtschaftlichkeit. Wenn es nach Hamptons Album ginge, hätte es in New Orleans in den bald anderthalb Jahrhunderten niemals auch nur das kleinste Straßenbahnunglück gegeben, und mit diesem seinem liebenswert-blinden Fanatismus haben er und seine Gesinnungsgenossen denn auch erreicht, daß die »St. Charles Line« (über die natürlich längst auch ein aufwendiges Buch existiert: »The Last Line«) vom Innenministerium in Washington unter Denkmalschutz gestellt worden ist. Als im Jahr 1951 Tennessee Williams' Schauspiel von Elia Kazan verfilmt wurde – Hauptdarsteller: Vivien Leigh und Marlon Brando – und man zu den Außenaufnahmen nach New Orleans kam, wurde für die Straßenbahnszene ein Wagen der »St. Charles Line« verwendet – ungeachtet dessen, daß diese in die genau entgegengesetzte Richtung fährt wie die (zu jener Zeit bereits auf Busbetrieb umgestellte) »Desire«. An einem der darauffolgenden Tage mache ich mir den Spaß und steige in einen der St.-Charles-Wagen ein: Ich bin es meinem Thema schuldig, auch vor Mister Hampton stehe ich ganz anders da. Vor den zwölf Meilen – so weit dringt das altertümliche Vehikel in die Randbezirke vor – ist mir ein wenig bange. Noch weiß ich ja nicht, daß es eine der reizvollsten, eine der genußreichsten Fahrten ist, die man in diesem New Orleans unternehmen kann. Kein klimatisierter Sightseeing-Bus samt Führer vermöchte es mit ihr aufzunehmen, und das Ticket kostet lächerliche 25 Cents – denselben Preis wie anno 1835, als die Linie ihren Betrieb aufnahm. Ich steige beim Lafayette Square zu: eine nur wenig anheimelnde Gegend, an den Absinth-Leichen auf den Trottoirs merke ich, daß das State Employment in der Nähe ist: das Arbeitsamt. In der Auslage einer Bar lese ich den Werbespruch »Alkoholiker willkommen!«

Bevor der Geschäftsbezirk in den berühmten »Garden District« übergeht (schon wieder eine Assoziation mit Tennessee Williams: ›Garden District‹ heißt einer seiner Einakter), fallen mir die Namen etlicher Querstraßen auf, die wir nach und nach passieren: Terpsichore, Melpomene, Polyhymnia, Euterpe. Mister Hampton, der mich auf meiner Fahrt begleitet, klärt mich auf: Unter den frühen Siedlern von New Orleans, französischen und spanischen Geblüts zumeist, waren nicht wenige gebildete Leute, und was lag da näher, als bei den Straßentaufen der weiter und weiter sich ausdehnenden Stadt auch die griechische Mythologie heranzuziehen? Und da sie obendrein katholischen Glaubens und in der Mehrzahl fromme Leute waren, verfuhren sie in gleicher Weise mit den Begriffen aus ihrer eigenen Glaubenswelt: Da gibt es also nun eine Auferstehungs- und eine Verkündigungsstraße, eine Empfängnis- und eine Himmelfahrtsstraße, eine Straße der Frömmigkeit, eine Straße der Tugend und eben auch eine der Sehnsucht. Ein nicht geringer Teil ihres Zaubers wächst dieser Stadt, die in so vieler Hinsicht ein amerikanisches Unikum darstellt, ganz ohne Zweifel von ihren Straßenschildern zu. Die St.-Charles-Tram poltert weiter stadtauswärts, die ersten Villen mit den weißen Veranden kommen in Sicht, wir nähern uns den Residenzen der »upper ten«, dazwischen eingestreut die Kirchen und Bethäuser der ausgefallensten Bekenntnisse. Schließlich der Bezirk der Colleges und Hochschulen, lauter berühmte Namen fliegen vorbei: Sacré Cœur und La-

Salle, Loyola und Tulane. Der Audubon Park mit dem Zoo noch, dann biegen wir in die Carrollton Avenue ein, der schäbigere Teil der Strecke ist erreicht: eine vortreffliche Gelegenheit, meinen Mister Hampton auf die Rassenfrage anzusprechen, die in den Straßenbahnimpressionen früherer New-Orleans-Besucher stets einen so breiten Raum einnimmt, während sie sich dem heutigen Passagier (ich notiere: Fahrer fast durchwegs Schwarze, Fahrgäste bunt gemischt) gar nicht mehr zu stellen scheint. »Vorn saßen die weißen und hinten die schwarzen Passagiere, wie das Gesetz es befahl«, lese ich noch ausgangs der fünfziger Jahre in Koeppens »Amerikafahrt«, und der Schweizer Lorenz Stucki, wenig später im gleichen New Orleans, gibt eine drastische Schilderung der Schwierigkeiten, die sich dem Europäer bei dem Versuch entgegenstellen, die über alle öffentlichen Verkehrsmittel verhängte Rassentrennung aufzulockern: »Vorn saßen, wie überall im Süden, die Weißen, im hintersten Drittel zusammengepfercht die Neger. Ich saß auf einem Sitz der hintersten Reihe des ›weißen‹ Teils, und neben mir stand, vom Gedränge der vielen Neger etwas nach vorn geschoben, eine Negerin. Ich wollte ihr, die mit Paketen beladen war, meinen Platz anbieten: Sie bedankte sich verlegen und behauptete, sie steige ohnehin an der nächsten Station aus. Das tat sie aber keineswegs. Nun ging es mir schon ums Experiment: ich stand auf und bat sie erneut und eindringlicher, meinen Platz einzunehmen. Worauf mir ein Negerunteroffizier barsch und gereizt mitteilte: ›Sie wissen genau, daß wir das nicht dürfen!‹ Ich konnte die Gesetze von Louisiana nicht umstürzen: in New Orleans gilt der Neger nur, wenn er Jazz spielt – und was für einen Jazz! –, nicht im Autobus named Desire.« Dieser Zustand ist nun seit Jahren beseitigt, die Aufhebung der Rassenschranken hat sich eingespielt, und das blutrünstige Rachegebrüll aus Hunderten Negerkehlen, das mir am Abend, inmitten eines fast geschlossen farbigen Publikums, auf meinem Parkettsitz im Saenger-Kino Schrecken einjagt, steht auf einem ganz anderen Blatt. Mir war bei der Reklame für den Film »Mandingo«, der in dem Theater neben meinem Hotel angelaufen war, der Slogan »Gedreht in und um New Orleans« ins Auge gesprungen, und ich hatte mir gedacht, es könnte für meine Recherchen von Reiz sein, eine Art Parallelaktion zu unternehmen. New Orleans – einmal als Schauplatz eines Theaterstücks, einmal als Schauplatz eines Films, noch dazu eines Films aus dem Pflanzermilieu: Auch Blanche, ehe sie bei ihrer Schwester in der Stadt Zuflucht sucht, verbringt ihre Tage auf einer Südstaatenplantage, »Belle Reve« nennt der Dichter den Besitz – das konnte doch unter Umständen interessante Bezüge ergeben? Ich komme gerade zurecht, die Szene mit anzusehen, in der die junge Gattin des Plantagenbesitzers nach einem Seitensprung mit einem der Sklaven ein farbiges Baby zur Welt bringt und der gehörnte Ehemann sich aufmacht, den »Nigger« abzuschlachten. Die Sache wäre schon so schlimm genug, aber da es sich bei »Mandingo« um ein italienisches Horrorspektakel handelt mit allem, was zu solch einer Blutoper gehört, hat man aus der »Hinrichtung« eine beispiellos sadistische Orgie gemacht, und das ist für meine Sitznachbarn, die tagsüber wahrscheinlich in schönster Eintracht neben den weißen Mitbürgern im Bus sitzen, mit ihnen am Arbeitsplatz stehen oder ihr Lunch-Sandwich hinunterschlingen, hier aber mit allen emotionalen Kunstgriffen eines hypersuggestiven Mediums gegen sie aufgehetzt werden, zuviel. Als der Weiße auf seinen schwarzen Nebenbuhler die Flinte anlegt, geht nur ein Murren durch den Kinosaal. Als der Schuß fällt, lösen sich bereits erste Wutschreie aus dem Dunkel des Parketts. Doch richtig bedrohlich wird es, als das »killing« mit dem Sturz in einen Kessel voll kochenden Wassers Stufe 2 erreicht und schließlich auch noch die Heugabel als Mordinstrument zum Einsatz kommt. Es ist ein wahres Glück, daß im Moment äußerster Empörung ein tödlicher Vergeltungsschuß auf einen der Weißen für ein wenig Befreiung sorgt; hätte nicht dieses Minimum an Ausgleich, an Stillung eines in extremis hochgepeitschten Racheverlangens vorübergehend die Gemüter beruhigt, ich weiß nicht, wie ich, einer der ganz wenigen Weißen dieser Kinovorstellung, mich aus dem Hexenkessel davongestohlen hätte. Ich mußte an jenen Sexshop hinter dem Französischen Markt denken, der sich, was sein Artikelangebot betraf, schrankenloser Freizügigkeit rühmte: »Bei uns gibt es keine Zensur – schließlich sind wir nicht in Rußland!« Und ich dachte mir, wieviel unnötige, wieviel überflüssige, wieviel lächerliche Filmzensur hat es doch auch in eurem Amerika gegeben, oft ging es dabei um nichts als ein paar Zentimeter Fleisch, aber so einen Film wie diesen »Mandingo« – den laßt ihr in euer Land herein, die mühevoll errungenen Erfolge eurer Rassenintegration leichtfertig aufs Spiel setzend.

Der Tourist aus Europa, der nicht in einer Gruppe reist, sondern einzeln, hat es in New Orleans in zweierlei Hinsicht schwer: Kommt es einmal, angesichts des Südstaaten-Slangs, zu Verständigungsschwierigkeiten, so darf er nicht damit rechnen (wie umgekehrt der Amerikaner bei uns), für einen Fremdling aus Übersee gehalten und mit entsprechender Rücksicht behandelt zu werden. Da das Gros der Touristen in Amerika die Amerikaner selbst stellen, hält man ganz automatisch auch ihn für einen – allenfalls einen mit beschränktem Horizont. Die zweite Erschwernis bilden die Ausflüge, die er sich vorgenommen hat, die Überlandtouren, die Besichtigungen. Angesichts der gigantischen Dimensionen, in denen sich hier alles abspielt, gilt seine ganze Sorge einem freien Platz, es quält ihn die Vorstellung von überfüllten Sightseeing-Bussen, die kolonnenweise die Touristenmassen zu den diversen Sehenswürdigkeiten transportieren, und wie ein Alpdruck verfolgt ihn der Schreckensgedanke, es könne ihm passieren, die Heimreise nach Europa antreten zu müssen, ohne dieses und jenes gesehen zu haben, auf das er sich so sehr eingestellt, so sehr gefreut hat. Mir ging es so mit dem Programmpunkt »Plantation Homes«. »Belle Reve«, der Besitz von Blanches und Stellas Eltern, die von den hugenottischen Vorfahren der DuBois gegründete Plantage, die unter den Hammer kommt, ehe sich Blanche, elternlos nun und seit dem Selbstmord ihres Mannes ganz auf sich allein gestellt, in das Provinznest Laurel absetzt, ist ein Motiv, auf das ich nur ungern verzichtet hätte. Tennessee Williams bringt es in seinem Stück nicht auf die Bühne, wohl aber kommt es zur Sprache – Blanche: lamentierend über Niedergang und Verlust des Anwesens, Stanley: nach dem Verbleib des Erbteils forschend, der seiner Frau Stella zustehe. Ich fand, ich sollte alles daransetzen, solch einen Besitz aus dem vorigen Jahrhundert, wie sie zu Dutzenden – teils in Betrieb noch, teils zum Museum umgestaltet, teils verfallen – den Mississippi stromaufwärts begleiten, aus der Nähe zu sehen. Es war fast einerlei, welchen: Sie alle, soviel wußte ich von den Bildern, ähnelten einander: mit ihren weißen Säulen an der Frontseite. Zu lokalisieren war dieses »Belle Reve« mit seinem vom Dichter symbolisch gemeinten Namen ohnehin nicht, so oder so ähnlich hießen sie hier alle: »Good Hope« und »Felicity«, »Evergreen« und »Longview«. Ich fragte also in einem Reisebüro, ob am nächsten Tag auf einer der »Plantation Tours« noch ein Platz frei sei. Die Dame erbat sich von mir Namen, Hotel und Zimmernummer und versprach, bis gegen Abend Bescheid zu geben. Zur Stunde könne sie wohl noch nichts sagen, forschte ich weiter, sicherlich werde ich auf die Warteliste gesetzt? Mein Gegenüber blickte mich verständnislos an: »Nein, die Sache ist die: Wir wissen noch nicht, ob morgen eine Tour zustande kommt. Wir haben erst zwei Anmeldungen, und das Minimum beträgt fünf.« Später erfuhr ich den Grund für mein Dilemma: Die amerikanischen Touristen bringen entweder ihren eigenen Wagen mit, oder sie nehmen am Ziel ihrer Reise einen zur Miete. Die Fahrt zum »Belle Reve« meiner Träume kam dann doch noch zustande. »Houmas House« – heute eine Gedenkstätte zum Thema »So lebte und wohnte man bei Pflanzers in der guten alten Zeit des Baumwoll-Booms«, und »Tezcuco« – heute der Landsitz eines Arztes und Kunstsammlers aus New Orleans, der einen Teil der Kosten für die Erhaltung des Besitzes aus jenen Eintrittsgeldern bestreitet, die dem Besucher abverlangt werden, der sich von der sensibel-versponnenen Führerin, einer Art Blanche unserer Tage, über Machart und Herkunft der übers Haus verteilten Armsessel und Spinnräder, Porzellanservice und Himmelbetten instruieren läßt. Mit einer sehr amerikanischen Mischung aus Siedlerromantik und Eskapismus und mit einem Übermaß von Verliebtheit in die eigene Geschichte wurde mir jede gewünschte Auskunft über Azaleenwuchs und Kaminfeuerung zuteil, über die Edelhölzer, die für das Zimmer der Bibliotheksschränke Verwendung gefunden und über die Orte, aus denen die Dame des Hauses ihre Sonnenschirme oder das Fräulein Tochter seine Gesangsbücher bezogen haben, nur über Landarbeit und Sklavenhaltung, über Baumwollzucht und all das Weitere, was das Leben und Treiben auf allen diesen Gütern doch einmal ausgemacht haben muß, erfuhr ich kein Wort. Arbeit – das schien hier, in einer Phase postumer Verniedlichung, eine verpönte Kategorie geworden zu sein, fast etwas Unfeines, nichts jedenfalls, worüber sich reden ließ. Auch die Bilder, die man mir mit auf den Weg gab, waren allesamt in diesem Stil gehalten, im Stil des »schönen Traums«; sie hätten einem und demselben Photoatelier entstammen können: im Hintergrund, aus dem Dunkel alter Baumriesen um so strahlender hervortretend, das Manorhouse, die weißen Säulen des Herrensitzes, davor das Gepflegteste an Rasen, das sich denken läßt, und über diesen Rasen verteilt, in den anmutigsten Gruppierungen, die »family«, für die Kamera des Photographen die Truhen der Vorfahren plündernd: in den Gewändern von anno dazumal, weiß, weiß und noch einmal weiß. Lauter Blanches – wie zum Aussuchen. Das eine Mal hatte ihnen eine sinnige Regie ein korporatives Lächeln in die Ferne nahegelegt, ein anderes Mal mimte man heitere Konversation, auch poetisches Schreiten war ein gern gewähltes Motiv – nur eines war allen diesen Postkarten und Dias, diesen Broschüren und Prospekten, die dem Touristen zur Erinnerung an seine »Plantation Tour« mitgegeben wurden, gemeinsam: die Beschwörung einer heilen Welt made in Louisiana, ein »desire« nach ewigem Sonntag, der Traum vom »schönen Traum«. Blanche kommt nicht direkt von »Belle Reve« nach New Orleans. Als sie sich nach dem Tod der Eltern vom zugrunde gerichteten Besitz der DuBois absetzt, nimmt sie eine Stelle als Englischlehrerin an der Knabenmittelschule der Kleinstadt Laurel an. Wie wir von den Nachforschungen wissen, die später ihr Schwager Stanley anstellt, geht sie dieses Postens nach einer Weile verlustig, weil sie, bald auch den letzten Halt verlierend, zur stadtbekannten Trinkerin absinkt, mit jedem Mann ins Bett geht, nicht nur mit den Burschen aus dem benachbarten Militärlager, sondern auch mit einem der ihr anvertrauten minderjährigen Schüler, und eines Tages sogar in dem zweitklassigen Hotel Flamingo, »das den Vorteil hat, daß sich dort niemand um das Privatleben der Gäste kümmert«, ihr Zimmer räumen und auf Anraten des Bürgermeisters Laurel verlassen muß: »Sie war bald eine stadtbekannte Figur, nicht sehr verschieden von den anderen lokalen Damen ... In den letzten zwei Jahren ist man ihr ausgewichen wie der Pest. Das ist der Grund, warum sie diesen Sommer hier erschienen ist. Ich möchte wetten, daß sie nicht die Absicht hat, je wieder nach Laurel zurückzukehren.«

Laurel – im Nachbarstaat Mississippi, 100 Meilen nördlich von New Orleans, etwa auf halber Strecke zu Tennessee Williams' Geburtsort Columbus. Blanche kam mit dem Zug an – da er nur dreimal die Woche verkehrt, nehme ich den Greyhound; mit den üblichen coffee breaks in Picayune und Hattiesburg ist es eine Fahrt von rund dreieinhalb Stunden. Ich trete sie unvorbereitet an: In New Orleans Informationen über Laurel einzuholen ist ein Ding der Unmöglichkeit. Es sei eine reine Industriesiedlung, soviel man wisse schauderhaft, undenkbar, daß sich jemals ein Tourist dorthin verirrte, alle Beteuerungen, daß meine Interessen weder die eines Handelsreisenden noch die eines Stellungsuchenden seien, finden keinen Glauben. Selbst die Handelsvertretung des Staates Mississippi, in deren Händen auch die Fremdenverkehrspropaganda liegt, kann mir bezüglich Laurel nur mit Statistiken über Bevölkerungsbewegung und Stromverbrauch, Baugenehmigungen und Bankeinlagen dienen; in den Gründerjahren, keine hundert Jahre zurück, habe man vom Holz gelebt, »lumber and timber« sei die Devise der ersten Stunde gewesen, heute halte man es mehr mit dem Öl; der Wahlspruch, den die Stadtverwaltung auf ihre Werbeschriften drucke, laute »Laurel means Business«. Wo ich mich auch erkundige, man antwortet mir mit Abschreckendem – nicht einkalkulierend, daß es für mich nach solchen Überdosen »Oldworld«-Kult, wie sie mir in diesen Tagen in New Orleans verabreicht worden sind: Dixieland-Rhythmen in der berühmten »Preservation Hall« und Schaufelräder am »Old Man River«, Negerdroschken und Schnellzeichner, kreolisches Zuckerwerk und französische Beignets, Mint Julep und Café Brulot, doch gerade ein besonders verlockender Kontrast sein muß, in Pionierland vorzustoßen und in Geschichtslosigkeit – und sei es auch um den Preis der Abscheulichkeit.

Wie so oft bei derlei Warnungen: So abscheulich ist es dann gar nicht. Gewiß, keine Tante-Sally-Romantik im Drugstore, auf deren uralte Rezepte irgendwelche handgemachten regionalen »Candy«-Spezialitäten zurückgehen, keine Dankinserate im Lokalblättchen, mit denen – wie in New Orleans täglich spaltenweise! – dem heiligen Judas Thaddäus für erfolgreichen Beistand bei Operationen, Transaktionen und Kopulationen gehuldigt wird, keine Napoleon-Büste an der Bartheke, der die Kellner mit rituellen Verbeugungen ihre Reverenz erweisen, sooft einem Gast ein Brandy dieses Namens eingeschenkt wird, aber doch auch hier, auch im Schatten der Ölfelder noch, die Brutalität der Kowalski-Welt, an der Blanche zum Schluß zerbricht, von der Wärme, von der »courtesy« des Südens gemildert. Die gepflegtesten Kirchen, die ordentlichsten Schulen – leicht vorzustellen, wie eine Lehrerin vom Schlage Blanches da den blauen Brief kriegt. Ein Museum – habe ich das Recht, mich über den Eifer lustig zu machen, mit dem man sich rühmt, seinen eigenen Rembrandt zu besitzen? Eine Bibliothek – ist es nicht eine sehr vernünftige Auskunft, mir zu antworten, doch, doch, natürlich wisse man, welche Rolle Laurel in »Endstation Sehnsucht« innehabe, aber ein wirklicher Zusammenhang bestehe da nicht, ganz gewiß nicht, die Sache habe halt einen Namen haben müssen, nichts weiter; sicher kenne Tennessee Williams ihr Städtchen gar nicht? Freilich, ganz so einfach verhalten sich die Dinge wieder auch nicht. Mein Rundgang durch Laurel bestätigt mir auf Schritt und Tritt, daß der Dichter sehr wohl gewußt hat, wieso seine Wahl auf diese und keine andere Stadt fiel: Die Junior High School, von der es im Drugstore sogar bunte Ansichtskarten zu kaufen gibt (zum Heimschreiben: »Damit ihr seht, wie es hier aussieht. Das Fenster mit Pfeil ist mein dormitory ...«), ist das typische Knabeninternat amerikanischer Prägung; Camp Shelby, außerhalb der Stadt gelegen und heute nur mehr zum Sommertraining verwendet, das typische Militärlager; das Hotel Pinehurst, mittlerweile noch verlotterter als Blanches Absteige »Flamingo« und wie diese – so lese ich es in einem der Inserate – ein beliebter »stopping place« für Handlungsreisende; nur weit und breit keine Baumwollpflanzung: das nicht, in diesem Punkt, diesem einen, hat Tennessee Williams eine geographische Mixtur vorgenommen. Kein Zweifel aber, daß er irgendwann einmal auf dem Weg nach New Orleans in diesem Laurel Station gemacht hat – sei es von seinem Geburtsort Columbus kommend, sei es von Memphis, wo er sich wiederholt bei den Großeltern aufhielt, oder auch von St. Louis, wo seine Familie hinzog, als er fünfzehn Jahre alt war, und wo ihn sein Vater in eine Schuhfabrik steckte, ehe er, der Einförmigkeit des Angestelltendaseins müde, damals noch Thomas Lanier mit Vornamen, von daheim ausriß, zu schreiben begann, Short-Stories und Einakter, um, nach bestandenem Examen an der Universität von Iowa, in der Boheme von New Orleans endlich jene Freiheit zu finden, die er für seine Entfaltung als Schriftsteller so bitter nötig hatte. 27 Jahre war er damals alt. In Chicago hatte er an einem großen »writer's project« mitwirken wollen, doch wurde über seine Bewerbung abschlägig entschieden, weil er außerstande war, den Nachweis sozialer Bedürftigkeit zu erbringen. In St. Louis wartete sein Vater nur darauf, ihn abermals bei der International Shoe Company unterzubringen. So floh er nach New Orleans. Bei einer Zimmervermieterin in der Toulouse Street 722 – ich besichtige das wenig ansehnliche Haus: beengt und dunkel, unverputzter Backstein, mitten im Vieux Carré, gleich um die Ecke der Höllenlärm der Bourbon Street mit ihrer vulgären Vergnügungsindustrie – fand er eine erste Bleibe. Statt Miete zu zahlen, entwarf er für seine Landlady, die im Begriff war, einen Mittagstisch zu eröffnen, einen zugkräftigen Slogan: »Meals for a Quarter in the Quarter!«, verteilte während der Vormittagsstunden in den umliegenden Straßen Handzettel, eilte sodann zurück, zog rasch ein frisches weißes Hemd über und spielte Kellner. Abends und nachts schrieb er. Unter dem frisch angenommenen Vornamen Tennessee. Denn Thomas Lanier – das klang ihm zu sehr nach Five o'clock tea auf der Veranda eines großbürgerlichen Herrenhauses. Und Valentine Xavier, das er sich zuerst ausgedacht hatte, verwarf er wieder: als zu pompös. Tennessee – so hatten ihn ja schon die Kommilitonen an der Universität gerufen. Und dabei blieb es. Als das »Group Theatre« in New York einen Einakterwettbewerb für Autoren unter 25 ausschrieb, mußte er sich zwei Jahre jünger machen – er verteidigte den Schwindel vor sich selbst mit dem Argument, die zwei Jahre, die ihn sein Vater in die Schuhfabrik eingespannt hatte, seien verlorene Jahre gewesen, zählten also nicht. Der Preis – mit 100 Dollar dotiert – fiel übrigens an Tennessee Williams. Für seinen Zykus »American Blues«. Als er 1940 – für weitere zwei Jahre – nach New Orleans zurückkehrte, wohnte er in der gleichen Gegend: St. Peter Street 632. Wieder verdiente er sich seinen Lebensunterhalt in einem »25-cents-a-meal-restaurant«, diesmal an der Kasse, und wieder ratterte nur wenige Schritte von seinem Quartier entfernt jene Straßenbahn mit dem beziehungsvollen Namen »Desire« vorüber, die ihn fünf Jahre später, gerade als ihm in Chicago und New York mit der »Glasmenagerie« der große Durchbruch geglückt war, dazu inspirierte, seinen in Mexiko entstandenen Einakter »Die Pokernacht« in ein großes dreiaktiges Drama umzuarbeiten: »Endstation Sehnsucht«. »Wenn ich überhaupt je eine Heimat gehabt habe, so war dies New Orleans, wo ich immer wieder gelebt habe und das mich mehr als jeder andere Teil der USA mit Stoff versorgt hat. Das unermüdliche Hin und Her der Straßenbahn ›Desire‹, die Royal Street hinauf und hinab, schien mir von symbolischer Bedeutung für das Leben im Vieux Carré, ja für das Leben überhaupt.« Und ein andermal sagte er: »Ich bevorzuge solche Schauplätze, weil mir die Menschen der Südstaaten, ihre Sprache, ihre Gefühle, ihre Gewohnheiten vertrauter sind.«

Ich will den Biographen nicht ins Handwerk pfuschen. Ob es wirklich eine Aufführung von Ibsens »Gespenstern« gewesen ist, die Tennessee Williams, Jahre nach diesem Jugenderlebnis, den Uranstoß dazu gab, »Endstation Sehnsucht« zu schreiben; ob er wirklich in die Figur der Blanche DuBois Züge seiner unglücklichen Schwester Rose mit einfließen ließ, die, nach einer Liebesaffäre »von fürchterlicher Tragik«, mit 27 in geistige Umnachtung verfiel und nie mehr aus der Internierung freikam; ob er seinen Stanley Kowalski (im Telefonbuch von heute finde ich zwei Kowalskis) wirklich, wie die Zeitungen geschrieben haben, nach einer Liebschaft gleichen Namens benannt hat, dies zu klären reicht mein Lokalaugenschein nicht aus. Aber wie es sich mit dem »Desire« verhält, zumindest darüber habe ich nun volle Klarheit: daß es sowohl Begierde wie Sehnsucht bedeutet, daß diese beiden, Begierde und Sehnsucht, nicht nur jenes Theaterstück, sondern auch, wie nicht so bald eine zweite, diese Stadt erfüllen – Begierde dort, wo sie Amerikas Montmartre, Sehnsucht dort, wo sie Amerikas Montparnasse zu sein versucht; ja daß es in ihr sogar eine Straße dieses Namens gibt. Und eine Straßenbahn. Und daß diese Straßenbahn, heute ein Bus, weiter ihre Runden dreht, unermüdlich – wie Blanche ihrer Schwester Stella vorhält – »eine alte, enge Straße hinauf und eine andere alte, enge Straße hinunter ... hierher, wo ich nicht erwünscht bin und wo ich mich schäme zu sein.« An der Endstation ihrer Sehnsucht.

Abschiedsblumen für Raskolnikow

Auch ohne Dostojewski als Motiv, auch ohne Raskolnikow als Anreiz: Einmal nach Leningrad – das war ein alter Traum von mir. Zäh hielt ich ihn über Jahre hinweg am Leben, keine noch so böse Erfahrung als Osttourist konnte ihn mir verleiden – jetzt stand ich im Begriff, ihn mir zu erfüllen, nach etlichen mißglückten Anläufen war endlich eine fixe Buchung zustande gekommen. Visum, Flugreservierung – jedesmal hatte ich alles schon in Händen, dann war plötzlich kein Hotelzimmer frei. Darin sind sie knapp, alles will nach Leningrad. Es sind ihrer viel zu viele; man tut gut daran, die Zahl seiner Vorstellung mit zwei zu multiplizieren: Leningrad ist ja nicht nur das Ziel derer, die nach Leningrad, sondern immer auch das Ziel derer, die nach Petersburg wollen. Und ein paar wollen auch noch nach Petrograd, da kommt schon was zusammen.

Doch diesmal war auch das Quartier gesichert, ich konnte losfahren. Die Zwischenstation Moskau nahm ich in Kauf, auch würde es ja nur für einen Abend sein: Nachtmahl im Hotel Intourist, im Anschluß daran Transfer zum Schlafwagenzug. Anders ging es nicht, alle Wege führen über Moskau.

Jeder Reisende kennt dieses Gefühl: man ist auf ein Ziel eingestellt, ganz versessen darauf, nur ja recht bald hinzukommen, jeder Umweg ist einem ein Greuel, man möchte Zwischenstops am liebsten ungeschehen machen, womöglich verschlafen, wenn es nicht kindisch wäre: wegschauen, das hat gar nichts mit Moskau-Phobien zu tun. Mir ging es einmal ganz genauso mit New York, auf dem Weg nach Mexiko, und für New York habe ich eine ausgesprochene Schwäche. Aber jetzt wollte ich nichts davon wissen, es war mir im Weg, es verstellte mir den Blick, mein Appetit stand nicht nach der Suppe, sondern nach der Hauptspeise.

Doch es gibt Metropolen, die es nicht so ohne weiteres auf sich sitzen lassen, daß man sie zum Umsteigebahnhof degradiert. New York ist eine davon, desgleichen Moskau. In New York, obwohl ich als Transitpassagier nichts mit ihm zu schaffen hatte, hielt mich der Zoll fest, in Moskau, obwohl uns nicht mehr als die zwischen Tourist und Dolmetscherin üblichen Sympathien verband, Swetlana. Swetlana, eine aus dem Riesenheer der dienstbaren Geister von Intourist, schaffte Papiere herbei, aus denen klipp und klar hervorging, daß ich meinen Leningrad-Aufenthalt zwischen Leningrad und Moskau zu teilen hätte. Da half kein Wehklagen, kein Pochen auf die eigenen Papiere, weder Drohen noch Betteln: Die moskowitische Nemesis hatte zugeschlagen, einen für seinen Übermut zu bestrafen, der die Zentrale zum Relais hatte reduzieren wollen. Erschwerend fiel beim Urteilsspruch der Rachegöttin ins Gewicht, daß ich meine Verfehlung zugunsten der notorischen Rivalin begangen hatte: Über die Eifersucht der Moskauer auf Leningrad sind schon Bücher geschrieben worden, und die Leningrader ihrerseits rächen sich mit der traditionellen Redewendung: »Das Schönste an Moskau ist der Zug nach Leningrad.«

Mit ebendem aber haperte es nun. Ob nun ihre, Swetlanas, oder meine Papiere die richtigen, die alleinseligmachenden seien, habe wenig zu bedeuten – entscheidend sei allein, daß für mich weder eine Schlafwagenbuchung in Moskau noch eine Hotelreservierung in Leningrad existiere, der nächste Tag, daran gebe es nichts zu rütteln, sei in Moskau zu verbringen. Nach dem Krieg, als manche Waren bei uns noch sehr rar waren, gab es Verschiedenes nur im kombinierten Angebot, Verbundgeschäft nannten wir das, Blumenkohl nur, wenn man auch Steckrüben nahm – daran mußte ich jetzt denken. Leningrad – bitte warten.

Swetlana tat ihr Möglichstes, mich zu entschädigen, sie entfesselte Diskussionen über die Verfilmbarkeit von Dostojewski, sie unternahm verbissene Versuche, mich unmerklich auf Tolstoi umzupolen und auf Tschechow, sie probierte es mit Anna Karenina als Köder: hier ist der Bahnhof, wo sie abfuhr, dort der Englische Club, Sie erinnern sich? Jetzt ist das Museum der Revolution darin untergebracht. Und dann dies reizende Häuschen da drüben: der Dichter der »Möwe« nannte es zärtlich seine »liebe kleine Kommode« – ist das denn nichts?

O doch, Swetlana, wunderhübsch ist es, und wie gut ihr das alles konserviert, wirklich vortrefflich – aber wie soll ich dir erklären, daß ich mit meinen Gedanken, mit meinen Sehnsüchten längst ganz woanders bin, weit weg von hier: in den Hinterhöfen von Petersburg, im Treppenhaus der Pfandleiherin Aljona Iwanowna, in den Kneipen rund um den Heumarkt, am Kai des Jekaterinenkanals, in Rodion Raskolnikows »gelber Kammer, die eher einem Schrank oder einer Truhe glich«?

Am andern Morgen, beim Frühstück, höre ich einen ehemaligen deutschen Wehrmachtssoldaten, der mit seiner Frau so wie ich auf die Weiterreise wartet, von seinen Erinnerungen an die Belagerung berichten. 900 Tage – von Ende 1941 bis Anfang 1944 – war Leningrad von deutschen Streitkräften eingeschlossen. Er war mit dabei, zwei Monate lang. Auf bloß fünfzig Meter Abstand sei man einander gegenübergelegen, nicht einmal die Leichen der gefallenen Kameraden habe man da wegschaffen können. Jetzt kehre er zurück, endlich die berühmten Kunstschätze der Newa-Stadt zu besichtigen, von denen er damals, ein junger Bursche im Waffenrock, nur gehört habe. Der Schrecken von einst hat sich bei ihm nicht in verlogene Frontkämpferromantik verkehrt – ein Mann, dem man zuhören kann.

Im Café Artistiks in einer der Seitenstraßen des Gorki-Prospekts komme ich mit zwei Designern ins Gespräch, der eine arbeitet an einem Theater, der andere in der Industrie. Ich erzähle ihnen von Wien. Und daß ich von den Fenstern meiner Wohnung aus die Türme der russischen Kirche sehen könne – ganz wie ihr großer Dichter Dostojewski, der, wo immer er sich einquartierte, stets zweierlei zur Bedingung gemacht habe: daß es ein Eckhaus sei, mit Blick auf eine Kirche. Slawa, der eine der beiden, holt ein Geldstück aus seiner Jacke hervor – ich möge dafür, sowie ich wieder in Wien sei, eine Kerze kaufen und in »seiner« Kirche für ihn anzünden ...

Dostojewski hat viele Jahre seines Lebens in Petersburg zugebracht. Hier hat er die Ingenieurschule besucht, hier war er technischer Zeichner am Kriegsministerium, hier lag er in Festungshaft, hier hat er viele seiner Werke geschrieben, hier spielen die wichtigsten, hierher ist er immer wieder zurückgekehrt, auch mit seiner Familie, und hier, auf dem alten Tichwin-Friedhof vor den Pforten des Alexander-Newski-Klosters, liegt er begraben. Doch zur Welt gekommen ist er in Moskau. Oktober 1821. Im Marijinski-Armenspital, wo sein Vater eine Arztstelle innehatte; in einem der Seitentrakte lag die Dienstwohnung.

Swetlana verschafft mir die Adresse; zur Orientierung präge ich mir die nächste Nachbarschaft ein: Kommuneplatz, Theater der Sowjetarmee. Mit diesem Wissen und einem frischerworbenen Moskauer Stadtplan ausgerüstet, nähere ich mich einer der Hostessen des Service-Büros im großen, großen Hotel Intourist: sie möge doch bitte so gut sein und mir auf dem Plan das genannte Ziel ankreuzen.

Indes, das blonde Kind scheint andere Vorstellungen von Ortsfindung zu haben: Sie reißt von einem Notizblock einen Zettel ab und schreibt darauf ein paar Worte in Kyrillisch – dies möge ich dem Taxichauffeur in die Hand drücken.

Ich gebe ihr zu verstehen, daß ich den Weg zu Fuß zurückzulegen wünsche – daher meine Bitte mit dem Stadtplan.

Nein, ich hätte ein Taxi zu nehmen.

Wenn ich aber doch lieber zu Fuß ...?

Nein, nur Taxi.

Wieso nur Taxi?

Zu Fuß zu weit.

Aber so weit sei es doch gar nicht, ich hätte mich vergewissert. Auch hätte ich reichlich Zeit. Und überhaupt sei das doch ausschließlich meine Angelegenheit. Wieder halte ich ihr meinen Stadtplan hin.

Sie weigert sich, ihn auch nur anzufassen – man könnte glauben, ich mutete ihr die Berührung mit einem Überträger ansteckender Krankheiten zu. Die Sache ist klar: Säße sie hinter einem Schalter, dies wäre der Moment, in dem das Fenster heruntersaust.

Nun schalte auch ich auf stur. »Also gut«, sage ich, »angenommen, ich fahre mit dem Taxi – wieso können Sie mir dann nicht trotzdem die gewünschte Markierung auf dem Stadtplan anbringen?«

Sie könne den Plan nicht lesen.

Den Plan nicht lesen? Es sei ein Stadtplan mit kyrillischer Beschriftung, das Offiziellste vom Offiziellen, vor wenigen Augenblicken in einem Moskauer Kiosk erworben.

Ich komme nicht dazu, meinen Satz zu vollenden. In Ermangelung des bewußten Schalterfensters steht das holde Wesen auf und geht davon.

Entmündigungsstrategie? Oder einfach Unwirschheit? Eine der vielen Ungereimtheiten sowjetischer Bürokratie. Ich mache mich also ohne mein Kreuzchen auf den Weg, es ist nicht weiter schlimm: Was normalerweise ein halbstündiger Marsch wäre, wird nun eine Sache von einer Stunde, was ist schon dabei? Die Petrowka immer geradeaus, zuerst den inneren, dann den äußeren Ring überquerend, dort wird's vorübergehend ein bißchen schwieriger. Ich nähere mich der Vorstadt, die Gassen werden dunkler, die Häuser niedriger, vereinzelt schon auch Holzhäuser, eine Straßenbahn geht in die Kurve, ein-, zweimal verlaufe ich mich, dann stehe ich vor dem Riesenbau des Theaters der Sowjetarmee. Unter allen Moskauer Schauspielbühnen ist es die größte, ihr Grundriß folgt dem fünfzackigen Sowjetstern: Imponier- und Einschüchterungsarchitektur – je nachdem.

Aus der Hinterseite des Platzes löst sich die Uliza Dostojewskogo. Die Straße hält, was sie verspricht: Das alte Hospital steht unversehrt da, desgleichen das Nebengebäude mit der Gedenktafel. Ich klopfe an der Pforte an; die Aufräumfrau, die mir öffnet, weist mich fünfzig Meter weiter, zum gegenüberliegenden Trakt. Wahrhaftig, da ist sogar ein Museum installiert – seit einigen Jahren wird der Dichter des »Raskolnikow« in seiner Heimat nicht mehr schief angesehen, »Prestuplenie i nakazanie« wird wieder in den Schulen gelesen, in der neunten Klasse, so sagt man mir, und obwohl bereits die achte Abendstunde überschritten ist, finde ich auch Einlaß in die Gedenkräume, erst um neun ist hier Schluß.

In wahren Wogen schlägt mir russische Mütterlichkeit entgegen: drei Stuben, maßlos überheizt, an der Schwelle einer jeden eine ältliche Wächterin auf ihrem Stühlchen sitzend und den späten Gast willkommen heißend, seine Beteuerungen, kein Wort Russisch zu können, fröhlich ignorierend. Ein Sofa, ein überglaster Schreibtisch; Bilder, Büsten, Bücher. Die Brille des Dichters, die geliebten Papirossy, Korrekturbögen, schließlich eines der Manuskripte: ein dickes gebundenes Buch, der Text zweispaltig angeordnet, die kleine, immer leicht aufwärtsstrebende Handschrift, sepiabraun.

Als ich mich zum Aufbruch anschicke, laufen meine drei Mamuschkas noch einmal alle zusammen: großes Händeschütteln – ich könnte mich ohrfeigen, nichts an Geschenken bei mir zu haben. Man scheint sich inzwischen über meine Herkunft schlüssig geworden zu sein: Ich werde zu einer der Vitrinen zurückgelotst, die ich in der Eile übersehen hatte, drei Matronenhände deuten triumphierend auf ein aufgeschlagenes Buch: »Das Lied an die Freude«. In Deutsch. Dostojewski hatte für Schiller geschwärmt wie kein zweiter, vieles konnte er auswendig, die »Räuber« hatte er schon als Zehnjähriger auf der Bühne gesehen.

Meine drei Museumswächterinnen aus der Dostojewski-Straße und dieses halbe Stündchen literarischer Bemutterung – sie haben es zuwege gebracht, mich mit meinem Zwangsaufenthalt in Moskau, mit der Beschneidung meiner Leningrader Tage zu versöhnen.

Dimitri Andrejewitsch Dostojewski, nicht zu verwechseln mit Fjodor Michailowitsch Dostojewski, seinem Urgroßvater, ist Bürger der Viermillionenstadt Leningrad und arbeitet als Techniker in einer Glasfabrik. Wenige Stunden vor meiner Ankunft mit dem Schlafwagenzug aus Moskau ist er Vater geworden, und da es sich bei dem glücklichen Ereignis um einen Sohn handelt, ist der Fortbestand des berühmten Namens für eine weitere Generation gesichert. Für ihn ein Anlaß namenloser Freude, für mich ein großes Pech. Denn wäre ich zu einer normalen Zeit nach Leningrad gekommen, hätte man für mich ein Treffen mit dem Glasfacharbeiter Dimitri Andrejewitsch Dostojewski arrangieren können. So aber – man baue auf mein gütiges Verständnis – hätte ich leider hinter der überbordenden Vaterfreude zurückzustehen.

Immerhin, die Nachricht allein ist interessant genug. In der Dostojewski-Stadt noch heute ein Dostojewski? Fedor

Tschirkow, Slawist mit Hochschulabschluß und momentan über einer Studie zum Wahrheitsbegriff im Werk seines Lieblingsdichters brütend, einer der jüngsten Mitarbeiter des Leningrader Dostojewski-Instituts, rechnet mir die Sache vor: Vier Kinder entsprossen Dostojewskis Ehe mit seiner zweiten Frau Anna Grigorjewna: Aljoscha, der nur drei Jahre und Sonja, die gar nur zehn Wochen alt wurde, Aimée, die kinderlos starb, und Fjodor, der zwei Söhne hinterließ. Von diesen erlag einer früh der Influenza, der andere, erst seit 1968 unter der Erde, war der Vater unseres Glasfacharbeiters. Falls ich nochmals nach Leningrad kommen sollte, frage ich vorher an, ob vielleicht gerade wieder ein kleiner Dostojewski unterwegs ist – ein zweitesmal sollen sie mir nicht durch die Lappen gehen.

Wenn ich jetzt, wieder daheim, meinen Freunden von Leningrad erzähle, erziele ich jedesmal einen Höhepunkt und Überraschungseffekt, indem ich meiner Brieftasche lässig eine alte Visitenkarte entnehme: Fjodor Michailowitsch Dostojewski in der typischen englischen Kursivschrift des 19. Jahrhunderts. Elegante Schleifen, schwungvolle Bögen, Schattenstrich und Haarstrich klar voneinander abgesetzt. Wer das kleine Dokument zu sehen bekommt, den packt der Neid: Wie hast du denn das angestellt, ja im Osten – dort macht man halt noch Funde, dort ist noch nicht alles vom Antiquitätenhandel aufgesaugt, hast du's schon schätzen lassen, gib acht, daß dich keiner reinlegt, also das ist ein Fang.

Freunde, faßt euch wieder, nichts brauche ich schätzen zu lassen: Meine Dostojewski-Visitenkarte ist ohne jeden Wert, es ist ein Nachdruck, ein Faksimile. Dreht sie nur um, schon seht ihr's: Das Leningrader Dostojewski-Institut hat sich dies als Souvenir einfallen lassen. Allerdings ein hübscher Einfall – und für mich zudem eine adäquate Erinnerung an den in der Tat persönlichen Stil, mit dem man mir in dieser verwunschen schönen Stadt die Wege geebnet hat. Die Wege Rodion Romanowitsch Raskolnikows.

Wer »Schuld und Sühne« genau kennt und sich über einen längeren Zeitraum in Leningrad aufhält, also Muße zu ausdauernden Spaziergängen hat, wird aus der bloßen Beschreibung, die der Dichter von ihnen gibt, die vielerlei Ubikationen der Romanhandlung auffinden, die Gänge des zum Doppelmörder werdenden Exstudenten nachvollziehen können. Und wer, der das Buch las, hätte nicht augenblicks ein Verlangen verspürt, Raskolnikow auf dem Weg von seiner Mansarde zum Haus der Wucherin zu folgen, zum Kanal, zum Beuteversteck, zu Sonjas Wohnung, in die Kneipe des Titularrats Marmeladow, aufs Kommissariat? Ich gebe zu: Dies alles selbst zu suchen, ohne fremde Hilfe, nur seinen Dostojewski im Kopf, allenfalls die »Anmerkungen« der Witwe zu Rate ziehend, die sich von ihrem Mann in den ersten Wochen ihrer Ehe auf einem Rundgang durchs Kasaner Viertel von Petersburg all die Örtlichkeiten zeigen ließ (Örtlichkeiten – durchwegs der Realität entnommen) und darüber später ein Protokoll verfaßte, wäre der reizvollere Weg. Aber das verlangt Zeit. Der Tourist ist daher dankbar, wenn er von den hilfreichen Geistern des Dostojewski-Instituts mit den betreffenden Straßennamen und Hausnummern versorgt wird; die alte Dame, die sie mir liebevoll aufsagt, hübsch langsam: zum Mitschreiben, braucht nur in ihrem eigenen Adreßbuch zu blättern, sie nehmen dort genau den gleichen Rang ein wie die Telefonnummern ihrer Verwandten und Bekannten, so sehr sind sie ihr zum persönlichen Besitz, so sehr ist der Dichter für sie zum engsten Umgang geworden.

Ich bin froh, mit einer kleinen Gegenleistung aufwarten zu können. Baden-Baden – man erinnert sich: eine der Stationen von Dostojewskis Spielleidenschaft – hat dem Leningrader Institut ein Faszikel alter Stadtansichten übermittelt;

ich komme wie gerufen, ihnen eine englische Zwischenübersetzung der deutschen Begleittexte anzufertigen.

Dann mache ich mich auf den Weg. Hier, wo sie des Dichters letztes Logis hüten: im Eckhaus an der Kusnetschnistraße, hier, wo im Sterbezimmer zwei elektrische Kerzen die ehemals wächsernen ersetzen: 1. Stock, Wohnung Nr. 10, hier, wo eine Miniatur der Sixtina und eine Ikone der trauernden Madonna Dostojewskis Gläubigkeit bezeugen, wo die Standuhr auf dem Vertiko seine Todesstunde anzeigt, der Rezeptzettel auf dem Schreibtisch das letzte dem Patienten verordnete Medikament ausweist und sogar die Tabakreste, die zu rauchen ihm nicht mehr vergönnt war, als Reliquie aufbewahrt werden, wo alles: Bücherschrank, Kinderzimmer, Wandschmuck, nach alten Photographien rekonstruiert, Authentizität atmet und wo der Blick aus dem Fenster auf die Kirche Unserer lieben Frau von Wladimir geht, die mittlerweile zur Mühle heruntergekommen ist – hier beginne ich meinen Rundgang.

Der Verzicht auf Systematik fällt mir leicht: Biographie und Werk sind gerade beim Autor des »Raskolnikow« unmöglich getrennt zu behandeln. In der Dostojewskistraße Nr. 4, gleich um die Ecke, lebte 1893/94, zwölf Jahre nach dem Tod des Dichters, ein berühmter Nachbar: goldene Marmorlettern an der Toreinfahrt, überlebensgroße Büste im Hinterhof – Lenin. Wieder ein paar Häuser weiter, Nr. 21, die Redaktion der »Prawda« in den Tagen der ausgehenden zaristischen Ära, heute lauter Wohnungen. In einem der Fensterflügel des Parterres ist die Scheibe zu Bruch gegangen; bis der Glaser die Reparatur vornehmen wird, ist die Blöße mit einem Vorhang aus Zeitungspapierstreifen kaschiert. Ob es ein Stück heutiger »Prawda« ist, was da im Leningrader Herbstwind flattert? Ich biege durch die Sozialistitscheskaja in den Zagorodni-Prospekt ein, er führt geradewegs zu dem weitläufigen Semjonowplatz: einst jener

Kasernenhof, auf dem der 28jährige Fjodor Michailowitsch Dostojewski, Mitglied des radikalen Geheimbunds um Petraschewski, »Rußlands ersten Sozialisten«, hingerichtet werden sollte. Über 15 der 28 verhafteten »Aufrührer«, deren Credo die französischen Sozialutopisten Fourier und Proudhon waren, die für die Abschaffung der Leibeigenschaft kämpfen wollten und die gerade im Begriff waren, eine Geheimdruckerei zu installieren, verhängte das Kriegsgericht das höchste Strafmaß:

»Heute, am 22. Dezember, wurden wir alle auf den Semjonowschen Platz gebracht. Dort wurde uns das Todesurteil verlesen, man gab uns das Kreuz zum Kuß, über unseren Häuptern wurde das Schwert gebrochen, und wir wurden fürs Begräbnis eingekleidet. Dann stellte man drei von uns vor die Pfähle, wo die Exekution stattfinden sollte. Ich war der sechste in der Reihe, wir wurden in Gruppen zu dreien aufgerufen, und so war ich in der zweiten Gruppe und hatte nicht mehr als eine Minute zu leben ... Endlich wurde alles abgeblasen, diejenigen, die schon an die Pfähle gebunden gewesen waren, wurden zurückgebracht, und uns wurde verlesen, daß Seine Majestät der Kaiser uns das Leben geschenkt habe.«

Zwei Tage später erfolgte der Abtransport nach Sibirien: in die Strafkolonie von Omsk – in Ketten, zu vier Jahren Zwangsarbeit.

Der Platz verrät heute nichts mehr von den Schrecknissen der alten Zeit: An der Stelle des Kasernenhofs wurde ein Kindertheater errichtet, tausend Sitzplätze; drumherum Parkanlagen, Denkmäler. Die Kasernentrakte, soweit sie noch stehen, in Spitalabteilungen umgewandelt. Ein Kindergarten, den Platz überquerend, kehrt von seinem Tagesmarsch zurück: jeder der kleinen Sowjetbürger hat ein Bukett aus Herbstlaub in der Hand. Auf den Parkbänken Verliebte, aufs engste ineinander verschlungen – nicht nur gegen die Kälte; noch gibt es in Leningrad Wohnungsprobleme, noch fehlt es an Autos. Um so höher das Selbstgefühl derer, die es geschafft haben: Der Pkw-Lenker, vor dem ich in Wahrnehmung meiner Fußgängerrechte gelassen die Fahrbahn überquere, wirft mir wütend einen Apfelgrieben nach.

Bald ist das eigentliche Raskolnikow-Revier erreicht, ich nähere mich dem Heumarkt. Mit der Umwandlung des einstigen Haupt-Viktualienmarkts der Stadt in einen modernen Nahverkehrsknotenpunkt aus Autobusbahnhof und Metro-Station hat das Zentrum des alten Krämerviertels auch den Namen gewechselt: Ploschtschad Mira, Friedensplatz. Dies ist die Gegend, für die Raskolnikow, ziellos durch die Gassen streunend, eine besondere Vorliebe hatte: »Hier erweckten seine Lumpen bei niemandem hochmütige Aufmerksamkeit, und er konnte aussehen, wie er wollte, ohne bei irgendwem Anstoß zu erregen.« Einstmals ein Schandfleck der Stadt, das Viertel der unansehnlichsten Hinterhöfe und der verrufensten Lasterhöhlen, der gestrandeten Existenzen und der Mädchen mit den gelben Karten, wirkt die Szenerie heute keimfrei bis indifferent, ich gebe zu: saniert, aber eben auch langweilig. An der Stelle der Auferstehungskirche, in der Stalin-Ära abgetragen, hat man eine Untergrundbahnstation angelegt, mit den Kellerkneipen sind die Säufer, mit den Marktbuden die Händler, mit den Trödlerläden die Juden verschwunden. Aus der Kaschemme, in der Raskolnikow den Gutsbesitzer Swidrigailow trifft, ist ein Restaurant mit Garderobezwang geworden, und gar der verwahrloste Marmeladow, den Strichlohn seiner Tochter Sonja vertrinkend, täte sich im heutigen Leningrad schwer, für seine Exzesse die geeignete Lokalität zu finden. Am Katharinenkanal, nun nach dem Dichter Alexander Gribojedow benannt, hat die neue Zeit mit Motorbooten Einzug gehalten, und die Verschmutzung des Wassers hat einen Grad erreicht,

Im Leningrader Raskolnikow-Revier am Gribojedow-Kanal, dem früheren Katharinen-Kanal.

der einem die Vorstellung schwermacht, hier hätten noch zu Dostojewskis Zeiten die Frauen Wäsche gewaschen. Das Menschengewimmel, das Raskolnikow davon abhält, sich, wie geplant, am Kanal seiner Beute zu entledigen (der Hof am ehemaligen Wosnessenski-Prospekt, den er dann tatsächlich als Versteck für die Schmuckschächtelchen und -etuis wählt, existiert längst nicht mehr), dieses Gewimmel registriere ich bloß zu beiden Seiten der Löwenbrücke, eines laternengeschmückten, schmalen hölzernen Fußgängerstegs: Dies ist der Platz, wo zu jeder Tageszeit – unter Polizeiaufsicht – Wohnungsuchende und Vermieter einander treffen. Wem es an Eloquenz mangelt, der nagelt seine Offerte an einen der Bäume, die den Wasserlauf begleiten. Hier wäre es sicherlich ein leichtes, auch der Pfandleiherin Aljona Iwanowna, deren Wohnung sich in Rufweite befindet, neue Kundschaft zu erschließen.

Das Haus, Gribojedow-Kai Nr. 104, eine der größten Mietskasernen rundum, vor einiger Zeit mit frischem gelbem Anstrich versehen, wirkt auch noch 110 Jahre nach der Niederschrift von »Schuld und Sühne« wie dem Roman entnommen: »Dieses Haus war in lauter kleine Wohnungen aufgeteilt und wurde von allerhand Gewerbetreibenden bewohnt – von Schneidern, Schlossern, Köchinnen, von verschiedenen Deutschen, von Mädchen, die auf die Straße gingen, von kleinem Beamtenvolk und ähnlichen Leuten. Ständig gingen durch die beiden Tore des Hauses und die zwei Höfe Menschen aus und ein ... Die Treppe, die zur Wohnung der Alten hinaufführte, war dunkel und schmal, ein Hinteraufgang ... Und da war das vierte Stockwerk, da war die Tür, da war auch die Wohnung gegenüber, die unbewohnt war ...«

Das Mordhaus also. Ich gehe ungehindert den gleichen Weg, nur von einer Hausbewohnerin, die den Treppenabsatz vor ihrer Korridortür kehrt, und von einer Katze, die es sich auf einem der Heizkörper des Hausflurs bequem gemacht hat, mißtrauisch beäugt, klettere die Steinstufen zum vierten Stock hinauf und lese die Namensschilder. Es sind fast immer mehrere pro Klingel: einmal, zweimal, dreimal läuten, man ist also unterdessen noch enger zusammengerückt, leerstehende Wohnungen – nein, so etwas gibt es nicht im heutigen Leningrad. An modernen Errungenschaften, bei der Finsternis des Stiegenhauses leicht zu übersehen, fällt mir nur ein Aufzug auf, in der Toreinfahrt Abfallkübel von wahnwitzigen Dimensionen.

»Er wußte sogar, wieviele Schritte es von seinem Haustor aus waren: genau 730.« Es gibt Dostojewski-Bewunderer, die die Rechnung eigenfüßig überprüft haben; es ist der beseligte Blick des Gläubigen, des ewigen Jüngers, mit dem sie einen anstrahlen, wenn sie das Resultat ihrer Recherche enthüllen: »Genau 730.« Wie oft mag dieser Weg schon abgeschritten worden sein – angefangen von Raskolnikow selbst: zur Probe zuerst, »sich mit der Örtlichkeit vertraut zu machen«, dann am Mordtag, das Beil in der Mantelschlinge aufgehängt, später, von einem »unabweisbaren, unerklärlichen Wunsch« gelockt, zum Ort der Tat zurückkehrend; sodann vom Dichter und den Seinen, schließlich von Generationen von Lesern und Literaten und nun auch von mir. 730 Schritte Weltliteratur – endend an einem Haus, das ich als einer der letzten das Glück habe zu sehen. Pergewalski-Straße 7. Natürlich wieder in Eckhaus: Kreuzung Graschdanski-Straße.

Schon von weitem wird mir klar, daß dem alten ockergelben Wohnklotz die letzte Stunde geschlagen hat. Die Nachbarhäuser sind seit längerem durch Neubauten ersetzt, jetzt ist das Raskolnikow-Haus an der Reihe. Sämtliche Arbeiten, die dem eigentlichen Abriß vorausgehen, sind bereits abgewickelt: die Evakuierung der Wohnparteien, die Entrümpelung der Räume, die Zertrümmerung der Fensterscheiben. Im Hof türmt sich der Schutt, über Glasscherben und Kabeldickicht klettere ich auf der steinernen Wendeltreppe ins Mansardengeschoß hinauf. Niemals war Raskolnikows »winzige Kammer«, diese »Zelle von etwa sechs Schritt Länge«, »mehr Schrank als Wohnraum«, so frei zugänglich wie nun in diesen Tagen: die Türen ausgehängt, das Mobiliar weggeschafft, die Tapeten in Fetzen, das Linoleum gewellt – wie in letztem Aufbäumen schon versiegenden Lebenswillens.

»Wie schlecht du untergebracht bist, Rodja; das Zimmer sieht ja aus wie ein Sarg«, sagt Pulcheria Alexandrowna Raskolnikowa betroffen, als sie zum erstenmal den Sohn in seiner Behausung aufsucht. »Ich bin überzeugt, daß du zur Hälfte durch diese Wohnung ein solcher Melancholiker geworden bist.« Und der Sohn gibt ihr recht: »Ja, die Wohnung hat viel dazu getan.«

Dostojewski-Kult auf den Spuren Raskolnikows: die »Sterbeuhr« des Dichters.

Nicht nur Raskolnikow – Stuhl und Tisch und Diwan, ein alter Mantel als Bettzeug, »von allen Menschen zurückgezogen wie eine Schildkröte in ihrer Schale« –, sondern auch sein Schöpfer, Dostojewski selbst, hat an dieser Adresse eine Zeitlang gewohnt – eben damals, 1866, als er »Schuld und Sühne« schrieb. Sein Blick traf also auch jenes Memento in deutscher Sprache, das ich beim Verlassen des Grundstücks bemerke, es ist in eine der Außenmauern eingelassen: »Gedenke des hohen Wassers am 7. November 1824.« Ob ihm, wenn einmal der geplante Neubau steht, wohl eine Raskolnikow-Plakette folgen wird? Ich glaube, sie wäre überflüssig. Dostojewski-Pilger finden ihr Ziel auch so. Und ist es für sie denn dann überhaupt noch ein Ziel – wenn es keine Nr. 14 mehr gibt unterm Dach, wenn ihnen kein Hausknecht mehr über den Weg läuft und kein Beil mehr herumliegt im Hof?

Für die Blumen, die sie ihm zum Abschied zugedacht haben, diese Sonjas des 20. ihrem Rodja des 19. Jahrhunderts, bleibt dann wohl nur das Grab des Dichters – draußen auf dem Tichwiner Friedhof. Denn mag ihn auch eine pietätlose Bürokratie zum Städtischen Skulpturenmuseum umfunktioniert haben, in welchem andere Gesetze gelten: Eintrittskarte und Berührverbot – für die, denen es darauf ankommt, ist es ein Friedhof geblieben. Und die Dostojewski-Plastik ein Grabmal. An dem man Kerzen entzünden und Blumen niederlegen und an dem man stille Zwiesprache halten kann. Mit Dostojewski, mit Dostojewskis Gestalten und vielleicht sogar mit Dostojewskis Gott. Das heilige Rußland ist klein geworden, sehr klein. Gestorben ist es nicht.

JEDEM SEIN ROSENHAUS

Stifter-Spurensicherung zwischen Kremsmünster und Berlin

Nicht der Sitz allein, das ganze Land ist reizend ... und es ist gut da wohnen, wenn man von den Menschen kommt, wo sie ein wenig zu dicht aneinander sind.

Im Adalbert-Stifter-Institut, Linz, Untere Donaulände 6, sieht man es nicht gern, wenn an der amtlichen »Nachsommer«-Topographie gerüttelt wird. Versuche, das Rosenhaus auszubürgern, haben mit erbittertem patriotischem Widerstand zu rechnen. Als ich, in einem ersten Telefonat, andeute, daß ich unter anderem auch einer bestimmten Berliner Spur nachzugehen gedenke, wird mir schroffe Zurechtweisung zuteil: »Unsinn. Das Rosenhaus steht bei uns und nirgendwo sonst. Es ist der Aspermeierhof in Kremsmünster. Er heißt noch heute so wie im Buch.«

Ein Brief der Marktgemeinde Kremsmünster schließt sich, nicht ohne Lokalstolz, der offiziellen Lesart an: »Der Bauernhof heißt richtig ›Aspergmeier‹, sein derzeitiger Besitzer ist Herr Karl Wimmer. Er befindet sich ungefähr 30 Gehminuten westlich des geschlossenen Ortes unweit des Steinbruches Steller und des Exerzitienheimes Subiaco und ist auch heute noch ein stattlicher Einzelhof, der von seinem Besitzer gut bewirtschaftet wird.«

In der »auf Anregung und unter Mitwirkung Seiner k. u. k. Hoheit des durchlauchtigsten Kronprinzen Erzherzog Rudolf« herausgegebenen Ruhmesbibliothek »Die österreichisch-ungarische Monarchie in Wort und Bild« finde ich ihn abgebildet als Muster eines Traunviertler Vierkanters, und auch Stifter selbst könnte das ansehnliche An-

An Stifter-Pilger gewöhnt: der Aspergmeierhof in Kremsmünster.

wesen zeichnerisch verewigt haben, als er 1839, dreizehn Jahre nach seinem Abgang vom Kremsmünsterer Stiftsgymnasium, in einer sentimentalen Anwandlung seinen ehemaligen Zeichenlehrer Georg Riezlmayer um Überlassung einer Ansicht von Kremsmünster bat, die er von eigener Hand kopieren und dann in seinem Schlafzimmer anbringen könne, »weil meine Erinnerung und Jugendliebe so sehr an diesem Orte hängt«. Das Bild – Deckfarben auf Papier, unsigniert, eher eine topographische Orientierungshilfe als (wie so manche seiner späteren Arbeiten) künstlerisch bedeutsam – zeigt in der rechten oberen Ecke, von Baumwuchs halb zugedeckt, ein Gehöft, das leicht das gesuchte sein könnte. Als der Stiftszögling Adalbertus die letzten zwei seiner acht Kremsmünsterer Jahre im Zieglmayrhaus an der Welser Straße einquartiert war, Oberburgfried Nr. 24, dem letzten Häuschen vor dem mittlerweile aufgelassenen Stiftsbahnhof, mag er von seinem Zimmer aus auch jenen nahen

Hügel überblickt haben, den noch immer, keine zehn Gehminuten von da, der Aspergmeierhof krönt.

Sie sind im ganzen ungebildete, aber nicht ungelehrige Leute, wenn man sie nach ihrer Art nimmt und nicht vorschnell in eine andere zwingen will. Sie sind dann meist auch gutartig. Ich habe von ihnen manches für mein Inneres gewonnen.

Der Bauer gewährt mir freundlich Zutritt, er ist an Stifter-Pilger gewöhnt. Er habe mit ihnen, sagt er, nur gute Erfahrungen gemacht und schildert sie als »neugierig, unendlich geduldig, durch die Bank nett«. Sogar einer aus Japan war darunter, und aus Deutschland kam gleich ein ganzer Autobus. Jeden Besucher läßt er frei und ungezwungen sich auf dem Anwesen umsehen; die Kinder schleppen die großväterliche »Hausmappe« herbei und eine zerfetzte alte Schrift über das »einschildige Rittergeschlecht der Asperger«, die im Mittelalter den einstmals stolzen Besitz mit Graben und Pfahlwerk bewehrt hatten; die Bäuerin tischt Speck und Landbrot auf, Obstler und Most. Früher kamen auch gern die jungen Herren vom Konvikt vorbei und auf diese Weise wohl auch Stifter, dem der Aspergmeierhof im Gedächtnis haften blieb bis zu den Tagen, da er daranging, den »Nachsommer« niederzuschreiben.

Einmal, vor Jahren, waren auch die Leute vom Fernsehen da. Noch heute wird der Hausherr verlegen, wenn er an die Szenen erinnert wird, die sie damals, auf Stifters Spuren, bei ihm gedreht haben. »Es muß Oktober gewesen sein, alles war längst verblüht. Aber diese geschickten Burschen haben mit ihren Tricks aus den zwei, drei kümmerlichen Blumen hinterm Haus, die noch übergeblieben waren, den reinsten Rosengarten gemacht. Und auch den Hof haben sie so schmeichelhaft aufgenommen – mein Gott, so stattlich ist er doch gar nicht. Als wir dann den Film sahen, haben wir uns direkt geschämt.«

Ähnlich erging es ihm, als er, von so viel Forscherinteresse neugierig gemacht, sich eines Tages den »Nachsommer« beschaffte und jenes Buch las, das immer wieder einmal einen Strahl seines Glanzes auch auf ihn, den einfachen Traunviertler Bauern Karl Wimmer, wirft: »Der Mann muß eine blühende Phantasie gehabt haben.« Dennoch stoße ich bei meinem Rundgang auf liebenswerte Zeichen eines möglicherweise vom Stifter-Nachruhm genährten Besitzerstolzes: Hinter dem Haustor ist eine Amateurzeichnung vom Gehöft zu sehen, die ein Besucher, als Entgelt für ein Nachtquartier, zurückgelassen hat, in der Stube hängt eine Luftaufnahme, und die Wandpinselei von Kinderhand, die das legendäre Match Clay – Frazier für spätere Generationen festhält, hat dieses aus der Seileinfassung des New Yorker Boxrings ins typische Geviert eines voralpenländischen Gutshofs transponiert.

»Drei starke Bände!« höhnte Friedrich Hebbel in der »Leipziger Illustrierten Zeitung« angesichts des »Nachsommers« und glaubte »nichts zu riskieren, wenn wir demjenigen, der beweisen kann, daß er sie ausgelesen hat, ohne als Kunstrichter dazu verpflichtet zu sein, die Krone von Polen versprechen«. Nun, auf dem Aspergmeierhof zu Kremsmünster hätte der große Stifter-Widersacher jedenfalls seine Wette verloren.

Hatte ich das erste Mal nur im allgemeinen geschaut, ... so ging ich jetzt schon mehr in das einzelne ... und richtete die Betrachtung auf besondere Dinge.

Wer dem Rosenhaus, diesem Symbol einer »zwar nicht unverletzlichen, aber heilen, durch menschliches Bemühen sorgfältig geordneten, gepflegten, geschmückten Welt«, nachspüren will, in der Absicht, für diese »Welt« in der Realität Vorbilder zu finden, wird sich freilich mit einem Besuch beim Aspergmeier nicht begnügen dürfen. Stifter selbst weist dem »wohleingerichteten Haus« nur den Rang eines Wirtschaftsgebäudes zu. Das eigentliche Rosenhaus, das sich der Herr von Risach ein wenig abseits davon auf einer Anhöhe nach seinen Vorstellungen baute und einrichtete und das, »über und über mit Rosen bedeckt«, »eher dem Landhause eines Städters glich«, wird man anderswo suchen müssen, und engstirniger Patriotismus wäre dabei ein schlechter Führer.

Dennoch hat es Heimatforscher gegeben, die sich bemüßigt fühlten, jeden Stein, jeden Felsvorsprung, jede Baumwurzel im ›Nachsommer‹ mit der oberösterreichischen Wanderkarte in der Hand »orten« zu müssen, und nur dort, wo sie mit ihrem Latein nicht mehr weiterkamen, dem Dichter gnädig zugestanden, von seiner Phantasie Gebrauch gemacht zu haben, die sich »das eine Mal an den Grenzen des Möglichen hält und ein anderes Mal bewußt und nach Herzenslust Luftschlösser baut«. Immer wenn Stifter einen Haken schlägt und, das Topographische sorgsam verschleiernd, ihnen eins auswischt, darf man dann plötzlich, nachdem sie vorher selber, wie besessen, nichts anderes getan haben, »nicht zu ängstlich jede Entfernung oder Höhe nachmessen, jede Zeitangabe nachprüfen und überhaupt alles auf der Landkarte finden wollen«. – Vor dem Zugriff dieser Pedanten ist kein Gemäuer sicher, weder Schloß Achleiten noch Kremsegg, und der eben zitierte Heinrich Blume versteigt sich sogar dazu, den bombastischen Kaisersaal des Stifts Kremsmünster in die bescheidenen Dimensionen des Risachschen Landhauses hineinzuzwängen. Natürlich ruht er nicht eher, als bis auch die Nachbargüter des Rosenhauses, der Inghof und der Sternenhof, »identifiziert« sind, und da kann es einen dann wohl kaum noch wundern, daß selbst die tschechische Stifterforschung – in der Gestalt des Prager

Germanisten Hugo Rokyta – Ansprüche anmeldet: »Die Idylle vom Rosenhaus kann nach Schloß Königswart bei Marienbad verlegt werden, das Stifter lange vor seinem Besuch bei seinem Freund, dem Kustos und Schloßkaplan Paul Rath im Jahr 1865, aus Erzählungen bekannt war. Tatsächlich war das Schloß von englischen Rosen bewachsen.«

Ihr werdet euch wundern, daß in meinem Hause Teile sind, in welchen man sich die Unbequemlichkeit auflegen muß, solche Schuhe anzuziehen, aber es kann mit Fug nicht anders sein, denn die Fußböden sind zu empfindlich, als daß man mit gewöhnlichen Schuhen auf ihnen gehen könnte.

Vom Aspergmeierhof zum Benediktinerstift Kremsmünster ist es keine Viertelstunde. Mein Interesse gilt dem »Mathematischen Turm«, jenem außerordentlichen achtstöckigen Zubau, der schon zu Stifters Zeiten neben der Sternwarte die naturwissenschaftlichen Lehrsammlungen der weithin berühmten Lateinschule barg. Heute ist dieses – wie der Fremdenführer sich ausdrückt – »erste Hochhaus Europas« ein Museum, das landauf, landab seinesgleichen sucht. Die mustergültigen Bestände seiner diversen Abteilungen wetteifern mit der Erlesenheit der barocken Vitrinen und der Harmonie der einzelnen Kabinette. Es ist keine Frage, daß das naturkundliche Inventar des Rosenhauses, wie die Kunsthistorikerin Friederike Klauner vermutet, hier sein Vorbild hat: »Der innere Aufbau dieses Museums ist der Anordnung der Sammlungen, die Stifter beschreibt, so ähnlich, daß ... eine Beeinflussung anzunehmen ist.« Gleiches mag in der Frage der Möbel gelten; hierzu Karl Bardachzi: »Nicht nur der Landschaftsraum Kremsmünsters erscheint im ›Nachsommer‹ – auch andere in der Schulzeit gewonnene Eindrücke sind in großem Umfang zu erkennen. So ist die in der Dichtung warm hervortretende Vorliebe für alte Möbel auf die schönen aus Erlenfladerholz gearbeiteten Möbelstücke des Stiftes zurückzuführen.«

Und doch, meine ich, sollte uns nichts davon abhalten, unsere Blicke auch ein wenig weiter schweifen zu lassen. Gertrud Fussenegger trifft die Sache recht genau, wenn sie vor zu enger Perspektive warnt: Stifter habe das Rosenhaus aus sehr vielen verschiedenen Einzelerfahrungen zusammengezogen und dann in die Kremstaler Voralpenlandschaft projiziert. Bedenken wir doch, wie viele seiner Werke er von Haus aus in Gegenden angesiedelt, die er selber nie gesehen hatte: den »Abdias« im Atlasgebirge, »Brigitta« in der Puszta, die »Zwei Schwestern« am Gardasee.

Aus seinen Briefen weiß man auch, welcher Mittel sich Stifter bediente, sich in fremdes Terrain einzufühlen: Das Lesen von Büchern und Berichten war eines, die Versenkung in Kupferstiche und Gemälde ein anderes.

Im Fall des Rosenhauses mögen wohl auch persönliche Sehnsüchte des Dichters, langgehegte, unerfüllt gebliebene Wünsche mitgewirkt haben, diese utopia humana zu errichten: »Ich hatte die Absicht, mir für die letzten Tage meines Lebens einen Landsitz zu gründen und dort einigen wissenschaftlichen Arbeiten, einigem Genusse der Kunst, so weit ich dazu fähig wäre, der Bewirtschaftung meiner Felder und Gärten, und hie und da einer gemeinnützigen Maßregel für die Umgebung zu leben.«

Über das Wie und Woher der Bausteine für dieses Traumgebilde dürfte Josef Nadler das Zutreffendste gesagt haben: »Oft stammen nur die einzelnen Elemente aus der Anschauung, und diese fügte er dann mit anderen, die ihm fremd waren, zu einer Einheit zusammen, die sich in der Wirklichkeit nicht direkt nachweisen läßt.«

Auf der Suche nach jenen »anderen« findet sich auch eine Spur, die – so absurd sich das im ersten Augenblick ausneh-

Das Humboldt-Schloß in Berlin-Tegel in einem zeitgenössischen Stich.

men mag – nach Berlin führt. Zum Humboldt-Schlößchen am Tegeler See.

Nicht nur, daß Stifter dem Besitzer des »weißen Hauses«, Freiherrn von Risach, die Werke der Gebrüder Humboldt in die Bibliothek stellt, hält er volle dreizehn Seiten seines 1854 gemeinsam mit Johannes Aprent zusammengestellten (doch vom Ministerium in Wien abgelehnten) »Lesebuches zur Förderung humaner Bildung« für Humboldt-Texte reserviert. Besonders Wilhelms »Briefe an eine Freundin«, ein Buch, über dem ja gleichfalls »der milde Glanz des Nachsommers des Lebens« liegt, hatte es ihm angetan. Stifter kannte also auch genau die liebevollen Beschreibungen, die der vom Staatsdienst enttäuschte und fortan ganz dem Privatgelehrtentum sich zuwendende Humboldt (darin Stifters Risach verblüffend verwandt!) in seinen Briefen an die Pastorentochter Charlotte Diede von seinem Tegeler Alterssitz gegeben hatte. Am 17. Oktober 1825 kündigte er sie an:

»Was ich Ihnen, liebe Charlotte, schon lange bestimmt hatte, werden Sie nächster Tage erhalten, nämlich eine Rolle Kupferstiche vom hiesigen Hause nebst einem Grundriß und Erklärung, so daß Sie dadurch eine anschauliche Idee von meiner hiesigen Existenz erhalten.« Ein paar Wochen später kam er nochmals auf den Gegenstand zurück: »Es hat mich gefreut, daß die Kupferstiche von Tegel Ihnen Freude gemacht haben, ich hatte das gewünscht und erwartet, aber nicht, daß Ihnen das Haus ein so stattliches Schloß scheint ... Ich habe das nicht gern.« Und ein andermal: »An Tegel hänge ich aus vielen Gründen, unter denen doch aber der hauptsächlichste die Bildsäulen sind ... Die zierlichste unserer Antiken, eine kleine bekleidete Nymphe, die eben Wasser zu schöpfen geht, steht in einer Nische im Salon.«

Das tut sie übrigens noch immer – heute allerdings nur mehr als Gipsabguß: Das Original, von der Kunstgeschichte unterdessen zur Muse uminterpretiert und damit noch mehr in »Nachsommer«-Nähe gerückt, geriet 1945, bei der Plünderung des Schlosses, in sowjetische Hände und ruht seither in einem Ostberliner Museumsmagazin.

Ich wollte die altertümliche Marmorgestalt betrachten. Selbst heute in dem bleiernen Lichte ... war die Erscheinung eine gewaltige und erhebende ... Was ist der Mensch und wie hoch wird er, wenn er in solcher Umgebung, und zwar in solcher Umgebung von größerer Fülle weilen darf.

Diese einzigartige Skulpturensammlung einerseits, gruppiert um das Prunkstück der Nymphe Anchyrrhoë, feierlich versammelt in Wilhelm von Humboldts Landschlößchen zu Tegel, und die alles überstrahlende Rolle andererseits, die Stifter den »Bildsäulen« im Rosenhaus und insonderheit der im Treppenhaus aufgestellten Muse von Cumae, der vielgeliebten »Gestalt aus weißem Marmor«, sowie der Brunnennymphe im Sternenhof zuweist, können in ihrer stupenden Bezüglichkeit kaum ein Zufall sein. Etliche in der Literatur verstreute unscheinbare Hinweise bestärken mich noch in dem Entschluß, dem großen Mosaik, als welches sich das Rosenhaus mir längst darstellt, auch die märkisch-preußischen Steinchen einzufügen, die ihm offensichtlich zugehören: Ich reise nach Berlin.

Wäre es denn zu unbescheiden, wenn ich bäte, von dem Hause und dessen Umgebung manches näher besehen zu dürfen?

Der Eindruck ist überwältigend. Ich bin darauf eingestellt, mich mit ein paar antiken Plastiken als gleicherweise dem Rosenhaus wie dem Humboldt-Schloß eigenem Inventar begnügen zu müssen, und nun ist auf einmal alles da – alles und in nachgerade verschwenderischem Gleichklang: sogar die Filzpantoffeln, die im ›Nachsommer‹ jeder Besucher überzustreifen hat, um die Fußböden jener »Abteilungen« des Rosenhauses zu schonen, die »nicht zum Bewohnen, sondern nur zum Besehen bestimmt« sind und die hier, teils wegen der Stöckelschuhe der Damen, teils wegen der rauhen Sitten der auf ihren Exkursionen gern durchs Schloß geschleusten Westberliner Schulklassen, Bestandteil der Hausordnung sind. Oder der Akazienhain hinterm Haus, der früher mit Maulbeerbäumen bestanden und noch früher, wie ein Kupferstich aus der Zeit um 1700 bezeugt, mit Reben bepflanzt war, einen »nicht ganz zu verachtenden märkischen Tischwein« hervorbringend: Ist da nicht an jene Stelle im »Nachsommer« zu denken, an der davon die Rede ist, »daß der Besitzer des Gartens auch Weinreben in demselben zog, obwohl das Land der Pflege dieses Gewächses nicht ganz günstig« war? Oder hier wie dort die gleiche vorurteilsfreie Einstellung zum Phänomen Kopie, wo an das geliebte Original nicht heranzukommen ist: im »Nachsommer«, wo Risach seinem jungen Gast von den »schönsten Gipsarbeiten« aus Rom erzählt, und in Tegel, wo sich im sogenannten Antikensaal die Gipsabgüsse berühmter Figurengruppen aus der römischen Villa Ludovisi drängen.

Kann es da noch verwundern, daß der Besitzer des Rosenhauses die ihn umgebenden Kunstwerke ausgerechnet von etlichen Italienreisen mitgebracht hat – ganz nach dem Beispiel Wilhelm von Humboldts, der bekanntlich das Glück gehabt hatte, sich während seiner römischen Diplomatenjahre eine einzigartige Sammlung von Altertümern zulegen zu können? Ich hatte allenfalls damit gerechnet, die vereinzelt anzutreffende Ansicht der vergleichenden Literaturwissenschaft bestätigt zu finden, das Rosenhaus und das Humboldt-Schlößchen, vormals ein schlichter märkischer Gutshof, erst von Schinkel zum klassizistischen »Schlößgen« »antikisch umgedacht«, strahlten eine ähnliche Atmosphäre der Vollkommenheit aus, »edel und veredelnd« – so, wie es etwa in Riegels »Deutschen Kunststudien« angedeutet ist: »Diesseits der Alpen dürfte sich kaum ein Landhaus finden, dessen Form und Gestalt sich so glücklich verbinden mit seinem Inhalt an künstlerischen Werken und seinem Gehalt geistesgeschichtlicher Art.« Und was erlebe ich? Eine Übereinstimmung, die bis ins scheinbar nebensächliche Detail geht. Was bei Stifter »der größte Baum des Gartens, vielleicht der größte der Gegend«, kehrt hier als vielhundertjährige »Humboldt-Eiche« wieder, die zu retten ein Spezialistenteam aus der Bundesrepublik eingeflogen werden mußte; selbst die Getreidefelder, die der Dichter gleich hinter dem Garten des Rosenhauses beginnen läßt, sind zur Stelle, sobald man die Lindenallee, die Schloß Tegel mit seinem Erbfriedhof verbindet, verläßt und linker Hand durchs Gebüsch schlüpft; und mögen es heute auch keine Rosen mehr sein, sondern bloß wilder Wein, der die Vorderfront des noch immer in Humboldtschem Familienbesitz gehüteten »stillen Hauses« in »einen Überwurf der reizendsten Farbe« hüllt, so hat doch nach wie vor das schlichte Kompliment des »Nachsommer«-Helden Heinrich Drendorf seine unverändert volle Gültigkeit: »Ihr habt da einen reizenden Sitz.«

Die gebrochenen Herzen von Verona

Wer zeigte dir den Weg zu diesem Ort?
Die Liebe, die zuerst mich forschen hieß:
Sie lieh mir Rat, ich lieh ihr meine Augen.

Viele Leute, man wisse davon aus einschlägigen Beschwerden, hätten es lieber, wenn man sie ungestört an der Gruft verweilen ließe, ganz allein mit ihren Gedanken, Kümmernissen, Sehnsüchten; auch sei es nicht seriös, die »leggenda« gar zu sehr zu konkretisieren; und überhaupt habe Verona es nicht nötig, seinen Ruf als »città di Giulietta« weiter zu forcieren, schließlich gebe es genug, auf das mit mehr Grund die Anteilnahme der Touristen zu lenken sei. Und was die Person des Signor Solimani im besonderen anlange, den man in den Ruhestand habe entlassen müssen, so ließen die »leggi della burocrazia« nun einmal keine Ausnahme zu, auch nicht bei einem so verdienten Mann wie ihm. Die Bearbeitung der Liebeskummerpost, die Solimani sich all die Jahre aufgehalst und für deren sorgfältige Erledigung er alle Freizeit aufgewendet habe, die ihm der tägliche Dienst als Hüter des Julia-Grabes gelassen habe, sei zudem auf den Einspruch der zuständigen Gewerkschaft gestoßen: Die Herren vom »sindacato« fänden es mit dem Berufsbild eines Museumswärters unvereinbar, daß dieser neben der Überwachung der Anlage, dem Verkauf von Eintrittskarten und der Verabfolgung von Erläuterungen auch noch die Geschäfte eines Trostspenders und Ratgebers in Liebessachen besorgt.

Alles Intervenieren war umsonst: Die Stadtverwaltung von Verona, der Ettore Solimani 27 Jahre lang als »segretario di Giulietta« gedient hatte, schickte einen ihrer besten, gewiß aber ihren originellsten Beamten in Pension und brach damit nicht nur dessen Herz, sondern auch das ungezählter Briefschreiberinnen in allen Teilen der Welt, die nun nicht mehr damit rechnen konnten, an der »Tomba di Giulietta« Gehör für ihre Partnerschaftsprobleme zu finden, Rat und Trost. Zwar ist der Strom noch nicht gänzlich versiegt: Nach wie vor, wenn auch schon spürbar seltener, bringt der Briefträger jene gewissen Poststücke ins Rathaus, deren auffälligstes Merkmal die Unvollständigkeit ihrer Adresse ist:

Miss Julia Capulet, Italy.
Mademoiselle Julie Capulet, Italie.
Flečna Julia Capuletova, Italsko.

Nur nimmt sich niemand mehr ihrer an. Und auch das Fensterchen an der Hinterseite der Kapelle zu San Francesco al Corso, das als Briefschlitz für alle jene eingerichtet war, die persönlich nach Verona kamen, um sich an Ort und Stelle ihres Schmerzes zu entledigen, wurde seiner alten Funktion beraubt: Es ist demoliert, kein Brief fände hier mehr den Weg zu seinem Adressaten, Annahme verweigert.

Ja, es ist schon so: Mit Signor Solimanis Pensionierung ist eine Ära zu Ende gegangen. In Amerika, von wo all die Jahre der größte Teil der Julia-Post nach Verona strömte, halten sich die großen Zeitungen um teures Geld eigene »Lovelorn«-Kolumnisten, »sob sisters«, wie das Spottwort sie belächelt – einzig dazu da, den Lesern bei der Bewältigung ihrer Liebesnöte beizustehen; Nathanael West hat eine aus ihren Reihen in der Gestalt seiner »Miss Lonelyhearts« zum Romanthema gemacht. Und in Italien, wo ein besessener Idealist sich freiwillig und ohne Aussicht auf Vergütung, ja Ersparnisse und Freizeit dafür opfernd, der nämlichen Aufgabe unterzog, zwar ohne jene Meisterschaft psycholo-

Selbsternannter »segretario di Giulietta«:
Signor Solimani mit Touristenpost (rechts).

gisch geschulten US-Spezialistentums, doch dafür aus einem warmen, teilnehmenden Herzen und aufs trefflichste unterstützt vom Mythos einer weltbekannten Legende von hochgradiger Romantik, bringt man diese Stimme auf gewerkschaftliches Geheiß zum Schweigen!

Für mich steht fest, daß ich diesen Mann kennenlernen muß, obwohl es mir nicht leichtgemacht wird, ihn ausfindig zu machen. Man läßt mich im unklaren darüber, ob er bereits gestorben oder nur einfach hochbetagt ist – bei seinem mausgrau uniformierten Nachfolger lösen meine Recherchen deutliche Abwehr aus. Schließlich finde ich Cavaliere Solimani (auch dies mag manchen seiner Kollegen vom »municipio« gegen ihn aufgebracht haben: daß Rom ihm, dem kleinen Kustos, das Adelsprädikat eines Cavaliere verliehen hat) in seinem bescheidenen Pensionistenlogis am Vicolo cieco Dietro San Francesco Nr. 9. Es ist eine unansehnliche Sackgasse im Universitätsviertel am andern Ufer der Etsch, nicht weit vom Friedhof, wo seine Frau begraben liegt – eine Deutsche, wie man mir sagt. Die Wohnung ist nur vom Hof aus zu erreichen, eine schmale Stiege führt in den ersten Stock. Der 85jährige versorgt sich seit seinem Eintritt in die Witwerschaft ganz allein, fremde Hilfe könnte er sich bei der Kargheit seiner Rente nicht leisten. Dennoch ist alles von größter Ordentlichkeit: In der Küche – obwohl es erst Vesperzeit ist – ist schon fürs Abendessen gedeckt. Signor Solimani, der nach allem, was ich über ihn in der Stadt erfahren habe, ein altersschwacher Sonderling sein mußte, den man am besten in Ruhe ließ, ist von alledem das Gegenteil: frisch und von übersprudelndem Temperament, ein Phänomen an Gedächtnis und Eloquenz – ich sehe sofort: Hier bin ich willkommen, alles andere als ein lästiger Besuch, für den von seiner Vaterstadt vergessenen alten Mann ein wahrer Segen, ein Ventil für seine Verbitterung. Es sei ihm eine große Freude, mir über sein Leben berichten zu können – unter einer Bedingung: Ich müsse mir Zeit dafür nehmen. Drei Stunden seien das mindeste, noch könne ich es mir ja überlegen.

Bald erfahre ich, wieso er auf diesem Zeitrahmen besteht: Signor Solimanis Lebensgeschichte ist vorbereitet, aufs gründlichste erarbeitet, ein für allemal einstudiert und auch nur nach diesem festen Konzept rekapitulierbar. Es gibt sie in schriftlicher Form (festgehalten in einem dicken Bündel Schulhefte und verwahrt in der großen Truhe vorm Bett), auf Tonband gesprochen (endend in einem melodramatischen »addio del Solimani a Giulietta«) und schließlich – wie in der nun bevorstehenden Sitzung mit mir – in der persönlich gesprochenen Fassung. Das bedeutet, daß in diesen drei Stunden das Wort ausschließlich Signor Solimani erteilt ist. Zwischenfragen sind nicht gerade unzulässig, aber doch unerwünscht und werden auch stets mit einem Verweis auf später Kommendes abgewehrt:

»Diesen Punkt, mein Herr, berühre ich in Kapitel Nr. 4.«

»Auf diese Frage gehe ich ausführlich ein, wenn wir auf das Thema Pensionierung zu sprechen kommen.«

»Geduld, mein Herr, das ist eine Sache, die ich Ihnen besser an der Truhe erkläre. Sie sind doch nicht etwa in Eile? Wenn Sie in Eile sind, sagen Sie es bitte besser gleich. Wir müssen der Reihe nach vorgehen, jeder einzelne Punkt ist wichtig.«

So erfahre ich also die Geschichte eines Mannes, der zunächst nichts als ein ganz gewöhnlicher Museumswärter war, noch dazu in einem winzig kleinen Museum: jenem einst von Kapuzinern geführten Klösterchen an der Via Pontiere in der südlichen Vorstadt von Verona, schon außerhalb der Stadtmauern, das, inzwischen verfallen und von seinen Mönchen verlassen, einem gewitzten Mann vom Magistrat die Idee eingab, dies sei der ideale Platz, der Legende von Romeo und Julia, deretwegen so viele Fremde nach Verona kommen, ein festes Quartier zu verschaffen. Wie gut ließ sich doch diese Idylle aus Klostergärtlein und Kreuzgang, aus Krypta und Campanile, aus Zelle und Kapelle als Bruder Lorenzos Wirkungsstätte ausgeben! Man richtete also alles so her, wie es der literarischen Welt von Shakespeare her vertraut war, pflanzte Kräuter und siedelte Vögel an, setzte Trauerweiden und Zypressen und beschaffte – dies vor allem! – einen schönen alten Pferdetrog, etwas Länglich-Steinernes aus einer der vornehmsten Stallungen Veronas, kaschierte mit kluger Hand dessen Abflußöffnungen, damit jede Erinnerung an die vormalige Funktion des Behältnisses ausgelöscht war, stellte, was eben noch dem lieben Vieh als Tränke gedient hatte, in der Gruft unterm ehemaligen Klosterkreuzgang als ihres Inhalts beraubte »tomba di Giulietta« auf, versah das Ganze mit dem gebotenen Quantum schummerigen Lichts und durfte von Stund an sicher sein, eine der populärsten Fremdenverkehrsattraktionen der Region installiert zu haben.

Das war anno 1898.

Was tat es, daß der Sarg – selbst die eigenen Veroneser Stadtführer scheuten sich zu jener Zeit nicht, es auszusprechen – in Wahrheit ein »abbeveratoio per bestiame« war? Was tat es, daß der gute alte Bandello, auf dessen Novelle Shakespeares Quellentext zurückgeht, sich ausdrücklich – was Bruder Lorenzos Zelle und die Familiengruft der Capulets betrifft – auf das Franziskanerkloster San Bernardino am entgegengesetzten Ende der Stadt, drüben im Bezirk San Zeno, festgelegt hatte? Wie konnte derlei ins Gewicht fallen angesichts einer Legende, die ohnehin als Ganzes anfechtbar war und vollends unhaltbar in den Details, dafür jedoch seit Jahrhunderten durch ein Stück Weltliteratur um so nachdrücklicher beglaubigt, also auf einer anderen Ebene (und einer höheren als der historischen) längst zu einem Bestandteil imaginierter Wirklichkeit geworden war? So wie ich es in einem der Verona-Verse von Georg Schneider lese:

Du bist nicht Julia. Und Romeo
ist nie gewesen. Dieses Haus nur sagt:
Hier wohnten alle Liebenden der Welt.

Was konnte es da noch ausmachen, daß die Wissenschaft, immer schon des Zweifels voll, 1930 die langersehnte Klarheit gewann: daß die Geschichte von den beiden tragisch Liebenden aus den verfeindeten Häusern, wenn nicht überhaupt eine reine Ausgeburt dichterischer Phantasie, so doch jedenfalls nichts Veronesisches sei? Was konnte es da noch für eine Rolle spielen, ob die Capuleti in Wirklichkeit die Cappelleti waren oder gar die Grafen von San Bonifacio, die Montague die Montecchi oder die Monticuli, ob es sich bei ihnen beiden um alteingesessene Sippen handelte oder bloß um die Spitznamen zweier politischer Parteien, ob die Sache in Verona oder in Siena spielte oder auch in keinem von bei-

Manipulierte Romantik: »Julias Grab« ist in Wirklichkeit eine ausgediente Pferdetränke.

den, sondern irgendwo zwischen Cremona und Vicenza und ob der feine Herr Girolamo della Corte, seines Zeichens städtischer Geschichtsschreiber, jenes ominöse Jahr 1303 als Todesdatum von Romeo und Julia nicht schlichtweg nachträglich in seine »Istoria di Verona« hineingeschwindelt hatte?

Gewiß, die Diskussion, seit Jahrhunderten im Gange, geht unbeirrt weiter, und vor allem die Veroneser Lokalhistoriker lassen nicht ab von ihrem Kampf, auch nicht das kleinste Jota Julia-Ruhm an irgendein anderes Gemeinwesen abwandern zu lassen. Die von dem ehemaligen Lateinlehrer Professor Giuseppe Beltramini gegründete und herausgegebene Zeitschrift »Vita veronese« spart denn auch nicht mit einschlägigen Veröffentlichungen, und als sich vor etlichen Jahren im Nachbarbezirk Vicenza irgendwelche Geschäftemacher von der Installierung eines Romeo-Gemachs auf dem Hügel Montecchio maggiore vermehrten

Touristenzustrom für ihre Region versprachen, schritt der Herr Professor, sonst ein Mann von gediegenstem Wesen und ausgesuchtesten Manieren, mit so rabiaten Mitteln gegen die freche Konkurrenz ein, daß er deswegen um ein Haar vorm Richter gelandet wäre. Er und drei seiner Veroneser Gesinnungsgenossen machten sich auf zu jener Stätte ihres Mißvergnügens und »regelten« die Angelegenheit auf ihre Weise: Während er, ganz Literat und Rezitator, das versammelte Publikum mit List ins Freie lockte und vor dem Haus eine neuere Dialektfassung von »Romeo und Julia« deklamierte, geschaffen von dem Veroneser Berto Barbarani, sich solcherart den Anschein gebend, als sei er gekommen, der Eröffnungsfeier die ihr angemessene literarische Vertiefung zu verleihen, plünderten seine rauheren Kumpane das nach allgemeiner Auffassung illegitime Romeo-Zimmer und schleppten sämtliches Inventar auf Nimmerwiedersehen davon. Seit jenem Coup hat man nie wieder etwas davon gehört, daß es irgendwo auf der Welt zu einem Versuch gekommen wäre, das Monopol anzulasten, das Verona spätestens seit jenem Jahr 1595 innehat, da William Shakespeare in den Prolog seines Trauerspiels »Romeo and Juliet« die Worte »In Verona, wo der Schauplatz ist« hineinnahm.

Denn hier liegt Julia; ihre Schönheit macht
zur lichten Feierhalle dies Gewölb.

27 Jahre tat Signor Solimani, draußen bei der »tomba«, das Seine, dies Monopol zu hüten. Anfänglich nur, indem er Eintrittskarten verkaufte, bald jedoch auch, indem er die Besucher persönlich zur Gruft geleitete, allerlei gefühlige Erklärungen abgab und, sofern es sich sichtbarlich um Liebesleute handelte, sie zum Vollzug des von ihm entwickelten Rituals anhielt: auf den beiden Längsseiten des Sarkophags Aufstellung zu nehmen, sich einander über das Reliquiar

hinweg zuzuneigen und schließlich jenen Kuß zu tauschen, der ihrer Beziehung ewige Dauer versprach. Doch auch Alleinstehenden wußte Signor Solimani Rat – gar solchen, denen vielleicht gerade eben der Partner abhanden gekommen, denen um Rückeroberung, um Aussicht auf einen neuen oder auch einfach nur ums nackte Vergessen zu tun war: Ihnen empfahl er, den Steinsarg zu berühren und hierauf die Hand an die Brust zu führen. Wieder andere huldigten dem »Schutzgeist aller Liebenden«, den sie hier zu walten wähnten, indem sie Blumen niederlegten, Namenskärtchen, Briefe. Briefe, denen sie ihre geheimsten Wünsche, ihre tiefsten Bedrängnisse anvertraut hatten. Und eines Tages, ob nun von Solimani dazu ermuntert oder nicht, trudelten auch auf dem Postweg die ersten Botschaften ein. Der Schrift nach zumeist von Teenagern, dem Absender nach zumeist aus England und Amerika. Bald häuften sie sich in einem Maße, daß nicht länger der Frage auszuweichen war: Was tun mit ihnen? Briefe, die an eine magistratische Dienststelle – denn um eine solche handelte es sich bei der »tomba di Giulietta« streng nach dem Paragraphen – adressiert waren: Durfte man sie öffnen, und wenn ja, wer? Oder *mußte* man sie sogar öffnen? Wo waren sie abzulegen, wie lange aufzubewahren?

Unsinn, so entschied man höheren Orts, das Zeug wird verbrannt. Doch natürlich konnte auch dieses Autodafé nicht verhindern, daß weitere Briefe folgten. Und so geschah es, daß Signor Solimani eines Tages die Neugier überkam, in eines dieser seltsamen Poststücke, ob nun befugt oder nicht, Einblick zu nehmen. Es war, wie sich herausstellte, der Hilferuf eines jungen Mädchens aus der englischen Provinz, deren erste Liebe gerade zerbrochen war und die nun in ihrer Verzweiflung mit dem Gedanken an Selbstmord spielte. Signor Solimani, zutiefst betroffen, fühlte sich außerstande, den Brief – wie alle anderen – wegzuwerfen. Er setzte sich hin und schrieb der Absenderin eine Antwort. Nichts Weltbewegendes und auch nur in der einfachen Sprache, die ihm, dem kleinen Museumswärter, zu Gebote stand. Aber immerhin: Es verschaffte ihm eine eigene Befriedigung – und so blieb er denn von Stund an dabei. Er beantwortete die Liebeskummerpost in der Art einer professionellen Briefkastentante, »sempre a mano e sempre in italiano«, wie er betont, er nahm dafür den Spott seiner Umwelt in Kauf und die Vorwürfe seiner Frau, die nun am Abend ohne ihn ins Kino gehen mußte, er ließ sich einen Stempel schneiden, der ihn vor aller Welt als »segretario di Giulietta« auswies, und schon bald durfte er sich der ersten Erfolgsmeldungen erfreuen: Dankschreiben derer, die er vor unbedachten Schritten bewahrt, die er seelisch wiederaufgerichtet, denen er zum richtigen Partner geraten oder vom falschen abgeraten hatte.

»My problem is deep and harmful«, lese ich in einem der Briefe, die Signor Solimani aus den säuberlich katalogisierten Bündeln für mich herausfischt. Es ist die Herzensergießung einer Schülerin aus Middletown, USA, die, wie sie mitteilt, in einen Burschen von 28 verknallt ist. Sie selber sei fünfzehn, doch weit über die Jahre gereift. Ihr Problem sei, daß das Objekt ihrer Verehrung nicht die kleinste Spur von Reaktion zeige. »Dabei sieht er aus wie ein perfekter Romeo! Was kann ich nur tun, ihn für mich zu gewinnen? Oder muß ich versuchen, ihn zu vergessen?«

Signor Solimanis Truhe enthält nicht nur Briefe. Sorgfältig breitet er seine Schätze vor mir aus, das starke Aroma von Mottenkugeln verteilt sich im Raum. Ich bekomme den Billettbehälter zu sehen, von dem er die Eintrittskarten abriß, samt seitlich appliziertem Gummi, an dem er bei Hochbetrieb den Zeigefinger zu befeuchten pflegte, eine nach seinen Entwürfen angefertigte Spieluhr: Romeo und Julia beim Tanz, Probefläschchen eines von ihm initiierten Pater-Lorenzo-Likörs sowie eines Julia-Parfums auf Glyzinienblütenbasis, eine meßbuchstarke Prachtausgabe von »Romeo und Julia« und schließlich eine Fotokollektion der Besucherprominenz: von Norma Shearer bis Ginger Rogers. Alles, was zur ersten Garnitur zählt, gerahmt, eingeglast und mit einem eigenen Illuminationsmechanismus versehen; ich selbst werde eingespannt, die Steckdose zu bedienen und so an dem phantastischen Spektakel mitzuwirken, das sich Signor Solimani an diesem Tag – wer weiß, wie oft noch in seinem Leben – vergönnt.

Ich brauche ihm nicht von dem Sakrileg zu berichten, daß die »tomba« seit seinem Abgang auf Tonbandbetrieb umgestellt ist. Er selber ist zwar nie wieder dort gewesen, keine zehn Pferde brächten ihn an den Platz, von dem man ihn vertrieben hat, aber natürlich ist ihm längst hinterbracht worden, wie nüchtern es nun dort zugehe, wie die Touristengruppen durchgeschleust würden, sich selbst überlassen, ohne jede persönliche Ansprache. Pfeile, so habe man ihm zugetragen, wiesen die Besucher in die gewünschte Richtung – mein Gott, welch ein Jammer! Wieder muß ich an Nathanael West denken und seinen tragischen Romanhelden »Miss Lonelyhearts«, den Frageonkel des New Yorker »Post Dispatch«, der sich, ein Transvestit des Journalismus, mit jenen Briefen herumschlug, die »alle gleicherweise mit einer Herzform aus dem Teig des Leidens ausgestochen« waren, und der am Ende mehr als alle seine Klienten jener Hilfe bedurfte, die er diesen zu spenden vertraglich verpflichtet war. Denn auch diesen Signor Solimani hat, seitdem er der Mission seines Lebens beraubt ist, ein solches Maß von Verzweiflung erfaßt, daß er inzwischen selber auf fremden Zuspruch angewiesen ist, auf fremden Trost.

Es gab nach Signor Solimanis unfreiwilligem Ausscheiden aus dem Amt einen kurzen Versuch, die Obliegenheiten des »segretario di Giulietta« anderen Händen anzuvertrauen:

denen des schon erwähnten Professors Beltramini. In der Halle des Albergo »Giulietta e Romeo«, wo mir der alte Herr seinen Besuch abstattet, eines kleinen Familienhotels hinter der Arena, das seinem Namen mit zwei Imitationen des berühmten Balkons gerecht zu werden versucht, erzählt mir der Vielbeschäftigte, wieso es damit schon bald zu einem abrupten Ende kam: Presse und Fernsehen hätten es verschuldet. Statt, wie es eine so heikle Sache wie die Beantwortung von Anfragen aus dem Intimbereich verlange, seine Anonymität zu wahren, hätten ihn die Journalisten als jenen Mann ins Licht der Öffentlichkeit gezerrt, der im Namen Julia Capulets Seelentröster spiele – ein ausgemachter »scandalo«, der ihm den Entschluß leichtgemacht habe, sich unverzüglich der Sache zu entledigen. Ich müsse entschuldigen, er spreche nicht gern davon, weit lieber wäre es ihm, mich für sein Lebenswerk zu interessieren, das zu vollenden ihm nun wohl nicht mehr die Zeit bleibe: Verona als Schauplatz deutscher Sagen – Etzel, Hildebrand und Dietrich von Bern, um nur einige Namen zu nennen; auch die deutschen Sprachinseln oberhalb von Vicenza, die berühmten dreizehn Gemeinden der »Zimbern«, hätten es ihm angetan, desgleichen die Herrschaft der Skaliger mit allem, was dazugehört, und natürlich – ein Kapitel für sich – jene deutschen Äbte, die bis 1500 in der Basilika zu San Zeno regiert hätten. Das Thema Romeo und Julia hingegen, das werde man nach alledem wohl verstehen, sei ihm gründlich verleidet, und nur dies eine wolle er dazu bemerken: daß nach seiner unumstößlichen Überzeugung Shakespeare sehr wohl, wenn es auch die gesamte einschlägige Literatur abstreite, Verona von Angesicht gekannt haben müsse. Nicht nur, daß noch ein zweites Stück die Stadt zum Schauplatz habe: »Die beiden Veroneser«, und zwei wichtige Shakespeare-Figuren ihr entnommen seien: Petrucchio und Shylock, gebe der Dichter ein so zutreffendes Bild vom damaligen Verona, daß die getreue Auswertung der Vorlagen als Erklärung nicht ausreiche. Im übrigen habe er, Beltramini, eine Broschüre herausgegeben, in der alle wichtigen Stimmen zum Thema versammelt seien, darunter auch so mancher Dichter, der in Verona auf den Spuren des großen Kollegen gewandelt sei: von Heinrich Heine, der an Julias Grab ein »einsames Frauenzimmer« antraf, »ein kümmerlich verblichenes Wesen, das nach langem Knien und Beten seufzend aufstand und wie mit gebrochenen Gliedern fortschwankte«, über Alfred de Musset, der seinen Lesern schwärmerisch auftrug, unter keinen Umständen aus Verona abzureisen, ohne eine Blume auf Julias Grab geworfen zu haben, bis zu Charles Dickens, der auch Julias Wohnhaus seine Aufwartung machte und den Palazzo Capuleti zu seiner größten Enttäuschung zur elenden Spelunke heruntergekommen sah: »Lärmende Lohnkutscher und schlammbedeckte Marktkarren füllten den Hof, in dem knöcheltief der Dreck stand und in dem ein Haufen über und über mit Schmutz bespritzter Gänse herumschnatterte. Und da war ein wild aussehender Hund, der wütend in der Einfahrt fletschte und sicher Romeo sofort beim Fuß gepackt hätte, im gleichen Augenblick, wie er über die Mauer gestiegen wäre ... Es wäre angenehmer gewesen«, schließt Dickens seinen Bericht, »das Haus leer zu finden und durch die verlassenen Räume gehen zu können.«

Diese Bedingung finde der Besucher von damals heute aufs schönste erfüllt. Die Casa Capuleti, schon wegen ihrer Lage dicht neben der Piazza Erbe ungleich frequentierter als die »tomba« draußen in der Vorstadt, Hauptschauplatz von Shakespeares Trauerspiel, ist, seitdem die Stadt Verona auf allgemeines Drängen 1905 das Anwesen ersteigert, auf Hochglanz gebracht und, zur Freude der knipswütigen Touristen, um sein Wichtigstes, nämlich um einen Balkon, komplettiert hat, leergeräumt und in solcher einzig angemessenen Schlichtheit zu besichtigen: ohne allen weiteren

Julia-Schnickschnack, von dem die Andenkenstände rundum ohnedies in überbordender Vielfalt übergehen – R & J für alle Lebenslagen. Als Kopftuch und als Armreif, als Aschenbecher, Wandteller und Kerzenleuchter, als Kaffeetasse und Bierkrug, als herzförmige Vase mit Guckfenster und/oder Thermometer, als Wappenrelief mit gekreuzten Degen, als Stoffpüppchen unter Glas, als Klosettmuschel. Und doch wäre es albern, angesichts solchen Angebots Entrüstung zu äußern: Romeo und Julia teilen das Schicksal dreister Anbiederung der Kitschindustrie mit so vielen anderen Gestalten der Weltgeschichte, so vielen anderen bedeutenden Sehenswürdigkeiten, so vielen anderen touristischen Tummelplätzen, daß wohl kaum eine der hier vertretenen Besuchernationen Grund hat, die Nase zu rümpfen. Ja, bei der bekannten Güte der italienischen Küche ist sogar anzunehmen, daß die »Spaghetti alla Capuleti«, die auf der Speisekarte vereinzelter Restaurants stehen, bekömmlicher sind als die »Cromwell pie« bei Fortnum & Mason und die »Baci di Giulietta« (feinstes Nougat in Lippengestalt) weniger schwer als die Salzburger Mozartkugeln.

Solang Verona seinen Namen trägt,
komm nie ein Bild an Wert dem Bilde nah
der treuen, liebevollen Julia.

Es ist bei derlei Wallfahrtsstätten stets das gleiche: Den einen ist es zu wenig, den andern zu viel. Die einen, die Szene »In geheimer Nacht« vor Augen, glauben mit Eintrittsgeld auch einen Anspruch auf Gartenmauer und Granatbaum erworben zu haben, auf Lerche und/oder Nachtigall, und sind enttäuscht, wenn sie statt dessen mit ein bißchen Rankenwerk wilden Weins und ein paar schmuddeligen Tauben im Innenhof der Casa Capuleti vorliebnehmen müssen, mit dem Schaufenster eines Münzentandlers, der Reklametafel eines Schönheitsinstituts und den obligaten Tonbandautomaten, wenn sie keine Strickleiter baumeln sehen und im Innern des Hauses nicht Julias Liebeslager bereitet finden, sondern nur eine Handvoll Sessel und Truhen, ein Freskorest hier und dort oder ein Wappen überm Kaminsims sie daran erinnern, daß in diesen Mauern auch einmal Menschen gelebt haben, mögen sie nun Cappeletti geheißen haben oder nicht.

Ganz anders die Puristen: Streng gehen sie mit allem, was ihnen nach Inszenierung, nach Arrangement riecht, ins Gericht und geben Warnungen aus an jene, die nach ihnen kommen. »Dem Schwindel des angeblichen Grabes der Julia Capulet fiel ich nicht zum Opfer«, notiert etwa Felix Dahn in seinen Italien-Erinnerungen. »In dem ehemaligen Franziskanerkloster, in dessen Garten jener Sarkophag steht, lagerte das k. k. Fuhrwesen; kurz vor meiner Ankunft hatte ein ehrlicher Feldwebel einer empfindsamen Dame, welche hier nach ›Romeo und Julia‹ fragte, erwidert: ›Bei meiner Compagnie steht er net, und die Marketenderin heißt Nanni, net Julia.‹«

Im heutigen Verona ist für jeden Geschmack gesorgt, der Besucher braucht nur seine Wahl zu treffen. Wer das Süßliche scheut, halte sich an die strenge Bronze der Julia-Statue, die der Lion's Club vor einigen Jahren der Stadt gestiftet und im Hof der Casa Capuleti aufgestellt hat, dort, wo sich nun die Julias des Sozialtourismus, der Silberhochzeit näher als der ersten Liebe, von ihren Romeos photographieren lassen; wem das allzu Direkte wider den Strich geht, wende sich ein paar Straßen weiter in die Via Arche Scaligere, wo sich, für Fremde unzugänglich, schmucklos und ein Haus wie jedes andere, die Casa Montecchi erhebt: »Romeos Domizil«; und selbst an der Grabstätte, wo ansonsten alles auf Rührseligkeit gestimmt ist, kann, wer all der Pfauentauben und Goldfische, all der Brunnenmünzen und eingeschnittenen Herzen, all der Hecken und Putten überdrüssig ist, Ernüchterung finden, wenn er wie ich das Glück hat, in der seit einiger Zeit für jede Art von Musik freigegebenen Klosterkapelle eine Handvoll Pop-Bands bei einer wilden Rock-Session anzutreffen.

So ausgefallen kann niemandes Herkunft sein, daß nicht auch für ihn die passende Romeo-und-Julia-Version bereitstünde. Am Verkaufstisch in der Casa Capuleti, wo sich der Einfachheit halber gleich auch eine Filiale der Ente Provinciale per il turismo eingenistet hat, liegt in reicher Auswahl einschlägiges Schrifttum auf – in allen Weltsprachen. Ich nehme das eine und andere zur Hand, blättere darin. Bei einer der Broschüren stutze ich: Was für ein Idiom das wohl sein mag? Diese seltsame Mixtur aus Vertrautem und Halbvertrautem, Halbfremdem und Fremdem? Nicht zu glauben: Romeo und Julia in Esperanto. Wer nach Verona kommt und sich der Geschichte des berühmtesten Liebespaares der Weltliteratur entzieht, mag dafür die triftigsten Gründe anführen. Auf einen wird er sich nicht berufen können: Sprachbarrieren.

SCHLOSS GRIPSHOLM

Eine Wintergeschichte

Der Uhr nach wurde es nun langsam Abend; hier aber war noch alles hell, es waren die hellen Nächte, und wenn Gripsholm auch nicht gar so nördlich lag, so wurde es dort nur für einige Stunden dunkel, und ganz dunkel wurde es nie.

Nach Paris fährt man im Frühjahr, nach Tunis im Herbst, nach Kitzbühel im Winter. Aber ganz so genau muß man es wieder auch nicht nehmen; man kann dieses Schema auch nach Belieben durcheinanderschütteln: Tunis im Frühjahr, Paris im Winter, Kitzbühel im Herbst – wieso eigentlich nicht? Nur nach Gripsholm – nach Gripsholm fährt man im Sommer. Und wer über Gripsholm schreibt, schreibt eine Sommergeschichte. »Eine Sommergeschichte« heißt es auch bei Tucholsky im Untertitel.

Dennoch: Mir war vor so viel Sommerlichkeit bange. Sollte ich vielleicht die Bläuegrade von Tucholskys Ferienhimmel nachprüfen, das Gräserwippen und Seegeplätscher von 1929 an dem der achtziger Jahre messen?

Nein: Wenn Gripsholm, dann im Winter. Eine Wintergeschichte.

Aber war das überhaupt möglich?

Wenn die Leute in Deutschland an Schweden denken, dann denken sie: Schwedenpunsch, furchtbar kalt, Ivar Kreuger, Zündhölzer, furchtbar kalt, blonde Frauen und furchtbar kalt. So kalt ist es gar nicht.

Die ersten Nachrichten waren wenig ermutigend. Da sei der See zugefroren – und was sei Schloß Gripsholm ohne Nacktbaden, ohne Dampfschiff, ohne Kahnpartie? Außerdem versinke das Land im Schnee – es sei keineswegs sicher, daß ich zu dieser Zeit des Jahres überhaupt ans Ziel gelange. Und vor allen Dingen sei es 23 von 24 Stunden am Tag stockfinstere Nacht – für eine topographische Mission nicht gerade die idealen Bedingungen. Jeder riet mir ab.

Die offiziellen Daten aus Stockholm verstärkten noch die Bedenken: Schiffsverkehr eingestellt, Stadtrundfahrten nur samstags/sonntags, dies geschlossen, jenes geschlossen – stand mir ein Alptraum aus lauter Tafeln mit der abweisenden Aufschrift »Stängt« bevor?

Doch da war andererseits der Brief vom *Södermanlands läns turisttrafikförbund*. »Wir haben Schloß Gripsholm angeruft, und Sie sind herzlich willkommen«, hatte Frau Elsa Allard vom regionalen Fremdenverkehrsverband geschrieben. »Doch möchten Sie erst Herr Holmström, den Schloßaufseher, zuschreiben.«

Ich schrieb also Herr Holmström, den Schloßaufseher, zu und bestieg ein paar Tage später das Flugzeug nach Stockholm.

Sie haben ein schönes Rathaus und hübsche neue Häuser, eine Stadt mit Wasser ist immer schön. Auf einem Platz gurrten die Tauben. Der Hafen roch nicht genug nach Teer. Wunderschöne junge Frauen gingen durch die Straßen, von einem geradezu lockenden Blond. Und Schnaps gab es nur zu bestimmten Stunden, wodurch wir unbändig gereizt wurden, welchen zu trinken – er war klar und rein und tat keinem etwas, solange man nüchtern blieb. Und wenn man ihn getrunken hatte, nahm der Kellner das Gläschen rasch wieder fort, wie wenn er etwas Unpassendes begünstigt hätte.

Für Systematiker beginnt Gripsholm noch in Stockholm: mit einer Reverenz vor der Porzellansammlung des *Ostasiatiska Museet* und seinem berühmten »Gripsholm Service«. Für Seine Majestät König Gustaf III. 1776 in China angefertigt. Ranken, Krönchen und Krönchen, Blau und Gold und Gold. Ich schenke mir das Museum, die Zeit reicht gerade noch für einen raschen Bummel durch die Stadt; Ringelreihen der Jesus Singers auf dem gasfackelbeflammten Norrmalmstorg; vor den überfüllten Abendrestaurants Schlangen geduldig Wartender; malerische Herrschaftshunde bei der letzten Promenade des Tages. Die Garderobiers in den Lokalen: männlichen, mein Taxichauffeur: weiblichen Geschlechts. Und beide in Uniform. In der Hotelhalle ein Schwedenkind, das sich, von seiner Mutter zu einer freundlichen Gebärde gegenüber einem Negerbaby aufgefordert, zu einem Knicks entschließt. Bettler von äußerster Perfektion und vollendetem Englisch: »Excuse me, are you rich enough to give me one Krona?« Yes, I am.

So ein winziger Bahnhof war das; eigentlich war es nur ein kleines Haus, das aber furchtbar ernst tat und vor lauter Bahnhof vergessen hatte, daß es Haus war. Da lagen auch zwei Schienenpaare, weil die ja zu einem Bahnhof gehören, und hinten kam der Waggon angeschnauft.

Anderntags, früh am Morgen, mit dem Personenzug Richtung Eskilstuna die 73 Kilometer nach Gripsholm.

Je weiter mein komfortables Bähnchen ins Land vordringt, desto freundlicher wird das Bild, desto dichter und unverbrauchter der Schnee. Aber es ist durchaus nicht die Art Winter, die alles lahmlegt: Ich sehe schon, mir braucht um Gripsholm nicht bange zu sein. Eine Station, mitten in ein Birkenwäldchen hineingesetzt: Södertälje. Noch zwei-, dreimal hält der Zug, dann bin ich am Ziel: Läggesta. Der

Tucholsky als Tourist: Schloß Gripsholm am Mälarsee.

Autobus nach Mariefred, dem Städtchen am Mälarsee, dem Schloß Gripsholm zugehört, steht bereit. Und da ist auch schon das Schloß, Herr Holmström kommt mir entgegen, kompakte Liebenswürdigkeit, holzgeschnitzt, nimmt mich auf.

Wir wollten ein ganz stilles, ein ganz kleines Häuschen, abgelegen, bequem, friedlich, mit einem kleinen Gärtchen ... Wir hatten uns da so etwas Schönes ausgedacht. Vielleicht gab es das gar nicht?

Carl-Otto Holmström weiß, wie man mit Tucholsky-Travellers umgeht. Er hat in all den Jahren Übung entwickelt in der schwierigen Kunst, die Leute aus deutschen Landen darüber aufzuklären, daß zwischen dem, was er ihnen zu zeigen im Begriff ist, und dem, was sie gelesen haben und nun nachzuvollziehen entschlossen sind, nur wenig Übereinstimmung besteht. Wort für Wort haben manche unter ihnen in Erinnerung, wie Tucholsky und seine »Prinzessin« sich – laut Buch – in einem Anbau des Schlosses einnisteten, und nun sollen sie sich, statt eines nach dem anderen brav »abhaken« zu können, damit abfinden, daß das Ganze in Wirklichkeit nie über eine Besichtigung der geschilderten Räumlichkeiten hinausgegangen und das tatsächliche Urlaubsquartier der beiden ein mäßig attraktives Dutzendhaus im Nachbardorf gewesen ist, drüben auf der anderen Seite des Sees? Unglaube, Ungeduld und Unwille machen sich breit, Besserwisserei – Herr Holmström hat mit den deutschen Touristen, die den beliebten Ausflug nach Gripsholm gebucht haben, seine liebe Not.

Aber das Kinderheim der bösen Frau Adriani – das wird es doch wenigstens geben?

Wieder muß der Kastellan seine Besucher aus Tucholsky-Land enttäuschen: Nichts dergleichen weit und breit, weder damals, im Frühjahr '29, noch heute. Ja, eine Zeitlang hat im Städtchen, in Mariefred, eine Art Waisenhort existiert – mit Kindern, die hier nach dem Tod ihrer Eltern vorübergehend Aufnahme fanden, und mit Schwestern, die sich ihrer annahmen, bis über ihren weiteren Verbleib verfügt war. Aber das war lange nach Tucholsky.

Dann ist es also auch nichts mit der »Irrtums-Anstalt«, dem »schloßartigen Gebäude, das hinter Mariefred auf einem Hügel lag« und in dem es, Sie erinnern sich, humaner zuging als bei der tyrannischen »Kinderfrau«?

Richtig, antwortet Herr Holmström, auch das ist eine Erfindung des Autors. Ebenso übrigens wie das Kindergrab auf dem Friedhof, »rechts, die vierzehnte Reihe, das mit dem grauen Steinchen, an dem die Buchstaben noch so neu schimmerten«.

Da war eine kleine Holztür, und über die niedrige Steinmauer ragten alte Bäume. Es war ein alter Friedhof; man sah das an den verwitterten, ein wenig zerfallenen Gräbern auf der einen Seite. Auf der andern standen die Gräber hübsch ordentlich in Reih und Glied, gut gepflegt. Es war ganz still; wir waren die einzigen, die die Toten heute nachmittag besuchten – die wen besuchten? Man besucht ja nur sich selber, wenn man zu den Toten geht.

Trotzdem empfiehlt Herr Holmström den Gästen aus Deutschland den Besuch des Friedhofs. In jenem Winkel des alten Teils rechts hinten, etwa dort, wo das Grab des kleinen Wilhelm Collin zu finden sein sollte, dieses »wehrlosen Bündelchens Fleisch, das man hätte beschützen sollen«, liegt der Dichter selbst. Unter einer großmächtigen Eiche. Er, der von der Heimat Ausgebürgerte, der (nach seinen eigenen Worten) »aufgehörte Deutsche« – ausgerechnet er vom Archetyp des deutschen Baumes beschützt! Es ist nicht das einzige Bizarre an diesem Grab: Die große Steinplatte mit dem Goethe-Wort »Alles Vergängliche Ist Nur Ein Gleichnis« ist verkehrt aufgelegt und hebt so schon rein äußerlich den hier Bestatteten von all den Ringdahls und Björcks ringsum ab. Ich muß allerdings erst noch ein wenig von der Schneeschicht wegscharren, um völlige Sicherheit zu haben; dann lese ich es: »Kurt Tucholsky 1890 bis 1935«.

Am 19. Dezember 1935 hatte Tucholsky seinem »Sudelbuch«, in das er seine geheimsten Gedanken einzutragen pflegte, in bezug auf »das Ende« anvertraut: »Das ist mir gleichgültig, wie alles, was um mich noch vorgeht und zu dem ich keine Beziehung mehr habe.

Der Grund zu kämpfen, die Brücke, das innere Glied, die raison d'être, fehlt.«

Noch am gleichen Tag nahm er das Gift. Auf einem Zettel hinterließ er, in französischer Sprache, die Bitte, ihn in Frieden sterben zu lassen und nur ja keinen Arzt zu bemühen. Natürlich wurde dieser letzte Wunsch nicht respektiert: Tucholsky kam in ein Göteborger Krankenhaus. Doch alle ärztliche Kunst war vergebens: Zwei Tage später, am 21. Dezember, verlöschte auch der letzte Rest Leben, der noch in ihm gewesen war.

Auch über einen zweiten Punkt seines letzten Willens setzte sich Tucholskys Nachwelt hinweg: seinem Grab jedweden Blumenschmuck fernzuhalten. Unter dem Schnee schlummert, von der Witwe verfügt, bürgerliche Friedhofsflora. Die Grabplatte, wird mir berichtet, kam erst nach dem Krieg hinzu. In den Jahren davor hatte man absichtlich alles unkenntlich gelassen, namenlos. Die Gefährtin seiner letzten Lebensjahre, drüben in Hindas, auf der entgegengesetzten Seite seines Exillandes Schweden, war in Sorge, der lange Arm des Faschismus, der Tucholsky so gründlich die Heimat verleidet hatte, könnte womöglich bis hierher reichen und noch der Ruhestätte des Toten Schmach zufügen.

»Was die jetzt alles aus Tucholsky machen!« ereiferte sich vor Jahren Helmut Braem, als er zusammen mit Lisa Matthias, der Tucholsky-Freundin jenes Gripsholmer Frühlings des Jahres 1929, die alten Stätten aufsuchte. Eben jenes »Vaterland«, von dem auszuruhen er doch gerade nach Schweden emigriert gewesen sei, stelle ihm nun hier nach, »als gelte es einen Volkshelden zu feiern«. Allein im Jahr davor seien »sechs Omnibusladungen aus Ostberlin« gekommen, Kulturfunktionäre und »touristische Dichteranbeter«, um Kurt Tucholsky als »Märtyrer«, als »Widerstandskämpfer« und als »Vorkämpfer eines freien Bauern- und Arbeiterstaates« für sich zu reklamieren. Und gar erst die Westler, die mit ihren Autos durch Skandinavien rasten, beim Tucholsky-Grab Station machten und auf dem Epitaph Gedenkmünzen zurückließen: »Tucholsky als Glücksbringer«. Die alte Eiche, auf deren Wurzeln sein Sarg ruhe, schüttele sich »vor Empörung, Verzweiflung und stummer Trauer«, schließt der Bericht. Er läßt an jenes Tucholsky-Wort denken, das sich in einem der berühmten »Nachher«-Artikel findet und das auf seine Weise mit den Auswüchsen des Totenkults abrechnet: »Jeder Hosenknopf hat auf einmal seine Bedeutung, jedes Federmesserchen ist mit Sentimentalität geladen, alte Briefmarken machen ein Kummergesicht und trauern mit.«

Da steht Gripsholm. Warum bleiben wir eigentlich nicht immer hier? Nein, damit ist es nichts. Ist man vier Wochen da, lacht man über alles – auch über die kleinen Unannehmlichkeiten. Sie gehen dich so schön nichts an. Ist man aber für immer da, dann muß man teilnehmen. »Schön habt ihr es hier«, sagte einst Karl der Fünfte zu einem Prior, dessen Kloster er besuchte. »Transeuntibus!« erwiderte der Prior. »Schön? Ja, für die Vorübergehenden.«

Ich habe mein Quartier im *Gripsholms Värdshus* aufgeschlagen. Das Hotelbriefpapier versichert glaubhaft, daß ich mich im ältesten Gasthof Schwedens befinde. Der Blick aus meinem Fenster geht auf den frisch geweißelten Turm der alten Kirche; sowie ich aus dem Haus trete, habe ich auch den See vor mir. An der Schiffsanlegestelle spielen die Kinder von Mariefred Eishockey; die Boote überwintern, in Zeltplanen verpackt, auf hochbeinigen Gerüsten. Das Städtchen spielt auch außer der Saison perfekt seine Rolle als Idylle – gar nicht so leicht in einem Land, das sich sonst in allem so sehr dem Fortschritt verschrieben hat. Hier aber ist Kulturschutzgebiet, das königliche Domänenamt hält alle industrielle Betriebsamkeit fern, ohne wohl noch bedacht zu haben, daß die touristische längst ungleich ärgere Auswüchse hervorgebracht hat. Als Gustaf III. um 1770 für seine Empfänge im Schloß den »Weißen Raum« einrichten ließ, wurde nicht verabsäumt, im Türrahmen ein Verzeichnis jener Auserwählten anzubringen, die allein befugt waren, die geheiligte Schwelle zu passieren. Die Liste hängt noch immer am gewohnten Platz; ihre Namen sind an ein paar Händen abzuzählen. Als man in den Tagen meiner Ankunft auf Gripsholm gerade daranging, die Besucher zusammenzurechnen, die im vergangenen Jahr das Schloß besichtigt haben, kam man auf über achtzigtausend ...

Das Schloß, aus roten Ziegeln erbaut, stand leuchtend da, seine runden Kuppeln knallten in den blauen Himmel – dieses Bauwerk war dick, seigneural, eine bedächtige Festung ... Ein Kerker war da, in dem Gustav der Verstopfte Adolf den Unrasierten jahrelang eingesperrt hatte, und so dicke Mauern hatte das Schloß, und einen runden Käfig für die Gefangenen gab es und ein schauerliches Burgloch oder eine Art Brunnen ... Aber am allerschönsten war das Theater. Sie hatten in der Burg ein kleines Theater – vielleicht, damit sie sich während der Belagerung nicht so langweilen mußten.

Während ich mich beim Kastellan zur vereinbarten Sonderführung einfinde, verläßt gerade eine russische Reisegesellschaft das Schloß. Sie meiden den großen Touristentrubel, sie kommen gern außer der Saison, die Kälte schreckt sie nicht. Im übrigen ist das Schloß gut geheizt: Die alten Kachelöfen spenden wohlige Wärme, obwohl sie sich eiskalt anfühlen: Ihr Inneres ist auf raffinierte Weise elektrifiziert. Auch ohne Knistern vom Tonband ist die Illusion vollkommen.

Ich biete mein ganzes diplomatisches Geschick auf, um den Führer für eine Schloßbesichtigung »unter besonderer Berücksichtigung Tucholskys« zu gewinnen, ohne ihn gleichzeitig mit jenem Desinteresse zu kränken, mit dem einst schon der Autor von »Schloß Gripsholm« den Stolz des Hauses, die staatliche Porträtgalerie, über sich ergehen ließ. Immerhin erziele ich eine gewisse Zügigkeit beim Benennen und Betrachten der rund dreitausend Majestäten und Generalitäten, und einige Abteilungen gelingt es mir sogar ganz zu überspringen.

Dafür dränge ich in der Rüstkammer auf um so andächtigeres Verweilen. Hier, wo die Schloßmauern eine Stärke von vier Metern erreichen und an der Decke noch die Häftlingsinschriften aus dem 16. Jahrhundert zu entziffern sind (»Das reinste Shakespeare-Drama!« sagt Herr Holmström), trieb Tucholsky bekanntlich seinen Schabernack mit einer Gruppe deutscher Touristen: Er öffnete die zweiteilige Falltür, stieg auf einer bereitstehenden Leiter ins daruntergelegene Verlies, hielt sich dort versteckt und gab zum allgemeinen Entsetzen schauerliche Tierlaute zum besten.

Herr Holmström teilt meine Genugtuung, endlich eine erste Übereinstimmung von literarischer Darstellung und Originalrequisitarium konstatieren zu können, und so eilen wir – ich aufgewühlt, er guter Dinge – zur nächsten Station: dem Theater, das Tucholsky so sehr liebte, daß er, wie sich der damalige Schloßaufsehergehilfe glaubt erinnern zu können, mehrmals wiederkehrte. Mit dem Brunnen im Hof dagegen kann man mir nicht dienen; er ist bei Restaurierungsarbeiten liquidiert worden. Wohl aber wird mir auf besonderes Verlangen Einblick in jenes stockfinstere und eiskalt-zugige Kämmerlein gewährt, das der Autor mit »Örtlichkeit« und die »Prinzessin« mit »Töpfchen« umschreiben: das Fallklosett à la Wasa und, daneben, das schießschartenähnliche Pissoir. In den Wohnräumen des Kavalierstrakts, die Tucholsky und seine Gefährtin jener übermütig-verliebten Tage, die Berliner Journalistin Lisa Matthias, begutachteten, um sie schließlich – entgegen der Darstellung in »Schloß Gripsholm« – doch nicht zu beziehen, sind jetzt, den Sommer über, jene Kunststudenten der Universität Uppsala untergebracht, die während der Hochsaison bei den Führungen durchs Schloß aushelfen.

Wir saßen vor dem Haus an einem Holztischchen und sahen zum Schloß hinüber. Ab und zu tranken wir einen Schluck. Zehn schlug es von dem alten Kirchturm – zehn Uhr. Die Luft stand still, die Bäume rührten kein Blatt- alles ruhte. Helle Nächte. Es war eine starre Ruhe, wie wenn sich etwas staute und die Natur den Atem anhielte. Hell? Es war nicht hell. Es war nur nicht dunkel. Die Äste drohten so schwärzlich, sie warteten. Wie wenn man allem die Haut abgerissen hätte: schamlos, ohne Dunkel, stand es herum, der Schwärze beraubt. Man hätte das schwarze Kleid der Nacht herbeizaubern und alles zudecken mögen, damit nichts mehr sichtbar wäre. Das Schloß hatte sein brennendes Rot eingebüßt und sah fahlbraun aus, dann düster. Der Himmel war grau. Es war Nacht, ohne Nacht zu sein.

Ja, wie war das denn nun eigentlich genau gewesen – damals, im Mai '29? Lisa Matthias hat darüber in ihrem Erinnerungsbuch »Ich war Tucholskys Lottchen« Auskunft gegeben, erschöpfend und – ernüchternd:

»Er wollte die Buchenwälder seiner Jugend rauschen hören und sich am Mälarsee ein Haus für den Sommer mieten. Als Tucholsky und ich Ende April 1929 im Auto nach Stockholm kamen, war hier noch wenig von Frühling zu spüren. Nachdem wir einige Tage durch Stockholm geschlendert waren, besuchten wir eins der großen Reisebüros und engagierten einen Dolmetscher. Wir machten ihm klar, daß wir eine Villa suchten – im Grünen und am liebsten in der Nähe eines Sees. Schließlich bekamen wir einen ungewöhnlichen Tip: Im Schloß Gripsholm am schönen Mälarsee, in der Nähe der kleinen Stadt Mariefred, sei eine Vierzimmerwohnung zu vermieten. Man müsse sich nur an den Verwalter wenden.

Die uns empfohlene Wohnung war tatsächlich äußerst geräumig. Die Aussicht aufs Wasser und seitwärts in den Park war schön. Mit etwas Phantasie konnte man sich die hohen kahlen Bäume dicht belaubt vorstellen. Aber eins der vier Zimmer hatte sechs ungefähr vier Meter hohe Fenster. Das Schlafzimmer hatte vier, das kleinste Zimmer drei solcher Fenster. Die Küche war von der Größe eines bescheidenen Tanzsaales. Nirgends standen Möbel.

Tucholsky sah sich um. ›Na, Lottchen, was meinste?‹ ›Bißchen viel Stoff wird auf die notwendigsten Gardinen draufgehen‹, sagte ich in meiner aufs Praktische gerichteten Art. ›Und die allernotwendigsten Möbel werden dich viel Geld kosten.‹

Und dann überlegten wir das ›Problem der Stille‹. Wie würde das wohl an Sonn- und Feiertagen aussehen, wenn die Besucherscharen den Park und die Bänke in der Nähe des Sees in Besitz nahmen? Wenn die Hunde bellten und die schwedischen Kinder nach Papa und Mama riefen?

Wir sprachen lange und eingehend mit dem Verwalter des Schlosses, der über die Wohnung im Seitenflügel verfügte. Er konnte es nicht leugnen: An Sonn- und Feiertagen ging es oft recht lebhaft zu.

Tucholsky und ich sahen einander an. Der Traum vom stillen Schloß am Mälarsee war ausgeträumt, noch ehe er richtig begonnen hatte.«

Und wie ging die Sache schließlich aus?

»Wir gingen ins Stadthotel zurück und aßen zu Mittag. Dabei kam unser Dolmetscher mit einem Kellner ins Gespräch, der gut in der Umgegend Bescheid wußte. Wir bekamen einen neuen Tip. Aber das große ziegelrote Schloß am Mälarsee, zwischen den hohen Eichen, Buchen und Birken, sollte ein für allemal auf unserer Netzhaut und vor allem in Tucholskys Phantasie haften bleiben, nicht zuletzt deshalb, weil wir schließlich wirklich, nur am anderen Ende des Sees, dem Schloß gegenüber, in Läggesta, ein nettes kleines, wenn auch etwas primitives Sommerhaus fanden, das sich fürs erste als idealer Aufenthaltsort erweisen sollte.«

Welches Anwesen dies genau gewesen sei, vermochte sich Lisa Matthias, die Original-»Lydia« und -»Prinzessin« aus Tucholskys Erzählung, bei ihrer Wiederkehr nach Gripsholm in den frühen sechziger Jahren beim besten Willen nicht mehr zu erinnern: Sie wisse nur noch, es sei ein einfaches und geräumiges Haus gewesen, »nicht direkt schlecht möbliert. Es gab elektrisches Licht, aber nur einen kleinen Boiler für warmes Wasser, und die ›Bequemlichkeit‹ – ohne Wasserspülung – lag im Keller.«

Nun, die Leute von Mariefred, die ich – soweit sie als eingeweiht anzusehen sind – befrage, wissen mehr: Fjälltorp sei es gewesen, jene schmucke gelbe Sommervilla an den Hängen des Dörfchens Hedlandet. Oder genauer: nicht das herrschaftliche Haupthaus, sondern das etwas seitab gelegene kleine Nebengebäude, eine Blockhütte im typischen Dunkelrot der Gegend. Wenige Schritte vom Seeufer entfernt, gleich oberhalb des Bahndamms Richtung Stockholm.

Das Anwesen, von Obstbäumen teilweise zugedeckt, ist vom Schloß aus nur undeutlich auszumachen. Der Weg führt um den Seezipfel herum, doch die »schöne junge Frau« und der »Herr Verfasser«, wie mein Gewährsmann sich ausdrückt, hätten ja ein Ruderboot zu ihrer Verfügung gehabt, und da sei es bloß ein Katzensprung gewesen zum Schloß.

Der gleiche Katzensprung ist es jetzt für mich, denn das Wasser, so wird mir versichert, ist garantiert verläßlich zugefroren, und so vertraue ich mich denn der Eisdecke an und marschiere geradewegs auf mein Ziel zu. Das Tor zu Fjälltorp steht offen; zudem fällt mir im rechten Augenblick jene Anmerkung meines Reiseführers ein, in der von dem sogenannten »Allemansrätten« die Rede ist, dem altüberlieferten schwedischen Gewohnheitsrecht, »kurzfristig privaten Boden zu betreten und sich dort aufzuhalten«. Ich wage mich also vor und sehe mich um und wage mich noch ein wenig weiter vor, und da verstehe ich nun mit einem Schlag, wieso Tucholsky, drei Jahre später, in einem Brief an Hermann Hesse schreiben konnte, daß »ich nicht so ein städtischer Mann bin, wie Sie denken. Ich lebe seit langen Jahren in Schweden auf dem Lande, bin dem Betrieb fast ganz entrückt und ... habe eine heftige Abneigung gegen den Rummel der Märkte.«

»Niemand«, schreibt Fritz J. Raddatz in seinem Tucholsky-Porträt, »auch seine engsten Freunde nicht, auch sein Bruder nicht, kannten seine Adresse. Er hielt allgemein die Fiktion aufrecht, er lebe in der Schweiz; die Post erreichte ihn über eine Zürcher Umwegadresse.«

Übrigens haben seine Biographen auch in Tucholskys Neigung, die Originalschauplätze von »Schloß Gripsholm« zu mystifizieren und so die Leser »irrezuführen«, einen Versuch des Autors erblicken wollen, eine um so festere »Burg um sein Innerstes« zu bauen. »So fest und hoch und einsamkeitsheischend wie die Mauern von Schloß Gripsholm.« Ich finde solche Deutungen etwas weit hergeholt, zudem pathetisch. Eher, denke ich, ist Tucholsky mit seinem zur Zeit der Niederschrift anderthalb Jahre alten Erinnerungsmaterial frei schaltend und fabulierend umgegangen: Ihm war ebensowenig um die »wörtliche Chronik eines Sommerabenteuers« oder gar die dürre Präzision eines Reiseführers zu tun wie um die tiefsinnige Verschlüsselung einer weltbewegenden Konfession. Man muß es wohl kaum so ausdrücken, wie Lisa Matthias das in ihrer wenig erfreulichen Mischung aus Schnoddrigkeit und Eifersucht getan hat:

»Den Inhalt fand ich nur dumm ... ›Schloß Gripsholm‹ war ein Aufguß. Das Buch sollte Geld einbringen und hat das auch getan. Nicht dem Autor, sondern seiner Erbin.«

Besseren Aufschluß über die Entstehungsgeschichte des Werks gibt die fiktive Verlagskorrespondenz, mit der Tucholsky seinen Text einleitet; dort heißt es, Ernst Rowohlt in den Mund gelegt: »Die Leute wollen neben der Politik und dem Aktuellen etwas haben, was sie ihrer Freundin schenken können. Sie glauben gar nicht, wie das fehlt. Ich denke an eine kleine Geschichte, nicht zu umfangreich, etwa fünfzehn bis sechzehn Bogen, zart im Gefühl, kartoniert, leicht ironisch und mit einem bunten Umschlag.«

»Das eine gehört Mars, im andern treibt Amor seinen Schabernack«, sagt Helmut Braem in einem Vergleich, den er zwischen dem historischen und dem literarischen Gripsholm anstellt.

Über ersteres gibt der vom Stockholmer Nationalmuseum herausgegebene »Amtliche Führer mit Karten und Illustrationen« Auskunft:

»Schloß Gripsholm, auf einer Insel im Stadtgebiet von Mariefred gelegen, gehört zu den Schlössern, die am schicksalhaftesten mit Schwedens Geschichte verbunden sind.« Wir erfahren von Runensteinen, die an die frühgeschichtliche Besiedlung der Gegend erinnern, vom Walten des mächtigen Reichsdrosten Bo Jonsson Grip, der sich hier gegen Ende des 14. Jahrhunderts sein Landgut schuf, und von der Großmut Sten Stures des Älteren, der die Burg dem von ihm gestifteten Kartäuserkloster Monasterium pacis Mariae als Schenkung vermachte, ehe, im darauffolgenden Jahrhundert, Gustaf Wasa Gripsholm wieder zurückforderte und damit die königliche Ära des Prachtschlosses einleitete. Zunächst als von Stockholm aus leicht erreichbare Festung gedacht, die der königlichen Familie im Fall außen- oder innenpolitischer Unruhe ein uneinnehmbares Retiro bot, wurde Schloß Gripsholm später der jeweiligen Königinwitwe als Leibgut zur Verfügung gestellt. Düstere Ereignisse zu Beginn des 19. Jahrhunderts – König Gustaf IV. Adolf wurde hier fast ein Jahr gefangengehalten und schrieb in seinem Verlies auch das Abdankungsdekret – hatten zur Folge, daß der Hof lange Zeit den attraktiven Besitz mied.

Immerhin wurde sein Äußeres restauriert und sein Inneres zu einer Art Pantheon schwedischer Geschichte umgewandelt.

Viele schöne Gemälde hingen da. Mir sagten sie nichts. Ich kann nicht sehen. Es gibt Augenmenschen und es gibt Ohrenmenschen, ich kann nur hören. Eine Achtelschwingung im Ton einer Unterhaltung: das weiß ich noch nach vier Jahren. Ein Gemälde? Das ist bunt.

Das Wasa-Schloß Gripsholm, ich sagte es schon, beherbergt heute die staatliche schwedische Porträtsammlung, und da die staatliche schwedische Porträtsammlung so umfangreich ist und immer noch umfangreicher wird, ist nicht einmal dieses Schloß mit seinen 188 Räumen imstande, so viel goldgerahmtes Öl zu fassen. Man hat daher alle Bilder, die nach 1809 entstanden sind, in eine Dependance gegeben: in die ehemalige königliche Brennerei und heutige *Folkhögskola* von Mariefred.

Es ist der entschieden musischere Teil der Kollektion, hier geht es weniger dynastisch, weniger martialisch zu, hier hängen Strindberg und Selma Lagerlöf, Birgit Nilsson und Jussi Björling, Berzelius und Nobel, Dag Hammarskjöld und die Myrdals, und auch an Bankdirektoren, Erzbischöfen und Kugellagerfabrikanten herrscht kein Mangel. Nur der Mann, der Schloß Gripsholm weit über den deutschsprachigen Raum hinaus berühmt gemacht und in die Literatur eingeführt, der die letzten sieben Jahre seines Lebens in diesem Land zugebracht und hier auch – als Staatenloser – seine letzte Ruhestätte gefunden hat, der ist in dieser Galerie der Zelebritäten nicht vertreten. Nicht mit der schäbigsten Plakette. Schloß Gripsholm ignoriert »Schloß Gripsholm«. Und Tucholsky.

WERTHER WÖRTLICH

Wetzlarer Wirklichkeiten

Ich tat keinen Schritt, der nicht merkwürdig war. Ein Pilger im Heiligen Lande trifft nicht so viel Stätten religiöser Erinnerungen an, und seine Seele ist schwerlich so voll heiliger Bewegung.

Ihr Onkel hat, in einem Fernsehfilm über Wetzlar, Goethes Hand gespielt. Prüfend blickt mich die kleine Verkäuferin bei ihrem Geständnis an; sie versucht herauszufinden, was ich davon halte: ob es etwas Ehrenvolles sei, vielleicht sogar Schmeichelhaftes, oder aber lächerlich, besser zu verschweigen. Was Ferdinand Bac in seinen empfindsamen Reiseaufzeichnungen über die »Paysages de Goethe« ausdrücklich hervorhebt, nämlich die auffällige Abstinenz der Wetzlarer Geschäftswelt von jeglicher merkantilen Nutzbarmachung des Werther-Erbes, scheint noch immer, 85 Jahre nach Erscheinen seines Zyklus »Vieille Allemagne«, gültig zu sein: »Sie schlugen kein Kapital daraus wie die Capresen aus der Blauen Grotte.«

Jene Weinstube in der Altstadt, die sich vor Jahren von einer Tafel mit der Aufschrift »Kalte Ente, wie sie schon Goethe schmeckte« vermehrten Zuspruch versprach, mußte unter dem Spott der Mitbürger von dem übrigens unhistorischen Slogan wieder ablassen, und das hübsche spitzgiebelige Fachwerkhaus am Eisenmarkt, das sich eine Zeitlang den Titel »Wertherhaus« glaubte anmaßen zu dürfen, nur weil sein damaliger Besitzer auf eine Verlagsgründung dieses Namens verweisen konnte, ging seiner illegitimen Würde in dem Augenblick verlustig, da ein gemeiner Hosenhandel sich darin niederließ. Nur die Sankt-Georgs-Drogerie läßt es sich nicht nehmen, ihren Werbetext im »Wetzlarer Wochenspiegel« mit einem Zitat aus den »Wahlverwandtschaften« anzureichern: »Schönheit ist überall ein gar willkommener Gast.« Mit Goethe hält es, ein paar Seiten weiter, auch die Biskirchener Heilquelle, die ihrem »staatlich anerkannten« Karlssprudel Vers 143 und 144 aus dem 7. Gesang von »Hermann und Dorothea« mit auf den Weg gibt: »Alle waren geletzt und lobten das herrliche Wasser. Säuerlich war's und erquicklich, gesund zu trinken den Menschen.«

Es ist für den eiligen Besucher natürlich nicht leicht, zu ermessen, welchem Umstand es Wetzlar letztlich verdankt, daß seine »Werther-Pflege« so erfreulich frei von Auswüchsen ist. Hat man es mit einer besonders stabilen Tradition in der Tugend der Diskretion zu tun? Oder ist es, wie der Franzose Ferdinand Bac um die Jahrhundertwende annahm, einfach Gleichgültigkeit? Oder sollte am Ende gar noch immer jene Scheu nachwirken, die im vorigen Jahrhundert die beiden bedeutendsten Chronisten der Stadt, die Herren Ulmenstein und Abicht, allen Ernstes davon abhielt, Goethes literarisch so folgenreiche Begegnung mit Charlotte Buff in ihren vielbändigen Werken auch nur mit einem einzigen Wort zu erwähnen?

Nein, von dieser falschen Scheu ist in der neueren lokalen Geschichtsschreibung wenig zu bemerken; Stefan Zweig, so lese ich beispielsweise in einer Studie des Wetzlarer Genealogen Rösch, würde die Episode des Sommers 1772 »vielleicht als eine Sternstunde der Menschheit bezeichnet haben«. Auch hat heute jedes einschlägige Monument im Stadtgebiet seine Gedenktafel; im Rathaus zerbricht man sich den Kopf darüber, wie im Programm der sommerlichen Industriefestspiele Goethe unterzubringen sei; und hochgestellte Spaßvögel verraten mir, sie hätten im Sinn, bei nächster Gelegenheit den Wetzlarer Lokalredakteur dem stilgerechten Aprilscherz aufsitzen zu lassen, bei neueren

Renovierungsarbeiten am Lottehaus sei das berühmte Brotmesser gefunden worden, mit dem zu Werthers Entzücken das »schöne Frauenzimmer« einst – »nach Proportion ihres Alters und Appetits« – den Geschwistern das Vesperbrot geschnitten hat.

Wenn Du fragst, wie die Leute hier sind, muß ich Dir sagen: wie überall. Es ist ein einförmiges Ding um das Menschengeschlecht. Die meisten verarbeiten den größten Teil der Zeit, um zu leben, und das bißchen, das ihnen von Freiheit übrig bleibt, ängstigt sie so, daß sie alle Mittel aufsuchen, um es loszuwerden.

Das heutige Verhältnis der Wetzlarer Bürgerschaft zur literaturkatalytischen Vergangenheit ihrer Stadt ist von Gelassenheit geprägt. Die traditionelle Rücksichtnahme auf die Nachkommen der Familie Buff, die die Geschichtsschreiber verflossener Zeiten noch kleinlaut machte, ist so gründlich von ihnen gewichen, daß der Magistrat es sich mittlerweile leisten kann, einen Träger des erlauchten Namens, der sich etwa als Chefarzt ans örtliche Krankenhaus bewirbt, abzuweisen. Andererseits: Wenn die Buffs an ihrem Familientag auf dem Deutschherrenberg Kaffeetafel halten – dort, wo (im »Garten des Grafen von M.«) einer von Werthers Lieblingsplätzen war –, macht die »Lotteschule«, das Lyzeum der Stadt, es sich zur selbstverständlichen Ehre, das Servierpersonal zu stellen. Eine ausgewählte Primanerin, die im Kostüm der Zeit für die Honneurs sorgt, ist allerdings auch schon das Äußerste an Lotte-Kult, was man sich bei derlei Anlässen genehmigt.

Und was wäre, beispielsweise, dagegen vorzubringen, daß man sich den Sänger Rudolf Schock nach Wetzlar holte und Goethelieder vortragen ließe, daß man einen heutigen Träger des Namens Johann Wolfgang von Goethe, als dieser die

Lahnstadt mit seinem Besuch beehrte, für alle Fälle für ein Photo vor dem Wertherbrunnen posieren ließ oder daß man alles daransetzte, die in Schweizer Privatbesitz verwahrte Wertherpistole als Leihgabe ins Lottehaus zu bekommen? Nein, solange in den Andenkenläden keine Gipsbüsten des Werther-Urbilds Karl-Wilhelm Jerusalem, beim Konditor keine Lebkuchenversion des Lottehauses und in den Restaurants keine »Zuckererbsen à la Goethe« angeboten werden, ist den Bürgern von Wetzlar Würde in der Verwaltung ihres Erbes nicht abzusprechen.

Du kennst von alters her meine Art, mich anzubauen, mir irgend an einem vertraulichen Ort ein Hüttchen aufzuschlagen und da mit aller Einschränkung zu herbergen. Auch hier hab' ich wieder ein Plätzchen angetroffen, das mich angezogen hat.

Der Literaturtopograph, der sich in und um Wetzlar umsieht, muß lernen, zweierlei auseinanderzuhalten: die Goethe-Schauplätze und die Werther-Schauplätze. Beide sind nur zum Teil miteinander identisch. Der Brunnen am Wöllbacher Tor, der Garten auf der der Lahn zugewandten Seite des Deutschherrenbergs, das Forsthaus am Stoppelberg, der städtische Friedhof sowie die Dörfer Garbenheim (Werthers »Wahlheim«) und Volpertshausen (wo das berühmte Ballfest stattfand) sind – entweder gar nicht oder nur geringfügig verfremdet – in die Wertherdichtung eingegangen; andere, wie Goethes Quartier während seiner Wetzlarer Tage, das Reichskammergericht, an dem er, der 22jährige Rechtslizentiat, hospitierte, und der Deutschordenshof, das tatsächliche Logis der Buffs, nicht. Doch erhalten geblieben sind sie alle, die einen wie die andern.

Zur Leipziger Herbstmesse 1774 kamen »Die Leiden des jungen Werthers« heraus. Unter der Flut von Nachdrucken und Raubdrucken, »Fortsetzungen« und Persiflagen, Dramatisierungen und Übersetzungen, die im Handumdrehen den internationalen Buchmarkt überschwemmten, befand sich, schon bald nach Erscheinen der Erstausgabe, auch eine »Berichtigung der Geschichte des jungen Werthers«. Diese kuriose »Gebrauchsanweisung« aus der nicht gerade glanzvollen Feder des fürstlich-hessischen Obristlieutenants Freiherrn von Breidenbach leistet in den Fragen der Ortsbestimmung noch heute nützliche erste Hilfe.

»Es würde eine höhere Gattung des Unsinns verraten«, lesen wir da, »wenn man in einem Werke dieser Art die vollkommene historische Richtigkeit verlangen wollte; da aber gleichwohl ein Teil der Leser, den insonderheit die Geschichte interessiert, von solcher näher belehrt zu werden wünscht, so hat man ... nachfolgende Bemerkungen nicht weiter zurückhalten wollen:

Die in dem angezeigten Buche enthaltenen Vorfälle haben sich ohne Ausnahme in Wetzlar und nahe bei Wetzlar zugetragen. Sie sind bis auf einige veränderte Umstände erfolgt, als man sie liest. Der Brunnen, der gleich im Anfange Seite 10 beschrieben wird, liegt hart am Wilbacher Tore ... Wahlheim, das Seite 20 vorkommt, ist das Dorf Garbenheim, welches kaum eine halbe Stunde von Wetzlar entlegen ist. In einer gleichen Entfernung auf dem sogenannten Jägerhause ist der Seite 36 angezeigte Ball gehalten worden. Der Amtmann S. oder vielmehr der Amtmann B. wohnt nicht außerhalb der Stadt, sondern im Deutschen Hause zu Wetzlar.«

Goethe selber hat sich zur Frage der Verfremdung der im »Werther« verwendeten Lokalitäten bei zwei Gelegenheiten geäußert: einmal in einer Fußnote des Werkes selbst (»Der Leser wird sich keine Mühe geben, die hier genannten Orte zu suchen; man hat sich genötigt gesehen, die im Originale befindlichen wahren Namen zu verändern«), das anderemal in »Dichtung und Wahrheit«, wo er ausdrücklich festhält, daß er »jener Produktion ... alle die Glut einhauchte, welche keine Unterscheidung zwischen dem Dichterischen und dem Wirklichen zuläßt«.

Was nun dieses »Wirkliche« anlangt, so hat Goethe sich über Wetzlar niemals anders als verächtlich geäußert – so wie ja übrigens auch über die Tasso-Stadt Ferrara, in der ihn bekanntlich »eine Art von Unlust« überfiel. »Und wir glauben uns zu erbauen«, fuhr er grämlich fort, »wenn wir diese Stätten besuchen ...«

Heinrich Gloel, dessen »Wetzlarer Goethe« noch immer die einzige im örtlichen Buchhandel angebotene einschlägige Studie ist, sieht über das prononciert Negative in Goethes Wertherstadt-Bild generös hinweg:

»Für die Mängel der Stadt ... entschädigte ihn reichlich die Schönheit der Umgebung. Verließ er die hohen Ringmauern, deren Tore jeden Abend geschlossen wurden, ging er über den Lahnberg oder durchstreifte er sonst die ›paradiesische‹ Gegend, deren Reiz auch wir empfinden, dann freute er sich des rieselnden Bachs, der lieblichen Aussicht von den Höhen auf das Lahntal, auf freundliche Dörfer und ragende Burgen, der Frühlingspracht der blühenden Hekken, des rauschenden Grüns der Wälder.«

Vor allem aber: Mag der Dichter die Stadt an der Lahn auch noch so »übelgebaut« finden, noch so »einsam, öde und leer«, mag er sich in Wetzlar verschlagen fühlen »unter schaudernden Himmels öde Gestade« und mag ihm, was ihm dort widerfährt, »von keiner großen Bedeutung« scheinen – für den Lokalhistoriker Gloel ist derlei Geringschätzung durch die eine, große Tatsache tausendfach aufgewogen: »»Werthers Leiden« sind zwar nicht in Wetzlar entstanden, aber sie sind in Wetzlar erlebt. Wetzlarer Örtlichkeiten, Wetzlarer Persönlichkeiten, Wetzlarer Zustände sind darin geschildert.« Auf seiner rührenden Suche nach

»entlastendem« Material, also nach Beweisen dafür, daß Goethe letztlich doch »an Wetzlar hing«, stößt Heinrich Gloel auf zwei Indizien: Der Dichter habe sich, viele Jahre nach der Niederschrift des »Werthers«, also ohne jeden ersichtlichen äußeren Grund, eine kostspielige dreibändige Geschichte der Stadt angeschafft. Und als im Jahr 1820 ein Wetzlarer Rekrut auf der Reise nach Berlin durch Weimar gekommen sei, habe Goethe den jungen Mann zum Mittagessen eingeladen und sich bei ihm angelegentlich nach den Verhältnissen in dessen Heimat erkundigt.

Da ist gleich vor dem Orte ein Brunnen, ein Brunnen, an den ich gebannt bin wie Melusine mit ihren Schwestern. Du gehst einen kleinen Hügel hinunter und findest Dich vor einem Gewölbe, da wohl zwanzig Stufen hinabgehen, wo unten das klarste Wasser aus Marmorfelsen quillt. Die kleine Mauer, die oben umher die Einfassung macht, die hohen Bäume, die den Platz rings umher bedecken, die Kühle des Orts, das hat alles so was Anzügliches, was Schauerliches. Es vergeht kein Tag, da ich nicht eine Stunde da sitze. Da kommen dann die Mädchen aus der Stadt und holen Wasser, das harmloseste Geschäft und das nötigste, das ehemals die Töchter der Könige selbst verrichteten. Wenn ich da sitze, so lebt die patriarchalische Idee so lebhaft um mich, wie sie alle die Altväter am Brunnen Bekanntschaft machen und freien und wie um die Brunnen und Quellen wohltätige Geister schweben. Oh, der muß nie nach einer schweren Sommertagswanderung sich an des Brunnens Kühle gelabt haben, der das nicht mit empfinden kann.

Es ist ein feuchter Dezembermorgen, viel zu warm für die Jahreszeit. Ich komme aus dem Lottehaus, das die Stadt im ehemaligen Deutschordenshof dem Gedenken an den »Werther« gewidmet hat. Hier fanden im Sommer 1772 die

Jung-Goethe und die Amtmannstochter: das Lotte-Haus in Wetzlar.

Begegnungen mit »Mamsell Lottchen« statt, hier war, im Jahrhundert darauf, eine Zeitlang die Armenschule von Wetzlar untergebracht, zu deren Zöglingen der junge August Bebel zählte, und hier richtete man 1863 die »gute Stube«, das Giebelzimmer im Obergeschoß des Vorderbaues, wieder her: als Vorstufe des späteren Goethemuseums, dessen Sammlung mittlerweile das gesamte Haus einnimmt. Lottes Spinett, Lottes Sonnenschirm, Lottes Nähkörbchen – man weiß, wie dergleichen zusammengetragen wird: Es ist rührend, es ist liebenswert, aber man hat es so oder so ähnlich hundertmal erlebt. Eigentlich würde mich jetzt weit mehr interessieren: Wie mag dies alles etwa auf jene Schulklasse aus griechischen Gastarbeiterkindern gewirkt haben, die unlängst hier war? Oder auf jenen Germanisten aus Florenz, dem man unbürokratischerweise zur Mitternachtsstunde Einlaß gewährte, weil er anderntags in aller Herrgottsfrühe weiterreisen mußte?

Es ist nicht zu leugnen: Trotz des beträchtlichen Reichtums, dessen sich die Sammlung des Lottehauses rühmen kann – allein in der unübersehbaren Fülle von Werther-Editionen aus allen Zeiten und Erdteilen befinden sich solche Raritäten wie Übersetzungen ins Jiddische und Westarmenische, ins Koreanische und Chinesische, Esperanto nicht zu vergessen! –, trotz dieses Reichtums also blickt man im ehemaligen Deutschordenshof nicht ohne Neid nach Düsseldorf, dessen Goethemuseum, hervorgegangen aus der legendären Kippenberg-Stiftung und untergebracht in dem nach dem Krieg wiederaufgebauten Hofgärtnerhaus, jedwede Konkurrenz in den Schatten stellt – nach dem Urteil Stefan Zweigs geeignet, jede Stadt, die es beherbergt, »zur Pilgerstätte und Goethestadt zu erheben.«

Vor allem für den topographisch Interessierten wird die Zusatzreise nach Düsseldorf zum Augenschmaus. Fast jeden Ort, der zu Goethes Lebensstationen zählt, kann er sich hier in Gestalt einer zeitgenössischen Zeichnung, eines Stichs oder Aquarells vergegenwärtigen. »Deutschland, wie Goethe es sah« nannte Anton Kippenberg einmal eine Ausstellung, die viele Säle füllte. Für Italien oder die böhmischen Bäder ließe sich jederzeit ein ähnliches Arrangement treffen, erst recht für Weimar und Wetzlar.

Dem Thema »Werther« ist selbstverständlich ein eigenes ständiges Kabinett gewidmet; den Stolz dieser Abteilung bilden in erster Linie die tausenderlei Belege für den historisch-hysterischen Werther-Kult: von all den mit einschlägigen Szenen bemalten Fächern und Dosen, Tassen und Stammbüchern bis hin zum berühmten Werther-Frack – vieles, was auch die Wetzlarer liebend gern in ihrem Besitz sähen...

Um so leidenschaftlicher betreibt der Wetzlarer Geschichtsverein seit geraumer Zeit die Geldbeschaffung für den Wiederaufbau der Zehentscheune, der letzten Kriegsruine im Umkreis der Goethe-Gedenkstätten. Sollte es gelingen, den um 1535 entstandenen und gegen Ende des Zweiten Weltkrieges von Fliegerbomben ausgehöhlten Nachbarbau des Lottehauses zu restaurieren, will man endlich auch den Service für Goethe-Pilger auf eine neue, didaktisch ergiebigere Basis stellen. »Für Besuchergruppen und Schulklassen, die über die Bedeutung der Wetzlarer Zeit für Goethe etwas hören wollen«, so heißt es dazu in einem Flugblatt-Aufruf, »fehlt es bis heute an einem geeigneten Raum für kurze Einführungsvorträge. Mit dem Ausbau der Zehentscheune kann dieser Raum geschaffen werden. Leisten Sie Ihren Beitrag mit einer Einzahlung auf das ›Spendenkonto Zehentscheune‹.« Als Bausteine hat man sich, auch hierin ebenso nobel wie praktisch denkend, eine Serie von Druckgraphiken einfallen lassen – Reproduktionen alter Darstellungen der Wetzlarer Goethestätten, zehn Mark das Blatt, Passepartout inbegriffen. Deutschordenshof und Wahlheim, Werther-Brunnen und Jerusalemhaus für die Vorzimmerwand im trauten Heim.

Der Garten ist einfach, und man fühlt gleich bei dem Eintritte, daß nicht ein wissenschaftlicher Gärtner, sondern ein fühlendes Herz den Plan gezeichnet, das seiner selbst hier genießen wollte.

Vom Lottehaus durch die Lottestraße, aus der Lottestraße in die Goethestraße, aus der Goethestraße zum Bebelplatz. Das Gelände der Industriefestspiele erinnert zu dieser Jahreszeit an einen ausgedienten Tennisplatz. Was sie, oberhalb der Bühne, das Rosengärtchen nennen, war früher einmal der Friedhof. Das Grab des braunschweigischen Legationssekretärs Jerusalem, der sich, 25jährig, aus unglücklicher Liebe zur Frau seines Kollegen Herd erschossen hatte, das sogenannte Werthergrab, existiert nicht mehr. Brandschutt hatte es schon frühzeitig zugedeckt, schließlich ausgelöscht. Heute wächst ein weißer Gedenkstein aus dem Rasen, »gesetzt zum 200. Geburtstag Goethes«. Daneben ein zweiter aus dem Jahr 1955, »im Beisein von Lottes heutigen Verwandten enthüllt«: »Dieser alte Friedhof beherbergt die Eltern, zehn Geschwister und etwa dreißig Anverwandte von Charlotte Kestner, geborene Buff.« Unweit davon ein Bebel-Denkmal; zur Straße zu, hinterm Totenweg, etliche erhalten gebliebene Grabsteine aus historischer Zeit.

Ich gehe die paar Schritte weiter bis zu der Stelle, wo Wöllbacherstraße, Philosophenweg, Haarbachstraße und Wahlheimweg einander kreuzen. Hier endlich, in einen Winkel gedrängt, der Brunnen. Der Fußweg, die efeuumrankte Mauer, die moosglitschige Treppe, die Grotte, das Becken und die Wasserrohre – alles ist noch am nämlichen Platz, vermehrt nur um eine Granitplatte, in die der Steinmetz das ihm aufgetragene Stück Werthertext eingeschnitten hat. Eine beiläufige Plakette sollte es werden, ein gravitätisches Epitaph ist es geworden.

Ungefähr eine Stunde von der Stadt liegt ein Ort, den sie Wahlheim nennen. Die Lage an einem Hügel ist sehr interessant, und wenn man oben auf dem Fußpfade zum Dorf herausgeht, übersieht man auf einmal das ganze Tal. Eine gute Wirtin ... schenkt Wein, Bier, Kaffee; und was über alles geht, sind zwei Linden, die mit ihren ausgebreiteten Ästen den kleinen Platz vor der Kirche bedecken, der ringsum mit Bauernhäusern, Scheuern und Höfen eingeschlossen ist. So vertraulich, so heimlich hab' ich nicht leicht ein Plätzchen gefunden, und dahin laß' ich mein Tischchen aus dem Wirtshause bringen und meinen Stuhl, trinke meinen Kaffee da und lese meinen Homer ... Hätt' ich gedacht, als ich mir Wahlheim zum Zwecke meiner Spaziergänge wählte, daß es so nahe am Himmel läge ...

Wenn ich des Morgens mit Sonnenaufgange hinausgehe nach meinem Wahlheim und dort im Wirtsgarten mir meine Zuckererbsen selbst pflücke, mich hinsetze, sie abfädne ...; wenn ich dann in der kleinen Küche mir einen Topf wähle, mir Butter aussteche, Schoten ans Feuer stelle, zudecke und mich dazusetze, sie manchmal umzuschütteln: da fühl' ich so lebhaft wie die übermütigen Freier der Penelope Ochsen und Schweine schlachten, zerlegen und braten. Es ist nichts, das mich so mit einer still wahren Empfindung ausfüllte als die Züge patriarchalischen Lebens, die ich, Gott sei Dank, ohne Affektion in meine Lebensart verweben kann.

Garbenheim also. Zwei Kilometer vor der Stadt, in der es wohl selber bald aufgehen wird. Nur dicht um die häßliche Backsteinkirche herum noch ein paar Reste der alten Fachwerkgehöfte, sonst lauter stramme Siedlungshäuser. Statt der Linden bloß noch eine Lindenstraße, auf dem Kirchplatz ein eingefriedeter Obelisk von gedrungener Gestalt: »Ruheplatz des Dichters Goethe. Zu seinem Andenken frisch bepflanzt...« Die Gastwirtschaft firmiert selbstbewußt als »Haus Hennop«: bescheidene Landschenke, die sich zum Vorstadthotel gemausert hat. Die berühmte blumenverzierte Porzellanschüssel, in der, wie es heißt, der Dichter eigenhändig die im Wirtshausgarten gepflückten Zuckererbsen eingesammelt hat, ein von Generation zu Generation respektvoll weitervererbter Familienschatz, hat längst den Besitzer gewechselt und wird heute in der Stadt drinnen gehütet; an jener Stelle des Gartens, wo bald nach Jerusalems Selbstmord ein wohlhabender Verehrer des Unglücklichen die fälschlich als »Werthergrab« ausgegebene Gedächtnisurne hatte aufstellen lassen, dreht sich nun ein Kinderkarussell mit Selbstbedienungsmechanismus, 20 Pfennig die Runde. Und die Zuckererbsen kommen aus der Tiefkühltruhe.

Es war alles im Felde; nur ein Knabe von ungefähr vier Jahren saß an der Erde und hielt ein anderes, etwa halbjähriges vor ihm zwischen seinen Füßen sitzendes Kind mit beiden Armen wider seine Brust, so daß er ihm zu einer Art von Sessel diente ... Mich vergnügte der Anblick: ich setzte mich auf einen Pflug, der gegenüberstand, und zeichnete die brüderliche Stellung mit vielem Ergötzen ... Da kommt gegen Abend eine junge Frau auf die Kinder los, die sich indes nicht gerührt hatten ... Sie grüßte mich, ich dankte ihr, stand auf, trat näher hin und fragte, ob sie Mutter von den Kindern wäre. Sie bejahte es, und indem sie dem ältesten einen halben Weck gab, nahm sie das kleine auf und küßte es mit aller mütterlichen Liebe. Ich habe, sagte sie, meinem Philipp das Kleine zu halten gegeben und bin mit meinem Ältesten in die Stadt gegangen, um Weißbrot zu holen und Zucker und ein irden Breipfännchen.

Am 4. Oktober des Jahres 1900 druckte der Wetzlarer Anzeiger einen Brief ab, der erst kurz davor entdeckt worden war. Er hatte jenen Johann Heinrich Bamberger zum Verfasser, der in seinen Kindertagen in Garbenheim dem Werther zu der eben wiedergegebenen Idylle Modell gestanden hatte – und zwar als der älteste der Knaben. Bamberger, nun ein erwachsener Mann und als Schneidermeister in Braunschweig ansässig, hatte am 12. Dezember 1838 nach Hause geschrieben: »Vielgeliebter Bruder Hannes! Ich habe von meinem Sohn gehört, daß Du den für mich so merkwürdigen Stuhl von Jerusalem hast. Dieser Stuhl habe ich so viel mal unter die Linde getragen, wo ihm unsere selige liebe Mutter mußte immer Tee machen und er ihn unter der Linde getrunken hat, auch noch den letzten Abend vor seinem Ende ... Nun kannst Du, lieber Bruder, selbst Dich an meine Stelle denken, wie wichtig mir dieser Stuhl ist ... Nun bitte ich Dich, lieber Bruder, daß Du mir die einzige Bitte nicht abschlägst und mir diesen Stuhl schickst... Alle die Kosten, die Du von da hast, will ich Dir als rechtlicher Bruder bezahlen.«

Es ist nicht bekannt, ob der gewünschte Transfer zustande gekommen ist, aber jedenfalls zeigt die anmutige Episode, daß die Bemühungen um die Beschaffung und Bewahrung von Werther-»Reliquien« in und um Wetzlar schon frühzeitig eingesetzt haben und auch keineswegs nur auf die sogenannten gebildeten Kreise beschränkt geblieben sind.

Ich stieg aus dem Wagen wie ein Träumender, als wir vor dem Lusthause stillhielten, und war so in Träumen rings in der dämmernden Welt verloren, daß ich auf die Musik kaum achtete, die uns von dem erleuchteten Saal entgegenschallte.

Es ist noch immer eines der ansehnlichsten Häuser der Gegend: Volpertshausen Nr. 39. Edelstes fränkisches Fachwerk. Zu Goethes Zeiten das Nassauische Jägerhaus, Schauplatz eines ländlichen Ballfestes, bei dem Johann Wolfgang, 22, und Lotte, 19, sich an jenen »mannigfaltigen Schlingungen der Arme« ergötzten, über die im »Werther« – übrigens unter dem echten Datum! – so schwärmerisch berichtet wird, an Tanz und Kontretanz, an gemeinsamem Pfänderspiel und Pomeranzenverzehr, am Erlebnis eines aufwühlenden Unwetters und des »herrlichsten Sonnenaufganges« sowie am gemeinsamen Versinken in »dem Strome von Empfindungen«, den die Erinnerung an Klopstocks »Frühlingsfeier« in ihnen heraufbeschwor.

In den Räumen, die an jenem gewittrigen Sommerabend des Jahres 1772 als Tanzboden dienten, war später die Dorfschule und ist heute der Gemeindekindergarten untergebracht. Nebenan sehe ich ein verlassenes Gastarbeiterquartier; ins Obergeschoß, das ehemalige Lehrerlogis, teilen sich zwei junge Familien. Die Gedenktafel an der straßenseitigen Hausfront meldet in lakonischer Kürze: »Goethe 9. Juni 1772«.

Ich stand auf der Terrasse unter den hohen Kastanienbäumen und sah der Sonne nach, die mir nun zum letztenmal über dem lieblichen Tale, über dem sanften Fluß unterging. Ich ging in der Allee auf und ab, die mir so lieb war; ein geheimer sympathetischer Zug hatte mich hier so oft gehalten, ehe ich noch Lotten kannte, und wie freuten wir uns, als wir im Anfange unserer Bekanntschaft die wechselseitige Neigung zu diesem Plätzchen entdeckten, das wahrhaftig eins von den romantischsten ist, die ich von der Kunst hervorgebracht gesehen habe.
Erst hast Du zwischen den Kastanienbäumen die weite Aussicht – ach, ich erinnere mich, ich habe Dir, denk' ich, schon viel davon geschrieben, wie hohe Buchenwände einen endlich einschließen und durch ein daran stoßendes Boskett die Allee immer düsterer wird, bis zuletzt alles sich in ein geschlossenes Plätzchen endigt, das alle Schauer der Einsamkeit umschweben. Ich fühle es noch, wie heimlich mir's ward, als ich zum ersten Male an einem hohen Mittage hineintrat; ich ahnte ganz leise, was für ein Schauplatz das noch werden sollte von Seligkeit und Schmerz.

Die Rückfahrt in die Stadt richte ich so ein, daß sie über den sogenannten Stoppelberg führt. Links an der Straße, dicht neben dem neuen, das ehemalige Forsthaus, das der Dichter abwechselnd eine Einsiedelei nennt und ein Königreich und in das er den Wohnsitz des Amtmanns Buff und seiner zwölf Kinder verlegt (obwohl diese dort nur den Sommer über – und auch das erst ein Jahr nach Goethes Weggang aus Wetzlar – Quartier genommen haben). In der geräumigen Villa lebte zuletzt, hinter Sprechanlage und Gitterfenster verschanzt, die Witwe des Begründers der Wetzlarer Festspiele, Eugen Koppenhöfer. Bei Goethe noch eine »stille Gegend«, heute in allen denkbaren Richtungen belebt: hügelwärts durch das Kirschenwäldchen mit seinen Ausflugslokalen, talwärts durch eine moderne Siedlung, die der Magistrat unter dem kuriosen Pleonasmus »Wohnstadt« ins Grundbuch eingetragen hat.

Du kennst die Nußbäume, unter denen ich bei dem ehrlichen Pfarrer zu St. mit Lotten gesessen, die herrlichen Nußbäume, die mich, Gott weiß, immer mit dem größten Seelenvergnügen füllten! Wie vertraulich sie den Pfarrhof machten, wie kühl! Und wie herrlich die Äste waren!... Ich sage Dir, dem Schulmeister standen die Tränen in den Augen, da wir gestern davon redeten, daß sie abgehauen worden – abgehauen! Ich möchte toll werden, ich könnte den Hund ermorden, der den ersten Hieb dran tat.

Unversehens sind meine Recherchen an einem toten Punkt angelangt: Es will partout nicht gelingen, das »Örtchen St.« auszumachen, »das eine Stunde seitwärts im Gebirge liegt«. Wie gern hätte ich meine Erkundigungen mit einem Ausflug zu dem »mit zwei hohen Nußbäumen überschatteten Pfarrhof« abgerundet. Doch meine Wetzlarer Konsulenten zukken bedauernd die Achseln: Mit der gewünschten Lokalisierung des »Örtchens St.« könnten sie nicht dienen; damit habe man sich, ehrlich gestanden, nie auseinandergesetzt; es sei ja auch im »Werther« nur eine Episode am Rande, gewiß: eine ausnehmend hübsche und angesichts des heutzutage allenthalben zu beklagenden Bäumemordens sogar besonders beziehungsvolle, aber für den Gang der Dinge eben doch unerheblich. Jetzt allerdings, wo sich herausstelle, daß auch für diesen Nebenschauplatz Interesse bestehe, werde man die Forschung natürlich auch auf diesen Gegenstand erstrecken.

Aber mit diesem Versprechen ist mir nicht geholfen. Das wenige, was sich im Augenblick eruieren läßt – etwa, daß es sich um eine Spur handle, die in die Schweiz weist –, bleibt Spekulation; der Lokaltermin in St. muß entfallen.

»Spurensicherung – welch unsicheres, welch zweifelhaftes Geschäft in Deutschland heute, wo die Vergangenheit keine Sprache mehr hat und Geschichtliches als rückständige Entwicklungsstufe gilt. Und gar: Spuren der Passion?... Was soll ihnen der Schauplatz, wo sie schon den Anlaß ignorieren?« So skeptisch wie Barbara Bondy, die gleich mir nach Wetzlar gekommen ist, Nachschau zu halten, was »Leidenschaft am irdischen Ort hinterließ«, vermag ich die Dinge nicht zu sehen. Ich nehme »Lotte in Weimar« zur Hand und messe den Ertrag meiner Recherchen an jenem nostalgischen Erinnerungsschwall, den Thomas Mann seiner Protagonistin im zweiten Kapitel zudenkt: »Spaziergänge am Bergesrücken, wo sie auf den durch Wiesen sich schlängelnden Fluß, das Tal mit seinen Hügeln, auf heitere Dörfer, Schloß und Warte, Kloster- und Burgruine geschaut hatten... Stunden des Buches in der Wohnstube oder im Grase... Scenen zu zweit, zwischen ihm und ihr, wenn er ihr in der Wirtschaft, im Krautfelde geholfen, mit ihr Bohnen geschnitten oder im Deutschordensgarten mit ihr Obst abgenommen hatte...«

Ich tue noch ein übriges und gehe zum Schluß, summarisch, auch die Stationen von Goethes Wetzlarer Biographie ab. Das Haus am Kornmarkt, in dem der Zweiundzwanzigjährige für vier Monate Quartier genommen hatte, zeigt sich in frischem lindgrünem Verputz; das Anwesen seiner Verwandten, der Großtante Susanne Lange, beherbergt heute eine Buchhandlung, der einstige Gasthof zum Kronprinzen, wo er seinen Mittagstisch einzunehmen pflegte, einen Möbelladen; in der alten Ritterherberge des Deutschen Ordens hat sich das städtische Museum eingenistet und im weiland Reichskammergericht das Dom-Café mit seinem kakaotrinkenden Damenstammtisch.

Mit Kakao, heißt es, wurde übrigens auch dem jungen Rechtspraktikanten Johann Wolfgang von Goethe aufgewartet, so oft er in die Amtmannswohnung des Deutschordenshofs auf Visite kam. Was Wunder, daß einer der Lottehaus-Führer früherer Jahre angesichts des Geschirrschränkchens in der guten Stube regelmäßig der Versuchung erlag, die Besucher mit dem unseriösen Hinweis in Entzükken zu versetzen, dies sei die Tasse, aus der der Dichter seinen Kakao getrunken. Für solches Flunkern ist in Wetzlar, seitdem eine prominente Feder sich darüber streng mokiert hat, kein Platz mehr. In Wetzlar nimmt man's seitdem in Sachen Goethe sehr genau.

Wo ist Nr. 221 B? oder Sherlock Holmes für Anhänger

Wer im *Sherlock Holmes Hotel* nach dem dritten Bier einmal hinaus muß und sich, Gott behüte, in der Biographie des »Meisters« nicht auskennt, ist bös dran. In einem Haus wie diesem, ganz dem höheren kriminalistischen Spürsinn geweiht, darf er nicht darauf hoffen, mit trivialen Schildern wie *WC* oder *Gentlemen* den Weg gewiesen zu bekommen. Und jemanden vom Personal fragen – wie sieht denn das aus? Wird einem der nicht mit hochgezogenen Augenbrauen zu verstehen geben: Mein Herr, Sie sind hier nicht in irgendeinem x-beliebigen Lokal, Sie befinden sich auf klassischem Boden. Sie scheinen es nicht zu wissen: Mister Holmes gibt hier den Ton an. Auch Ihnen sollte bekannt sein, daß er am laufenden Band die kniffligsten Fragen gelöst hat. Da wird man wohl von Ihnen verlangen können, daß Sie wenigstens herausfinden, wo das Klo ist.

Es ist übrigens gar nicht so schwer. Als ich neben dem Eingang zu »Dr. Watson's Lounge« ein diskretes Täfelchen an der Wand sah mit der Aufschrift »Moriarty's Den«, kombinierte mein detektivisches Anfängergehirn: Das könnte es sein, dieser Spur solltest du folgen. »Den« – das ist Höhle, Grube, Bude, und Moriarty – das ist Sherlock Holmes' Erzfeind, der ehemalige Londoner Mathematikprofessor, der sich auf die Seite der Gewalt geschlagen hat. Holmes nennt ihn den »Napoleon des Verbrechens«, den »Organisator der Hälfte aller Schandtaten in dieser großen Stadt«. Würde es nicht haargenau zur englischen Prüderie passen, eine Örtlichkeit wie die von mir zu ermittelnde nicht mit dem Namen einer liebenswerten Erscheinung zu verbinden, sondern mit dem einer Schattenfigur, einer Verkörperung von Anrüchigkeit und Unterwelt? Seht her, wie ich von Holmes gelernt habe: Meine Annahme war richtig, die Aufnahmeprüfung bestanden.

War sie wirklich bestanden? Nur zu bald sollte ich erfahren, daß dem nicht so war. Daß man es sich als »Sherlockian« nicht so leicht machen darf. O nein, meine Damen und Herren Krimileser, so einfach liegen die Dinge nicht! Zum Holmes-Kenner gehört mehr. Die edelsten Geister Englands haben da in jahrzehntelangem Wirken einen exklusiven Stil entwickelt – da kann nicht einfach ein deutsches Greenhorn daherkommen und glauben, es gehöre schon dazu.

Ich will Ihnen sagen, wodurch ich es mir verscherzt habe, und ich sage es Ihnen deshalb, damit Sie nicht in den gleichen Fehler verfallen, sollten Sie je, so wie ich, ins Mekka der Kriminalliteratur wallfahren und in London Sherlock Holmes nachspüren: Ich habe gelacht. Ja, gelacht. Gar nicht besonders heftig, von schallend keine Rede, eher schmunzelnd, mehr so in mich hinein – und doch hatte es genügt, mich im Nu als Außenstehenden zu entlarven, als Laien, als Ahnungslosen, als einen, der's nie kapieren wird. »Der Ärmste – er lacht!« las ich aus den entgeisterten Blicken, und die Entgeisterung schlug um in Verachtung und Mitleid.

Kommt nach London zu einem Sherlock-Holmes-Lokaltermin und lacht – Mister Michell, seit seiner Pensionierung als Captain der Königlichen Marine ehrenamtlicher Generalsekretär der *Sherlock Holmes Society of London*, schien für einen Moment die Fassung verloren zu haben. Als erstes legte er die Aufnahmepapiere wieder beiseite: Den Gedanken, in mir ein neues Mitglied für seinen Club zu gewinnen, stieß er jäh von sich wie einen bösen Traum. Dabei muß ich festhalten, daß an sonstigem absolut nichts zwischen uns stand, ich fand Mister Michell enorm sympathisch, und auch er versicherte mir wiederholt, welches Entzücken es ihm bereite, meine Bekanntschaft gemacht zu haben, wir tranken ziemlich viel miteinander, ich bin jederzeit auf seinen Landsitz nach Warlingham, Surrey, eingeladen, ich bin überzeugt: sollte er eine Tochter im passenden Alter haben, er würde sie mir zur Frau geben, und wäre ich eine Waise, ich hielte es nicht für ausgeschlossen, daß sich mit ihm auch über eine Adoption reden ließe. Nur in einem Punkt habe ich Grund, ihn für unerbittlich zu halten: Solange er im Amt ist, wird er es zu verhindern wissen, daß ich in die *Sherlock Holmes Society* aufgenommen werde. Denn er war es, der mich hat lachen sehen. Und Sherlock Holmes ist nichts, worüber man lacht. Zum echten »Sherlockian« gehört, daß man die Dinge ernst nimmt. Daß man bei dem Spiel mitspielt, als sei es kein Spiel. Sondern Wirklichkeit. Faßbare, lebendige Wirklichkeit. Raum und Zeit, Fleisch und Blut.

Die Grundregel lautet: Holmes ist keine Phantasiegestalt, keine Erfindung des Schriftstellers Arthur Conan Doyle, keine Kunstfigur, wie das heute heißt, sondern eine geschichtliche Persönlichkeit, ein Bestandteil der Realität, ein Mensch wie du und ich. Wer einmal dieses Axiom des »Sherlockismus« akzeptiert, dieses Agreement mit dem Imaginären vollzogen hat, für den ist alles weitere, alles, was sich aus dieser Grundregel ableitet, Lappalie, simpelste Logik, die schiere Selbstverständlichkeit: daß also beispielsweise ebenso Holmes' Adlatus Dr. Watson kein Fabelwesen, sondern ein Mensch von realer Existenz gewesen ist, daß es eine Mrs. Hudson, die diesen beiden Kost und Logis bot, daß es einen Professor Moriarty, einen Inspektor Lestrade und eine Irene Adler, kurz: daß es sämtliche Figuren aus den 56 Short Stories und den vier Romanen des Sir Arthur Conan Doyle wirklich und wahrhaftig gegeben hat. Ihre physische Erscheinung, die ihnen zugeschriebenen Eigenschaften, ihren Lebensraum. Also auch die berühmte Holmes-Adresse: Baker Street 221 B. Die Hausnummer, die in die Weltliteratur eingegangen, ja selber ein Stück Weltliteratur geworden ist.

Ich beschloß, die »Sherlockians« beim Wort zu nehmen. Wenn sie denn unbedingt ihr Idol als ein Wesen aus Fleisch und Blut sehen wollen – o.k., mir soll's recht sein. Aber dann sollen sie mir auch den Schauplatz seines Wirkens zeigen, »die vertrauten Räume«, wie es im »Tal der Furcht« heißt; dann will ich auch einen Eindruck davon bekommen, wie der »Meister« und sein »Eckermann« gehaust haben, will in den offenen Kamin blicken, vor dem sie gesessen sind, auf das Fenster der Junggesellenwohnung, durch das sie »in die nichtssagende Londoner Straße« gespäht haben, »die Laboratoriumsecke mit dem säureverfärbten, grobbrettigen Tisch«, an dem »der Logiker und Denker der Baker Street« so manchen Tag mit »seinen geliebten chemischen Untersuchungen« zugebracht hat, das Bord mit den Nachschlagewerken, Notizbüchern und Zeitungsausschnitten, die ihm so manchen verzwickten »Fall« klären halfen, den Violinkasten des »begeisterten Musikers«, der »nicht nur ein sehr befähigter Interpret, sondern auch ein Komponist überdurchschnittlichen Formats« war, den Pfeifenständer des notorischen Kettenrauchers, den persischen Pantoffel, in dem der geniale Sonderling den Tabak aufzubewahren, und das Jagdmesser, mit dem er seine unerledigte Post aufzuspießen pflegte. Wenn sie darauf bestehen, daß Sherlock Holmes gelebt hat, dann bestehe ich darauf, dies alles zu sehen, mit meinen eigenen Augen, ohne Geflunker, da gibt's kein Kneifen, ich nehm' euch beim Wort.

Noch am gleichen Abend mache ich mich auf den Weg. Die Baker Street erstreckt sich zwischen Oxford Street und Regent's Park, im Nordwesten der City: vom Strand Palace, meinem Hotel, bequem mit der Untergrundbahn zu erreichen. Wenn es sich um eine höhere Nummer handle, rät mir der Hall Porter, täte ich am besten, bis zur Station Baker

Von Sherlock-Holmes-Fans rekonstruiert:
die »vertrauten Räume« aus der Baker Street 221 B.

Street zu fahren; dort stiegen auch die Leute aus, die zu Madame Tussaud's Wachsfigurenkabinett wollten. Die Bakerloo Line, mit den Holz- und Messing-Verschrobenheiten ihrer Bahnhöfe die älteste Linie des Londoner U-Bahn-Netzes, bringt mich von Charing Cross in direkter Fahrt ans Ziel. Die Rolltreppe hinauf, die Baker Street ein paar Schritte stadtauswärts, ich brauche nur noch die Fahrbahn zu überqueren – hier muß die berühmte Nummer sein. Doch so systematisch ich sie auch einkreise: Eine 221 B findet sich nicht. Das einzige, was ich in dem strittigen Abschnitt an Hausnummer orte, ist eine Sammelnummer: 215-229. Eine schöne Bescherung! Und auch keine Wohnhäuser jenes Typs, wie wir sie aus den Illustrationen der Sherlock-Holmes-Bücher kennen: diese fast immer vieretagigen schmalen Rohziegelfassaden mit den drei Fenstern pro Stockwerk, Balkongitter und Rundbogen in der Beletage, mansardenartig Geducktes unterm Dach, dunkellackiertes Portal mit Türklopfer. Statt dessen stehe ich vor einem Monstrum von Verwaltungsbau, einer Büroburg, getürmtem Spätjugendstil: Hauptquartier einer gemeinnützigen Baugenossenschaft, Abbey National, Wüstenrot auf englisch. In den Schaufenstern eine Jubiläumsausstellung: das Markenzeichen des Hauses, wie es die Spitzen der Kunst aufgefaßt hätten, wenn sie hätten. Gainsborough, Picasso, Moore. Ein Pärchen unter einem Schirm und der Schirm ein Haus. Bestimmt keine schlechte Idee und auch die Sache mit den fiktiven Varianten: originell, amüsant, sogar ein bißchen bildend. Hier, merke ich, sind nicht nur sture Versicherungsmathematiker am Werk, sondern Leute mit Humor – nach der ersten Enttäuschung regt sich wieder Hoffnung in mir: Das gibt's nicht, daß die ihren Sherlock Holmes ratzekahl unterschlagen, bestimmt ist da irgendwo eine Gedächtnisplakette angebracht: An dieser Stelle stand einst das Haus, in welchem... Schau nur genau, die Engländer machen das nicht so auffällig, man kennt doch ihren Hang zum Understatement. Aber so oft ich die Front des Abbey House auch abschreite, so genau ich jedes Fleckchen seines Gemäuers inspiziere: selbst die Methoden eines Sherlock Holmes würden hier nicht den verstecktesten Hinweis darauf zutage fördern, daß dies die Adresse ist, unter der einst – nach den Worten seines Biographen Watson – der Detektiv, »der an Begabung und Erfahrung als der erste in Europa galt«, den »alle, die mit seinen Methoden nicht vertraut waren, offenen Mundes anstarrten wie ein überirdisches Wesen«, anzutreffen war: »die perfektionierteste Denk- und Beobachtungsmaschine der Welt«.

Ich beziehe auch noch die Häuser rundum in meine Nachforschungen ein: eine Schallplattentauschzentrale, ein »Raven's Club« – members only, ein Pub. In einer der Nebengassen eine Warntafel der City of Westminster: 20 Pfund

Strafe für Hundehalter, die ihrem Liebling gestatten, hier seinen Haufen zu machen. Noch ein paar Schritte weiter: die Chiltern Street – hier reihenweise die klassischen Sherlock-Holmes-Häuser. Also immerhin: es gibt sie noch – als Typ. Und um die Ecke: ein Straßenschild »Sherlock Mews«. Also doch. Zwar nur ein besserer Hinterhof, aber jedenfalls ein erstes Signal: Einzugsgebiet. Ich gehe die Paddington Street weiter, bis sie in die Devonshire Street übergeht und mit dem Devonshire Place eine Kreuzung bildet: Hier, in Nr. 2, saß Ende der achtziger Jahre des vorigen Jahrhunderts der junge Conan Doyle, Ire von Abkunft, Schotte von Geburt und nun drauf und dran, sich in London als praktischer Arzt zu etablieren, in seinem »consulting room«, wartete tagtäglich von zehn bis sechzehn Uhr auf seine ersten Patienten und fing, da diese ausblieben, zu schreiben an: detective stories. Hauptfigur: Sherlock Holmes. Das Haus ist unversehrt, die Biographie des Autors ist intakt. Was aber ist mit der seines Geschöpfs? Arthur Conan Doyle, 1859 bis 1930, Arzt und Spiritist, Amateurkriminologe und Kriegshistoriker, Meisterboxer und Globetrotter – gut, gut, da gibt's keinerlei Unklarheiten, da ist alles bis ins kleinste zu belegen. Aber wie ist das mit seinem literarischen Alter ego, dessen Ruhm Doyle mit der Zeit so sehr zur Last wurde, daß er – »Er hält mich von allem Besseren ab!« klagend – ihm in einem Schweizer Wasserfall ein nasses Grab bereitete (um ihn acht Jahre später, unter dem Druck des Publikums, seufzend wiederauferstehen zu lassen)?

Ich gehe die Baker Street zurück, stadteinwärts. Nr. 108: das Sherlock Holmes Hotel. Wieder diese Verwirrung: Wieso gerade hier? Besteht da ein Zusammenhang? Oder haben die nur einfach einen illustren Namen benutzt, um leichter Leute meines Schlages einzufangen? Dem Hotel ist ein Restaurant angegliedert; ich beschließe, hier mein Nachtmahl einzunehmen. Daß es elend schlecht ist, wäre noch kein Stilbruch: Mit keiner Silbe in seinen vielen Büchern gibt Conan Doyle zu erkennen, daß sein Held ein Feinschmecker war. Seine Nahrungsaufnahme stellt sich als eine geschlossene Folge von Frühstücken dar.

Die arme Mrs. Dalton, Mitglied der *Sherlock Holmes Society of London*, die bei einem der jüngsten Annual Dinners – wie es die Clubtradition verlangt – mit einem Referat über den »Master« an der Reihe war und dessen Eßgewohnheiten als Thema gewählt hatte, wußte ein Lied davon zu singen: Frische Speckschnitten und Eier seien das einzige an Einschlägigem, was in dem gesamten Œuvre Erwähnung finde. Der Haushälterin konnte sie deshalb einen dezenten Vorwurf nicht ersparen: »Mrs. Hudson was of limited cuisine.« Nur konsequent, wenn ein Hotel, das den Namen Holmes trägt, dieser Linie treu bleibt.

Dafür speise ich von Porzellan, das mit dem berühmten Profil verziert ist: Habichtsnase und Denkerstirn, Shag-Pfeife und Wildhütermütze. Sogar die Serviette, mit der ich mir den Mund abwische, und der Kassenzettel tragen das weltbekannte Emblem. Und hier klärt sich nun endlich auch die Sache mit der Hausnummer auf. Die Nr. 221 B, die nach heutigem Kataster auf den Gründen der *Abbey National Building Society* zu suchen wäre, habe zu Conan Doyles Zeiten gar nicht existiert. Die Baker Street, damals viel kürzer, habe nur 84 Nummern gehabt. Aber das sei ja eben eine der Eigenheiten dieses Autors gewesen: reale Straßennamen mit fiktiven Hausnummern zu versehen. Also hätten sich die Sherlock-Holmes-Forscher an die Arbeit gemacht und aus versteckten Hinweisen und unter Zuhilfenahme verzwicktester Berechnungen die »wahre« Nummer herauszukristallisieren versucht. Angaben über Gehrichtungen, über Entfernungen zu Briefkästen, Droschkenstandplätzen und Banken, ja selbst über Wetterkonstellationen und den Einfallswinkel der Morgensonne wurden herangezogen, Fassaden und Grundrisse bis ins scheinbar nebensächlichste Detail studiert, gegenüberliegende Häuser und Hoftrakte mit berücksichtigt – alles in allem ein Spiel, das sich über Jahrzehnte erstreckte und wohl niemals – den »Sherlockians« wäre jedenfalls nichts Schlimmeres zu wünschen – ein Ende haben wird.

Jede Lösung des Rätsels – und deren gibt es beinahe so viele, wie die Baker Street Häuser hat – beanspruchte natürlich Veröffentlichung – übrigens eine plausible Erklärung dafür, wieso Foyle's, Londons führende Buchhandlung, ständig vier Millionen Titel auf Lager hat. Unter den vielen »Schulen« und »Richtungen« der 221-B-Forschung, die sich über die gesamte westliche Welt erstreckt (allein in den USA gibt es an die 30 Sherlock Holmes Societies, und das erste, was deren Mitglieder auf ihren Europa-Trips tun, ist natürlich, nach London zu eilen und sich ins Getümmel der Baker Street zu werfen), ist es einer gelungen, die meisten Anhänger auf sich zu vereinigen. Es ist diejenige, die der heutigen Nummer 109 das Prädikat zuerkennt, die wahre 221 B zu sein. Die Berechnungen, die zu der Beweisführung notwendig waren, reichen in die Gebiete der höheren Mathematik – ich bin ihnen nicht gewachsen und kann sie daher auch nicht wiedergeben. Ich will nur anführen, was schlußendlich den Ausschlag gegeben, was dieser wissenschaftlichen Jahrhundertleistung das i-Tüpfelchen aufgesetzt, was einen Großteil der Zweifler zum Schweigen gebracht hat: die Entdeckung, daß der Grundriß des fraglichen Hauses auf einem zeitgenössischen Stadtplan ein klar erkennbares H bildet. H wie Holmes – nun war alles klar!

Von meinem Eßtisch im Sherlock Holmes Hotel kann ich das Haus Nr. 109 gut erkennen: schräg vis-à-vis auf der andern Straßenseite. Sein Äußeres entspricht vollkommen den Vorstellungen, die wir von Mrs. Hudsons Boardinghouse haben, und daß es obendrein so gut in Schuß ist, läßt den

Schluß zu, daß da wieder einmal – wie denn nicht? – die »Sherlockians« ihre Hand im Spiel haben: Nie und nimmer würden sie, deren Präsident ein Unterstaatssekretär und deren Ehrenmitglied Dame Jean, das letzte der noch lebenden Doyle-Kinder, ist, es zulassen, daß ihr Allerheiligstes dem Verfall preisgegeben wird. Im linken Flügel des Hauses, das mit der Nr. 111 eine Einheit bildet, sind Firmenbüros untergebracht, im rechten ein Postamt. Klar, daß jeder wahre Holmes-Bewunderer nur hier seine Briefe aufgibt – und müßte er dafür durch halb London anreisen.

Bevor ich das Sherlock Holmes Hotel verlasse, geht mir noch ein ketzerischer Gedanke durch den Kopf: Wenn jenes Haus dort drüben die gewisse berühmte Adresse ist, dann ist doch dies hier, das Hotel, unzweifelhaft das »Leere Haus« – Sie erinnern sich an die Story dieses Titels aus dem Spätband »Sherlock Holmes' Rückkehr«? Jenes leerstehende Gemäuer, in dem sich der Meister verschanzt hielt und, seine Widersacher mit einer Wachspuppe narrend, das geplante Schußattentat abwartete. Damit die Kerle auch wirklich fest glaubten, der Kopf hinter dem erleuchteten Fenster, auf den sie, gleichfalls im »Leeren Haus« verschanzt und, im selben Raum wie ihr »Opfer«, zur gegebenen Zeit anlegen würden, sei der ihres Erzfeindes, robbte sich die gute Mrs. Hudson, von außen nicht wahrnehmbar, alle paar Minuten an das Double heran und hauchte ihm Leben ein, indem sie der Puppe durch eine leichte Drehung eine andere Position verlieh. Klar, wie die Sache ausging: Die Attentäter trafen bloß eine Wachsfigur; das Original hatte ein leichtes Spiel, sie gleich an Ort und Stelle der Tat zu überführen. Soweit »Das leere Haus«. Aber hat nicht auch mein Lokalaugenschein hier in der Baker Street mit einem leeren Haus geendet? Leer – zumindest, was meine Absichten betrifft? Büros, Magazine, Postschalter – das ja. Aber doch auch hier wieder nichts von den »vertrauten Räumen« des »Meisters« und seines Adlatus: den beiden »bequemen Schlafzimmern« und dem »geräumigen, luftigen, hübsch möblierten und von zwei breiten Fenstern erhellten Wohnzimmer«?

Am nächsten Tag unterrichte ich Captain Michell vom kläglichen Ertrag meiner Recherchen. Er soll spüren, was ich davon halte, einer Phantasiefigur Leben einhauchen zu wollen und ihr dann nicht einmal das Nötigste an Lebensbedingungen zuzugestehen. Diesmal bin ich es, der ernst ist, und Captain Michell, der lacht. Aber ich lasse mich von ihm nicht aus dem Konzept bringen, lasse nicht locker. Das Sofa und der Armsessel, das Bärenfell und die Gaslampen – also bitte, wo ist denn nun das alles? Es kann sich doch nicht in Nichts aufgelöst haben? Captain Michell, statt kleinlaut Ausreden zu stammeln, Entschuldigungen zu ersinnen oder überhaupt zu kapitulieren und freimütig den ganzen Humbug einzugestehen, scheint meine Erregung zu genießen. Nach einem tiefen Zug aus seiner Shag-Pfeife, dem für unser Treffen vereinbarten Erkennungszeichen, fragt er leichthin: »Haben Sie für heute mittag schon etwas vor?« Ich verneine.

»Dann gehen Sie bitte in die Northumberland Street Nr. 10. Es ist nicht weit von Ihrem Hotel, gleich beim Trafalgar Square. Sie können es zu Fuß machen. Wäre Ihnen dreizehn Uhr recht? Sie werden erwartet. Dort erfahren Sie alles Weitere. Ich darf mich jetzt von Ihnen verabschieden, meine Frau wartet auf mich. Bye!«

Um dreizehn Uhr bin ich an der angegebenen Adresse. Es ist ein Pub – wie so viele hier. Angestellte aus den umliegenden Büros und Geschäften, die bedächtig an ihrem Lunch-Sandwich kauen und ihre half pint Bier dazu trinken. Die meisten scheinen einander zu kennen und sind in lockerem Gespräch – ich wüßte nicht, auf wen ich hier warten sollte. Links von der Theke eine Tür, die zum Speisesaal führt: über eine schmale Stiege in den ersten Stock. Vielleicht dort? Vielleicht wartet dort der mysteriöse Fremde auf mich? Bevor ich die Klinke zum Restaurant niederdrücke, bemerke ich rechter Hand, im Flur noch, ein Fenster. Es gibt den Blick frei auf ein etwas altmodisch möbliertes Wohnzimmer, und da es durch keinerlei Vorhang abgetrennt ist, finde ich an meiner Neugier nichts Verbotenes. Wie oft hat man schließlich schon in einem fremden Land Gelegenheit, den Leuten in die Stube zu schauen? Und zu sehen, wie andere Völker leben – ist das nicht überhaupt einer der Gründe, warum man auf Reisen geht? Ich lasse also meinen Blick noch ein wenig weiter über das Zimmer schweifen und fahre erst dann betreten zurück, als ich in einer der Ecken eine Gestalt sitzen sehe. Einen Mann – etwa in den Vierzigern. Groß, schlank, Stirnglatze, leicht nach vorn gebeugt – so wie jemand, der nach längerem Nachdenken eingenickt ist. Ich fühle mich unbeobachtet, zu weiterer Dreistigkeit ermutigt. Ich trete näher, jetzt bin ich mit der Nase schon fast an der Glasscheibe.

»Aber das ist doch –«, entfährt es mir.

»Mister Sherlock Holmes«, vollendet der Kellner, der die Tür vor mir aufreißt, den begonnenen Satz. »Bitte, treten Sie ein. Für Sie ist Tisch 3 reserviert. Gleich neben Mister Holmes' Zimmer. Es ist Ihnen doch recht?«

Der Oberkellner des Sherlock Holmes Pub weidet sich an meiner Verblüffung. Viel Zeit hat er nicht; die anderen Gäste könnten ungeduldig werden. Aber jede Erklärung ist ohnehin überflüssig, die Sache spricht für sich. Dies ist Sherlock Holmes' Zimmer aus der Baker Street. Jetzt sehe ich auch die Hausnummer über dem Fenster: 221 B.

Der Kellner legt mir die Speisekarte vor. Ich überfliege sie rasch, bestelle irgend etwas – es ist doch ganz egal, was: Bestimmt lasse ich es ohnehin kalt werden, vor lauter Staunen. Der offene Kamin, der gedeckte Frühstückstisch, Pfeifenständer und Geigenkasten, die »stattliche Reihe von

Fläschchen und Reagenzgläsern«, Lupe und Mikroskop, Pinzette und Feldstecher, Gaslampe und Bücherbord – wie sagt Watson, als er, nach des totgeglaubten Freundes Rückkehr aus Tibet und Khartum, aus Mekka, Persien und Montpellier, wieder die »wohlvertrauten Räume« betritt? »Lauter liebe Bekannte, die ich herzlich begrüßte.« Und genauso geht es jetzt mir, der ich mit meinen Blicken, zerstreut an einem »Fillet Steak Sherlock Holmes« säbelnd, all den geliebten viktorianischen Plunder verschlinge, den ich aus der »Späten Rache« und dem »Zeichen der vier« kenne, aus dem »Tal der Furcht« und dem »Hund von Baskerville«, aus den »Abenteuern«, den »Neuen Abenteuern«, den »Memoiren« und den »Return Stories«: »Lauter liebe Bekannte«.

Jetzt geht mir auch ein Licht auf, was es mit dem sonderbaren Inventar des Schankraums im Parterre für eine Bewandtnis hat, den ich vorhin durchschritten habe. Das Hufeisen am Stützpfeiler – na klar, das ist nicht irgendein beliebiges Hufeisen, sondern natürlich eines von dem Rennpferd »Silver Blaze«, dessen mysteriöse Entführung Holmes so brillant aufklärte; die Schlange an der Wand ist nicht irgendein Präparat, sondern natürlich die indische »swamp adder«, mit deren Hilfe der alte Lord Roylott in der Story vom »Gefleckten Band« seine Morde vollführte; und das pechschwarze Ungeheuer an der Decke, von bläulich phosphoreszierendem Speziallicht angestrahlt, ist nicht irgendein Hund, sondern natürlich der von Baskerville, »eine Ausgeburt der Hölle«, wie sie »noch keines Menschen Auge« gesehen hat. Die Zeichnungen an den Wänden: Originalillustrationen aus diversen Sherlock-Holmes-Ausgaben, die Photos: Szenenbilder aus Theateraufführungen und Verfilmungen, die Plakate: Reklamen für das Musical »Baker Street«, die Landkarte: ein Lageplan der Sherlock-Holmes-Schauplätze im In- und Ausland – europaweit, die Autographen: Manuskript- und Brieforiginale von der

Hand Sir Arthur Conan Doyles, die an der Theke erhältlichen T-Shirts mit den aufgedruckten Holmes-Emblemen: Souvenirs für die jüngeren, die karierten Tweedmützen: Souvenirs für die älteren Verehrer-Jahrgänge, die in die straßenseitige Fensterfront eingravierten Porträts: Holmes, Watson und Doyle.

Sherlock-Holmes-Fans sind – das mögen sie ihrem Idol schuldig sein – erfindungsreiche Leute. Einer der prominentesten unter ihnen, der Schriftsteller James Holroyd, machte eines Tages die bemerkenswerte Entdeckung, daß er von Geburt zum Holmes-Kult bestimmt sei – nicht erst durch Lektüre wie all die andern: Denn es konnte doch kein Zufall sein, daß die erste Silbe seines Familien- und die zweite seines Rufnamens ein klares »Holmes« ergeben. Logisch, daß ein dermaßen von der Natur Begünstigter besonderer Gnaden teilhaftig ist, in höherem Maße als andere mit der Gabe der Intuition gesegnet. Als im Jahr 1951 das Volk von England, den brüchig werdenden Ruhm des Commonwealth zu kitten, dazu aufgerufen wurde, Ausstellungsideen für das »Festival of Britain« zu gebären, jedem Ort landauf, landab die seine, plädierte Mister Holroyd, soweit es seinen Wohnbezirk, den Londoner Stadtteil Marylebone betraf, dafür, es doch mit Sherlock Holmes zu versuchen. Für ihn konnte es kein würdigeres Objekt geben: Holmes war selber Bürger von Marylebone gewesen. In der Gegend, in der heute die Nr. 221 B zu suchen wäre, kreuzen einander Baker Street und Marylebone Road.

Der Plan wurde gutgeheißen, Bürgermeister Sharp gab ihn an den Environment-Spezialisten Michael Weight weiter, und der machte sich mit Fleiß ans Sammeln. Ans Sammeln jener Mobilien und Utensilien, die die Welt der Krimileser aus den Sherlock-Holmes-Geschichten kennt. Antiquitätenhändler und Tandler wurden geplündert, Holmes-Fans in aller Welt mobilisiert, Conan Doyles Werk auf jeden kleinsten Nippes-Hinweis durchforstet. Und so kam das Wunder zustande, daß man eines Tages die komplette Wohnzimmereinrichtung eines Mannes beisammen hatte, der niemals wirklich gelebt hat: ein Surrogat – und doch stärker als so manches Stück Realität. Ein Wunder, das nur Passion und Idolatrie hervorbringen konnten. 54000 Londoner sahen die Ausstellung im Abbey House – unter den Besuchern die Königin von England, im Eröffnungskomitee die Nachkommen von Conan Doyle. Dann ging der sitting room auf Reisen, und auch New York stürmte die Show.

Währenddessen griff in der Heimat das Sitting-room-Fieber um sich: »Sherlockians« begannen dem großen Vorbild nachzueifern und sich in den eigenen vier Wänden Holmes-Ecken einzurichten, die Victoriana-Trödler vom Portobello Road Market erlebten einen Boom wie nie zuvor. Als das Holborn Restaurant – Schauplatz jenes »historischen« Essens, bei dem der stellungslose Militärarzt John H. Watson M. D. von seinem ehemaligen Assistenten am St. Bartholomew-Hospital, dem »jungen Stafford«, auf Sherlock Holmes' Spur gesetzt wird: Vorspiel zu einer Begegnung, deren Tragweite der Holmes-Biograph Michael Harrison sich nicht scheut mit dem Rencontre Dante-Beatrice auf eine Stufe zu stellen – als dieses Restaurant vor einigen Jahren seine Pforten schloß und sein Inventar unter den Hammer kam, waren die Holmes-Fans die ersten, die sich ins Auktionsgetümmel stürzten: Die Aussicht, ein Weinglas zu ergattern, aus dem Watson an jenem Januarmittag des Jahres 1881 getrunken haben könnte, war ihnen jede Anstrengung wert.

Der sitting room, mittlerweile von Amerika wieder nach England heimgeholt, fand in den darauffolgenden Jahren in der unteren Baker Street eine provisorische Bleibe, bis sich endlich 1957 der Colonel Whitbread, ein angesehener Londoner Bierbrauer, der Holmesschen Hinterlassenschaft annahm. Er erwarb das ehemalige *Northumberland Arms Hotel*, in einem unscheinbaren Gäßchen auf halbem Weg zwischen Trafalgar Square und Themseufer gelegen, baute es zu einem Pub um und quartierte in einem der Räume dieses Pubs, durch eine Glaswand von den übrigen getrennt, die berühmte Wohnstube aus den Nineties ein. Colonel Whitbread warf für seine Initiative nicht nur eine schöne Stange Geld, sondern auch einige Kompetenz in die Waagschale: Dies war seinerzeit das Hotel gewesen, in dem Sir Henry Baskerville sein brauner Stiefel abhanden gekommen war, und schräg vis-à-vis, in Nevill's Türkischem Bad, pflegten Holmes und Watson nach besonders anstrengenden »Fällen« neue Kräfte zu tanken.

Der feierlichen Eröffnung des *Sherlock Holmes Pubs* im Sommer 1957 blieben sie übrigens fern: Auf die Einladung, die an die beiden Ehrengäste ergangen war, kam keine Antwort. Nur Mrs. Hudson – so berichtete anderntags die Londoner Mittagspresse – hatte ein Entschuldigungsbillett gesandt: Sie verwies auf ihr hohes Alter. Mr. Holmes hingegen – auch Englands Zeitungsleute tun, wann immer sich eine Gelegenheit dazu bietet, liebend gern bei dem Spiel mit –, Mr. Holmes habe es vorgezogen, bei seinen Bienen zu bleiben: auf seinem Alterssitz in Sussex.

Dabei hätten sie wissen müssen, daß er seit kurzem unter der Erde weilte. Einer seiner zahlreichen Biographen, Mister Baring Gould, gibt als des »Meisters« Todesdatum den 6. Januar 1957 an. Da man sich, was das Geburtsjahr betrifft, mit großer Mehrheit auf 1854 geeinigt hat, wäre Sherlock Holmes demnach auf das stattliche Alter von 103 Jahren gekommen, doch muß damit gerechnet werden, daß neuere Forschungen diese Erkenntnis eines Tages vielleicht wieder über den Haufen werfen werden.

Der Mann, der für diese allgemeine Unsicherheit in Holmes' Lebensdaten verantwortlich gemacht wird, ist Dr. Watson. Er hat seinen Kompagnon und Freund bei den meisten seiner Unternehmungen begleitet, darüber Aufzeichnungen geführt und aus diesen Aufzeichnungen seine Geschichten destilliert. Aber er hat es schlampig getan und schludrig, mit unverzeihlichen Lücken, von den Fehlern gar nicht zu reden. Kein Wunder, daß sich die Biographen nun so schwer tun, bei so vielem Im-dunkeln-Tappen, wildestem Spekulieren Tür und Tor geöffnet ist. Hat er in Cambridge studiert oder in Oxford? Öffnete sich »die wohlvertraute Tür« in der Baker Street nach innen oder nach außen? Wenn Holmes und Watson vor dem offenen Kamin meditierten, wer von beiden saß dann links, wer rechts? Hatte Mrs. Hudson nur diese zwei oder außer ihnen auch noch andere Mieter? Fragen über Fragen – allesamt noch der Lösung harrend. Das »Sherlock Holmes Journal«, vom verblichenen Marquis von Donegall begründet, zweimal jährlich erscheinend, »printed in Baskerville type«, scheut vor keiner Frage zurück, auch vor solchen nicht, die der Meister selber »Drei-Pfeifen-Probleme« nennen würde: also etwa der kürzlich diskutierten These, Holmes' Schweigen zum Fall Jack the Ripper sei nur damit zu erklären, daß er selber der Täter gewesen sei, oder der noch kühneren Behauptung, Holmes, ein Meister der Verstellung und Verkleidung, sei in Wahrheit eine Frau gewesen. Dies alles brauchte nicht zu sein, hätte sich Watson klarer ausgedrückt. Selbst in wichtigen Details der äußeren Erscheinung – etwa der Art der Kopfbedeckung oder der Form seiner Pfeife – wären wir auf reine Vermutungen angewiesen, hätte nicht Sidney Paget, Conan Doyles berühmter Illustrator aus den gemeinsamen Tagen beim »Strand Magazine«, für Klarheit gesorgt. Ihm verdanken wir die Kenntnis des zum Holmes-Emblem gewordenen Ensembles Shag-Pfeife, Havelock und Wildhüterkappe – letzterer übrigens, wie des Künstlers Tochter Winifred vor einigen Jahren in einem Leserbrief an die »Times« mitgeteilt hat, aus dem bloßen Grund, weil Papa Paget selber die Angewohnheit gehabt hatte, bei seinen Landpartien einen derartigen *deerstalker hat* zu tragen ...

Einiges also weiß die Sherlock-Holmes-Forschung mittlerweile, anderes (und das ist der bei weitem größere Teil) weiß sie nicht. Kein Wunder, daß sie laufend bemüht ist, gravierende Lücken mit allen Mitteln, selbst denen des Spiritismus, zu schließen.

Mein Aufenthalt in London neigt sich dem Ende zu. Wollte ich das Thema Sherlock Holmes auch nur einigermaßen erschöpfend behandeln, ich säße noch nach Monaten in den Bibliotheken. Und auch während dieser Monate, daran besteht nicht der geringste Zweifel, hätte die Holmes-Literatur wiederum Zuwachs bekommen – ich kenne kein Wissensgebiet, auf dem die Dinge so sehr im Fluß sind.

Und noch etwas: An keinen »toten« Adressaten langt so viel Post ein wie an den berühmten Untermieter aus der Baker Street 221 B, heute wie ehedem. Das haben sie davon, daß sie, in ihrem missionarischen Eifer, über die ganze Welt den Glauben verbreiten, ihr Idol habe wahrhaftig gelebt. Wie leicht verschwimmen dann die Dinge. Ist einmal die Schwelle von der Imagination zur Wirklichkeit überschritten, so ist auch der Sprung von der Vergangenheit zur Gegenwart nichts Unmögliches mehr. Wie war das doch mit diesem berühmten Detektiv aus der Baker Street, bei dem nicht nur Scotland Yard, sondern sogar Königshäuser und Ministerpräsidenten arbeiten ließen? Wann hat er gelebt? Oder lebt er sogar noch? Und amtiert? Ach was, ich schreib' ihm einfach. Die »dead letter section« des Londoner Hauptpostamtes weiß ein Lied davon zu singen. Und erst recht die Miss Lesley Whitson aus dem Public Relations Department der *Abbey National Building Society*, die von ihrem honorigen Unternehmen, dem heutigen »Inhaber« der Nr. 221 B, für die Bearbeitung der Sherlock-Holmes-Post freigestellt ist.

So amüsant ihr Job sein mag, er geht über ihre Kräfte. Um ihn auszufüllen, müßte sie – nun ja: ein zweiter Sherlock Holmes sein. Ihr Auftrag lautet: Jeder Brief hat Anspruch auf eine Antwort. Das ist die Abbey National – nun, wo sie sich einmal darauf eingelassen hat – ihrem Ansehen schuldig. Vielleicht, wer weiß, springt dabei auch der eine und andere neue Bausparvertrag heraus. Miss Whitson gibt sich also alle Mühe. Dem besorgten Schreiber aus Massachusetts, der Sherlock Holmes seine Kokainsucht vorhält und ihm dringend rät, von seinem Laster abzulassen, man sehe doch allenthalben, wo das hinführe, dankt sie in bewegten Worten, zugleich versichernd, die Einsicht des Alters habe Mister Holmes längst von seinen Jugendsünden abrücken lassen, selbst die Pfeife habe er radikal aufgegeben, das einzige, was er sich auf diesem Gebiet noch gönne, sei hie und da eine Prise Schnupftabak. Schwerer tut sich Miss Whitson mit den Hilferufen von Leuten, denen ihr Wellensittich entflogen ist: Wenn es nach ihr ginge, würde sie ihnen raten, sich einen neuen anzuschaffen. Aber natürlich erwartet man von ihr einen »holmesian hint« – etwas im Stil des »Meisters«. Und das ist nicht immer leicht – für ein junges Mädchen wie sie. Als daher mit der jüngsten Post auch eine dringende Anfrage nach dem Verbleib des Froschmanns Crabb eintraf, ereignete es sich das erstemal, daß Miss Whitson paßte: »Zu meinem größten Bedauern«, so schrieb sie zurück, »muß ich Ihnen die Mitteilung machen, daß Mister Holmes, so sehr ihn Ihre Anfrage ehrt, sich außerstande sieht, weitere Aufträge zu übernehmen. Mister Holmes hat sich unwiderruflich zur Ruhe gesetzt.«

Husum, Stormstadt ohne Bindestrich

Manöver haben klingende Namen: Barbarossa, Alpenrose, Wasserfall.

Als im Spätherbst 1968, sechs Jahre nach der großen Flut, alle einsatzfähigen Männer des Landkreises Eiderstedt zu einer Katastrophenschutzübung zusammengetrommelt wurden, taufte man das Unternehmen auf den Namen »Schimmelreiter«.

Der Schleswiger Lohnchauffeur, der mich durchs nordfriesische Deichland fährt, erhebt Theodor Storms Phantasiegeschöpf Hauke Haien sogar in den Rang einer historischen Figur: Es ist ihm nicht auszureden, daß es einen Deichgrafen dieses Namens realiter gegeben hat. Auch über den ominösen Pferdehandel weiß der gute Mann Authentisches zu berichten: Ein fahrender Zigeuner sei der Bieter gewesen, der Husumer Viehmarkt, einst weitum berühmt, Schauplatz der Transaktion. Daß der Hauke-Haien-Koog, um 1960 eingedeicht und Storm zu Ehren nach dessen populärster Gestalt benannt, in den Augen meines Gewährsmannes nur ein Werk des Schimmelreiters sein kann, versteht sich nach alledem von selbst. Würde die Geltung eines Schriftstellers danach bemessen werden, in welchem Umfang die Nachwelt seine Hervorbringungen für bare Münze nimmt, Gedachtes für Gelebtes, dem Dichter des »Schimmelreiters« wäre noch heute eine Spitzenposition gewiß. Eine Zeitlang war darüber schwer zu reden – noch bis herauf zur Mitte der siebziger Jahre. Storm, ein Exponent bürgerlicher Verinnerlichung, war ins literarische Ausgedinge abgeschoben. Heimatkunst. Man brauchte gar nicht erst Fontanes Schmähwort von der »das richtige Maß überschreitenden lokalpatriotischen Husumerei« zur Zeugenschaft zu bemühen – jede Identifikation mit dem Provinzpoeten aus dem deutschen Norden kam literarischem Selbstmord gleich. Zumindest im eigenen Lande. So holten sich die Husumer, unbeirrt am überlieferten Kult festhaltend, die Bestätigung für die Richtigkeit ihres Tuns von auswärts: Mit Genugtuung registrierten sie, wie eine ständig wachsende Zahl amerikanischer Germanisten zu örtlicher Beglaubigung ihrer Forschungen in die »graue Stadt am Meer« gereist kam; aus Fernost ward ihnen die Kunde, Storm, allein in Japan in über 200 Übersetzungen gegenwärtig, zähle zu den erklärten Lieblingen der dortigen Linksintellektuellen; selbst von Mao meinte man eines Tages zu wissen, er habe eine Schwäche für dessen Novellen; und als gar eine gelernte Sinologin in einem China-Vortrag vor den Hörern der Husumer Volkshochschule das Rätsel solch verspäteter Fernwirkung glaubhaft aufzulösen wußte: Landgewinnung und Landerhaltung, zentrale Motive im »Schimmelreiter«, zählten auch zu den dringendsten Problemen, mit denen sich das heutige China herumzuschlagen habe, schien die Zeit für ein neues Storm-Verständnis allmählich zu reifen. Sogar auch daheim in Deutschland. Und der eben noch als Idylliker verschrien war, sah sich plötzlich zum Sozialkritiker hochgejubelt: Die »Doppelgänger«-Novelle vom ehemaligen Zuchthäusler, der vergeblich versucht, mit ehrlicher Arbeit seinen ehrlichen Namen zurückzugewinnen, und »ohn' Erbarmen« von der »lieben Mitwelt« zu Tode gehetzt wird, erwies sich als idealer Filmstoff der Handke-Generation. Im Stormhaus zu Husum, Wasserreihe 31, dort wo der Dichter vierzehn Jahre seines Lebens zugebracht hat: Jahre, in denen »Pole Poppenspäler« und »Carsten Curator« entstanden sind, »Aquis submersus« und »Viola tricolor«, hat man, den Zweiflern zur Lehre, Standfotos aus dem Film ausgestellt: »John Glückstadt«,

Regie: Ulf Miehe. Auch eine neue »Schimmelreiter«-Verfilmung, hört man, soll kommen; die Vorreiter, die Szenerie zu erkunden, seien schon dagewesen.

Drüben, in einem der anderen Räume des wohlerhaltenen Althusumer Bürgerhauses, hängen die Bilder von 1933: Mathias Wieman und Marianne Hoppe, großdeutsches Pathos und kleindeutscher Heroismus, »unter dem Protektorat des Reichsbundes Volkstum und Heimat gedreht«.

»Blut- und bodenverbunden«, rühmten die »Husumer Nachrichten« vom 17. Januar 1934 die örtliche Erstaufführung, »ein Werk, das man zwei-, dreimal genießen könnte«. Die Landesbildstelle ist in den Tagen, da ich mich in Husum aufhalte, dabei, das Versprechen von damals einzulösen: Die Ortsgruppe einer der beiden Großparteien, darauf bedacht, ihren Mitgliedern wieder einmal einen stimmungsvollen Abend zu bereiten, hat Auftrag erteilt, eine Kopie der alten Ufa-Ballade heranzuschaffen. Die Nostalgiewelle macht's möglich.

Ich hörte nichts, aber immer deutlicher, wenn der halbe Mond ein karges Licht herabließ, glaubte ich eine dunkle Gestalt zu erkennen, und bald, da sie näher kam, sah ich es: sie saß auf einem Pferde, einem hochbeinigen hageren Schimmel, ein dunkler Mantel flatterte um ihre Schultern, und im Vorbeifliegen sahen mich zwei brennende Augen aus einem bleichen Antlitz an. Wer war das? Was wollte der? Und jetzt fiel mir bei, ich hatte keinen Hufschlag, kein Keuchen des Pferdes vernommen, und Roß und Reiter waren doch hart an mir vorbeigefahren.

Im Zug nach Husum studiere ich Prospekte und Reiseführer – es gilt Vorkehrungen zu treffen, daß mir die Tage hinterm Deich nicht gar zu eintönig geraten. Nichts gegen die herben Reize der toten Saison, auch spielt der »Schimmelreiter« an seinen entscheidenden Stellen in der Jahreszeit der bösen Stürme und Güsse – es wäre für einen Lokalaugenschein wie den meinen der blanke Unsinn, sich unter die sommerlichen Badegäste zu mengen und vom Strandkorb aus nach dem Teufelsspuk auf der Jevershallig Ausschau halten zu wollen: dem »Pferdsgerippe mit seinem weißen, langen Schädel«, dem der Mond in »seine leeren Augenhöhlen« scheint. Und doch: So ein Novemberaufenthalt an der Nordsee – das birgt Gefahren für Kurzweil und Zerstreuung. Ich sorge also vor, ersinne Zusatzprogramme: die Seehundbänke vor den Halligen, das Nolde-Haus zu Seebüll, die Prominentenchalets von Sylt. Lange Abende würden sich wohl in den Kneipen totschlagen lassen: bei Krabbensuppe und Grünkohl, bei Grog, Kümmel und Punsch. Und am Morgen reichlich schlafen – wann ist es denn hier um diese Zeit im Jahr schon wirklich hell?

Der Nebel drückt die Dächer schwer,
Und durch die Stille braust das Meer
Eintönig um die Stadt.

Doch einmal in Husum, sieht die Sache mit einem Schlag anders aus: Der Schimmelreiter begnügt sich nicht damit, daß man ihm rasch aus dem geschlossenen Wagen zuwinkt – so im Vorüberflitzen. Schon der erste Bummel durch die engen Straßen der Stadt belehrt mich darüber, daß ich mir für meine Mission Zeit zu nehmen habe: Storm ist abendfüllend. Jedes zweite Haus ein Stormhaus – das ist hier eine solche Selbstverständlichkeit, daß sie es gar nicht mehr mit Bindestrich schreiben. Stormhaus – *ein* Wort.

Nehmen Sie nur mein Beispiel: Ich wohne im Hotel »Zur grauen Stadt am Meer«; ein paar Häuser weiter, in der gleichen Straße, Schiffbrücke 16, steht das »Urgroßvaterhaus«, dort wo, an Frau Senator Feddersens Lehnstuhl kauernd und in »Pappes Hamburger Lesefrüchten« schmökernd, der kleine Theodor zum erstenmal der Sage vom »gespenstigen Reiter« begegnet; um die Ecke, Hohle Gasse 3, das Elternhaus des Dichters; schräg gegenüber der Schauplatz der Novelle »Die Söhne des Senators«; hinter meinem Quartier, am Markt, das Haus, wo am 14. September 1817 Storm zur Welt kam; dort wiederum vis-à-vis die »Apothekerecke«, wo Ann Grete, die Magd des Schimmelreiters, einmal die Woche ihre Butter feilbietet; unweit von da das Gymnasium, in dem noch heute jeden Montag Storms Gesangsverein seine Proben abhält; ein paar Nummern weiter eine der vielen Storm-Residenzen sowie das Pole-Poppenspäler-Haus; und wenige Schritte stadtauswärts, auf dem ehemaligen St.-Jürgen-Friedhof, des Dichters Grab. Kehre ich von dort auf kürzestem Weg zur Stadtmitte zurück, so komme ich am Restaurant Deichgraf vorüber, dessen Speisezettel mit einem Kinderteller »Pole Poppenspäler« (Bockwurst mit Kartoffelsalat) aufwartet; es folgt das Haus, in dem der junge Storm seine Rechtsanwaltspraxis unterhielt und die Novelle »Immensee« schrieb; und wenn ich mich ein wenig rechts halte, stehe ich auch schon im Schloßgarten, in dessen Hagebuchenalleen die Handlung von »Aquis submersus« einsetzt und hinter dessen Renaissancetor die stattliche Bronzebüste des Dichters ein für allemal klarstellt, wer hier der große Sohn der Stadt ist.

Allein in Husum hätte ich also, wollte ich sämtlichen Spuren Theodor Storms folgen, tagelang alle Hände voll zu tun, und wäre endlich mein Pensum bewältigt, so bliebe mir noch immer, was sich die hochbetagten Damen freilich aufs entschiedenste verbitten würden, den drei lebenden Storm-Enkelinnen meine Aufwartung zu machen, mich an einem Freitagabend im Guttemplerhaus der »Loge Theodor Storm« zuzugesellen, den Flohmarkt am Hafen, wo ich in der Eile nur ein Gesinde-Dienstbuch aus Storms Tagen erstehe, nach veritablen Stormiana durchzustöbern, in den Archiven der Storm-Gesellschaft jenes »Puppenspiel in drei Aufzügen« zu studieren, das vor einer Weile, »frei nach dem ›Schimmelreiter‹«, eine Husumer Schülerin als Jahresarbeit am Gymnasium abgeliefert hat, oder mich an jener exzentrischen Buchedition zu delektieren, die aus nichts weiter als den fünfzehn Zeilen des Gedichts »Die Stadt« besteht – in 22 verschiedenen Übertragungen und zehn verschiedenen Sprachen.

Ich bin kein Storm-Forscher, nicht einmal ein Storm-Kenner, ich kann mir also das meiste davon ersparen, ich habe nur so wie jeder andere meines Jahrgangs den »Schimmelreiter« gelesen, und ich fürchte: nicht einmal aus freien Stücken, sondern im Deutschunterricht. Aber es ist trotzdem genug davon geblieben, mir an Ort und Stelle Appetit auf die Originalatmosphäre zu machen, Appetit darauf, ein bißchen von dem unheimlichen Schauder aus lang vergangenen Kindheitstagen aufzufrischen, mich der »wüsten Dämmerung, die Himmel und Erde nicht unterscheiden ließ«, auszusetzen, den »zerstreut aus dem Kooge heraufschimmernden Lichtern«, dem »Klatschen des Wassers«, dem »Geschrei der Strandvögel« und der »weiten Öde des Deiches«, das Verlangen danach, die hohe Werfte zum »langgestreckten Haus des Deichgrafen« hinaufzusteigen, im »Krug« droben auf der Geest Einkehr zu halten, in die Wehle, die die Sturmflut ins Marschland gerissen hat, hinabzublicken – kurz: wie der junge Hauke Haien »mit den Bildern der Einsamkeit zu verkehren«.

Seit sie jenen Brief vom 10. Februar 1885 entdeckt haben, mit dem Theodor Storm im Zuge seiner Vorarbeiten für die »Deichnovelle« bei dem ihm befreundeten Provinzial-Bauinspektor Christian Eckermann in Heide um Überlassung einer »kleinen, nur ganz flüchtigen Skizze der Landteile von Nordstrand, Husum, Simonsberg« bat, »wie es eben vor der

Schimmelreiter-Ambiente in Nordfriesland.

großen Flut von anno 1634 war«, ist es nicht nur einfach, sondern auch legitim geworden, die Schimmelreiter-Landschaft recht genau zu lokalisieren: Es ist die Gegend um den Neuen Hattstedter Koog. Deich und Vorland, Werfte und Wehle, Kirche und Wirtshaus, der Dorffriedhof und die nahe Stadt – die Übereinstimmung von Dichtung und Realität geht auch heute noch, über 100 Jahre nach Erscheinen des »Schimmelreiters«, bis in manches erstaunliche Detail, und die Husumer Storm-Forscher sind nicht von der verstiegenen Art, derlei offen zutage liegende Bezüge – der Dichter selber spricht von »Perpendikelanstößen« – in einem Dunst aus Intuition und Überhöhung zu vernebeln. Sie nennen es zwar behutsam »Rohmaterial«, aber sie sehen mit Recht keinen Grund, dieses »Rohmaterial« nicht doch vor dem Storm-Pilger auszubreiten. Ja, Dr. L., Seele der lokalen Stormpflege und Deutschlehrer am Gymnasium, legt sogar seinen ganzen Ehrgeiz darein, mir nicht nur die besten Ausblicke aufs Wattenmeer zu verschaffen, mich nicht nur in die Geheimnisse der Deichbaukunst einzuweihen und in die Tücken jener Terminologie, die schon Storm auf verlegerisches Anraten dazu veranlaßten, seinem Novellentext ein »dictionnaire« anzuschließen, mich nicht nur zum Kümmelpunsch in den Sterdebüller »Schimmelreiterkrug« einzuladen, dessen Gästebuch ein einziger Storm-Zitatenschatz ist – nein, er hat sich obendrein in den Kopf gesetzt, mir einen echten Deichgrafen zu präsentieren. Auf einer der sogenannten Katastrophenstraßen, die der Staat nach der furchtbaren Sturmflut von 1962 an sämtlichen Binnendeichen Nordfrieslands gebaut hat, bald auch gefolgt von Bunkeranlagen auf den Halligen, steuern wir auf den Cecilienkoog zu. Hier residiert auf seinem Gutshof Deichgraf Otto Ehlers – der schöne alte Titel ist auch heute noch in Gebrauch. Mit seinem akkurat eingedeichten Ackerland und seiner hochrationalisierten Schweinezucht ist er einer der reichsten Bauern der Gegend, als »Schimmelreiter«, der seine Inspektionsausritte – sofern nicht sowieso mit Telefonieren auszukommen ist – längst nicht mehr zu Pferde, sondern mit dem Auto absolviert, Herr über zwei Deichvögte und sechs Deichgänger. Ein Mann, dem zuzutrauen ist, daß er, wenn es ernst wird, nicht die Nerven verliert.

Drüben in Hattstedt, auf dem »Begräbnisplatz um die Kirche«, habe ich am Vortag die Gräber seiner Vorgänger gesehen, darunter auch das jenes Johann Iwersen Schmidt, der zu Storms Lebzeiten im Schimmelreiter-Revier das verantwortungsvolle Amt versah. Sicher sind auch Züge dieses Mannes in die »überlebensgroße« Gestalt jenes Hauke Haien mit eingeflossen, den Storm an den Naturgewalten, an der Mediokrität seiner Umwelt und an seiner eigenen Vermessenheit scheitern läßt – man denke nur etwa an Iwersen Schmidts Todesart: Er stürzte vom Pferd und ertrank. Dreimal lese ich den gleichen Namen auf den Grabsteinen: Vater, Sohn und Enkel – drei Generationen von Deichgrafen. »De kloke Mann is nu vergahn / Gott gäw' em selig Uperstahn.«

Von der Hofstelle des Deichgrafen, etwa fünf- bis sechshundert Schritte weiter nordwärts, sah man, wenn man auf dem Deiche stand, ein paar tausend Schritt ins Wattenmeer hinaus und etwas weiter von dem gegenüberliegenden Marschufer entfernt eine kleine Hallig, die sie Jeverssand, auch Jevershallig nannten. Von den derzeitigen Großvätern war sie noch zur Schafweide benutzt worden, denn Gras war damals noch darauf gewachsen; aber auch das hatte aufgehört, weil die niedrige Hallig ein paarmal, und just im Hochsommer, unter Seewasser gekommen und der Graswuchs dadurch verkümmert und auch zur Schafweide unnutzbar geworden war. So kam es denn, daß außer von Möwen und den andern Vögeln, die am Strand fliegen, und etwa einmal von einem Fisch-

adler, dort kein Besuch mehr stattfand; und an mondhellen Abenden sah man vom Deiche aus nur die Nebeldünste leichter oder schwerer darüber hinziehen. Ein paar weißgebleichte Knochengerüste ertrunkener Schafe und das Gerippe eines Pferdes, von dem freilich niemand begriff, wie es dort hingekommen sei, wollte man, wenn der Mond von Osten auf die Hallig schien, dort auch erkennen können.

So schildert der Erzähler im »Schimmelreiter« jenes geheimnisvolle Fleckchen Land, auf dem eines Tages »zu Ende März nach Feierabend« Iven Johns, der Knecht des Deichgrafen, eine »lebendige Kreatur« erblickt: »ein Pferd, ein Schimmel –, das muß der Teufel reiten – wie kommt ein Pferd nach Jevershallig?« Tags darauf rudert Carsten, Hauke Haiens Dienstjunge, mit dem Boot zur Hallig hinüber, um das schaurige Rätsel zu lösen, doch er kehrt unverrichteter Dinge zurück: »Von hier aus geht's wie lebig, und drüben liegen nur die Knochen – das ist mehr, als du und ich begreifen können.«

Eine Lösung des Schimmelreiterrätsels ist auch von mir nicht zu erwarten: Die Jevershallig ist vorzeiten im Gefolge einer großen Sturmflut verschwunden – und mit ihr das »weiße Pferdsgerippe«. Der Aberglaube, in der gespenstischen Einsamkeit der Halligwelt fester verwurzelt als irgendwo sonst, hat sich andere Objekte gesucht. Pastor Thiele, der »Halligen-Pfarrer«, will sich freilich nicht darüber auslassen, welche. Vierzig Jahre hat er seine Pfarrkinder auf den Inselchen der Husumer Bucht betreut, mit dem Boot von Predigtstelle zu Predigtstelle segelnd, dabei sorgsam den Wechsel der Gezeiten einkalkulierend – er mag auch heute, da er sich längst in den Ruhestand zurückgezogen hat, von jenen kleinen Bollwerken aus Spökenkiekertum und Zweitem Gesicht, gegen die seine frommen Lehren nur wenig auszurichten vermochten, nichts nach außen dringen lassen. Die alten Aufnahmen, die er hervorkramt, könnten Familienfotos sein: zwölf, fünfzehn, zwanzig Leutchen. Dabei ist es für gewöhnlich die komplette Bevölkerung. Auf der Hallig Oland, wo sein Pastorat stand, sind es bis heute nicht mehr als 47; die Schulliste verzeichnet elf Kinder in acht Jahrgängen – da ist es klar, daß man zusammenhält. Und daß man durchaus nicht heilfroh, sondern im Gegenteil verzweifelt ist, wenn man bei Sturmflut nicht unter den Seinen weilt, sondern drüben auf dem Festland – so wie er in jenem Februar 1962, da er zum Bischof nach Flensburg gerufen worden war, während daheim, über Nacht, die Katastrophe hereinbrach. Den Wasserstand von damals kann man noch heute an seinem Bücherschrank ablesen: Die Senkstoffe vom Meer haben sich in der Politur festgesetzt – das geht nie mehr weg. Und das soll es auch gar nicht: So bleibt der »Halligen-Pfarrer« auch als Pensionist noch mit seinen Schäflein von einst verbunden.

Es gäbe vielleicht noch eine zweite Möglichkeit für den alten Herrn, aus der Ferne den Kontakt mit seinem geliebten Oland aufzufrischen: wenn sie im Kino noch einmal die »Unsterbliche Geliebte« zeigten. Eine der vielen Storm-Verfilmungen früherer Jahre, die Novelle »Aquis submersus« verbirgt sich dahinter, die Sache wurde auf Oland gedreht. Schomberg und Söderbaum – Pastor Thiele hatte das Künstlervolk damals tagelang im Haus. Doch es waren beschwerliche Tage für ihn – in jeder Hinsicht: Die Hallig war noch nicht an die Festlandelektrizität angeschlossen, dann all die Hysterie des Filmbetriebs, und schließlich (man hatte ihn das Skript lesen lassen) das Unbehagen des Theologen an der schiefen Moral des Drehbuchs. Nein, er hat sich den Film schon damals nicht angesehen, und er würde es heute erst recht nicht tun. Kino – das ist nichts für ihn. Nichts für einen Halligen-Pfarrer. Und nichts für einen, der Storm vor allem in seinen Gedichten liebt. Was kann ihm da ein Harlan-Film bedeuten? Da hält sich Pastor Thiele schon lieber ans Gedruckte – wo doch gerade das Thema Storm erschöpfend wie kein zweites behandelt worden ist: Nichts, was es nicht gäbe. Wie zum Beweis dafür erhebt er sich aus seinem Lehnstuhl, tritt an den Bücherschrank und fängt zu suchen an. Der alte Herr scheint etwas ganz Bestimmtes im Auge zu haben; schließlich, unter den broschierten Sachen, findet er es, er schlägt das Titelblatt auf, triumphierend streckt er es mir entgegen: »Theodor Storm und das evangelische Pfarrhaus«. Wahrhaftig, Storm ist abendfüllend.

»Dignität und Dekor« rund um die Strudlhofstiege

Es hat jede Affär' ihren Hintergrund, ihr Milieu: die Kulissen stimmen unsagbar gut zu dem, was gespielt wird.

»Hier ein Zimmer haben, ganz einsam... und ein Tagebuch führen...« Wie gut kann ich den Dichter verstehen! Und wie sehr ist dieser Wunsch in diesen Tagen auch der meine geworden! Ich treffe also alle Anstalten, ihn mir wenigstens für ein paar Tage zu erfüllen, und mobilisiere Freunde und Bekannte, Hausmeisterinnen und Makler; zuletzt erwäge ich sogar die Einrückung eines Inserats. So schön stelle ich mir das vor: Ich sehe mich schon an einem der Fenster der vornehmen Strudlhofgasse oder der ihr benachbarten Pasteurgasse Posten beziehen, mich über die Brüstung eines Balkons beugen, den Ausblick auf die Stiege genießen und über alle Vorgänge auf dieser »Lebensbühne« Protokoll führen.

Es ist eine Sackgasse, und der Abschnitt, der für mein Unternehmen in Frage kommt, ist auch davon wiederum nur ein kurzes Stück, keine zehn Hausnummern. Aslan, König der Schauspieler, hat hier gelebt; eine Tafel am Portal erinnert daran. Ucicky, der Filmmann, hat hier seine Klimt-Sammlung zusammengetragen; der berühmte Sezessionist war sein Vater. Die Initialen der Musikerin Isolde A. lese ich an einem der Klingelbretter – könnte der Rufname einer Cembalistin treffender gewählt sein? Der greise Kirchenfürst der Magyaren, über seinen Erinnerungen grübelnd, hatte, hier ums Eck, sein Exil aufgeschlagen; die Nachbarn sahen den Menschenscheuen zuweilen, den roten Kardinalshut auf dem Kopf, im Garten auf und ab gehen. Das Palais, dessen Park vor der Abholzung die Stiege immergrün säumte, wurde zum »Sperrgebiet« erklärt, sooft die Amerikaner darin ihre Abrüstungsstrategen einquartierten.

»Seltsam genug«, sagt Doderer in den Tagebüchern, »von Südamerika bis Konstantinopel: Viele einzelne Personen, sobald sie nur ganz hervortreten, erweisen sich da als durch sehr konkrete Bezüge mit jener alten Stiege verknüpft, die zu einer terrassenförmigen Bühne dramatischen Lebens wird.« Ich gestehe, daß mir diese Kupplerfunktion der Strudlhofstiege, so kunstvoll vom Autor all die Auftritte auch inszeniert sind, immer etwas outriert vorkam. Jetzt, wo ich, »an allen Ecken inspizierend«, dem Terrain auf so manches seiner Mysterien komme, fange ich an, darüber anders zu denken. Neue, nicht minder geheimnisvolle Beziehungen tun sich auf. Kann ich, beispielsweise, so einfach darüber hinwegsehen, daß sich einen Steinwurf vom Office der Atomabrüster entfernt, gerade nur über die Gasse, das Institut für Radiumforschung befindet? Und ist wirklich weiter am Walten eines Genius loci zu zweifeln, wenn ich sehe, daß der Nachbar der Pazmanischen Kollegienstiftung, in deren Bel Etage sich jener entmachtete Budapester Kirchenfürst vor der Welt versteckt hielt, die amerikanische Botschaft ist? Dabei gehe ich gar nicht so weit, den im Vorfeld der Stiege Düsterkeit verbreitenden Holzbau der Heilsarmee in meine Erwägungen mit einzubeziehen, der während des Krieges eines der Domizile der SS gewesen ist.

Immerhin kann es nun keine Frage mehr sein, daß ich mir den Gedanken, hier Quartier zu beziehen, aus dem Kopf zu schlagen habe. Die Polizei, die Tag und Nacht mit verstärkten Patrouillen das Stiegenviertel im Auge behält, müßte unweigerlich jeder Zimmerwirtin, die mich kurzfristig aufnähme, mit peinlichen Nachforschungen über meine Person zur Last fallen. Ein potentieller Botschaftsattentäter oder ein zu allem entschlossener Pazifist – eines von diesen müßte ich in den Augen der Behörde wohl sein.

Selbst ein Kaffeehausfensterplatz als Beobachtungsposten scheidet aus; während es überall in dieser Stadt bis in den letzten Winkel von Cafés und Espressi wimmelt, von Branntweinstuben und Beiseln – hier, im Umkreis der Stiege, ist gastronomisches Notstandsgebiet. Das Café Brioni und das Wirtshaus »Zur Flucht nach Ägypten«, wichtige Lokalitäten der Romanhandlung, stehen zwar nach wie vor in Blüte, und selbstverständlich mache ich ihnen meine Aufwartung, aber beide, obwohl bequem zu Fuß zu erreichen, bieten keinen Ausblick auf das Orakel vom Alsergrund, auf den »Nabel der Welt«, auf Doderers »Hain des Genius loci«, »träufend und glitzernd von Beziehungsreichtum«.

Ich wickele also mein Unternehmen nicht stationär ab, sondern streiche um die Strudlhofstiege herum. »Susi und Peter« – lese ich in kindlicher Denunziantenhandschrift auf halber Höhe: sicherlich keine Doderer-Pilger, die sich hier verewigt haben. Der Denkmalpfleger drinnen im Rathaus, dessen noble Art mich entfernt an jenen Johann Theodor Jaeger erinnert, Erbauer der Stiege, den der Dichter einen »feingebildeten Mann« nennt, einen über sich selbst hinausgewachsenen Ingenieur und Humanisten, berichtet mir zwar, gelinde amüsiert, von allerlei ihm zu Ohren gekommener lokaler Idolatrie: von Schulklassen, die ihre Deutschstunde an der Stiege absolviert hätten – ich versuche mir die Stufen als Schulbänke, die Rampen als Katheder vorzustellen –, von der deutschen Gymnasiastengruppe, die den berühmten Romanschauplatz zum Ziel ihrer Maturareise erkoren habe und, am Ziel angelangt, sogleich in rauschhaftes Zitieren verfallen sei, und von der – ebenfalls deutschen – Volkshochschule, die bei ihrer Stadtrundfahrt, sowie diese den einschlägigen neunten Gemeindebezirk erreichte, auf zwei Draufgaben bestanden habe: dem Freud-Museum und der Strudlhofstiege; aber ich selbst sehe mich in den Tagen meiner Recherchen allein mit meinen Aktivitäten. »Die Stiegen brachten es ... wieder einmal fertig, vollends verlassen zu sein.«

Freilich, in einer Stadt von der Größe Wiens verlaufen sich wohl auch die Doderer-Wallfahrer – und wären sie in noch so großer Zahl zugange.

»Diese Gegend ist für mich immer etwas Besonderes gewesen.«

»Ich halte dieses Viertel hier für das geistigste von Wien.«

»Oft wirkt es schon, wenn ich nur an diese Gegend hier denke. An die Strudlhofstiege zum Beispiel. Das ist eine ganz geheimnisvolle Stelle.«

Ich starte bei dem Haus Währinger Straße Nr. 50, in dem der Dichter, endlich der Gegend seiner Träume nahe, bis zum Vorweihnachtstag des Jahres 1966 sein letztes Lebensdezennium verbracht hat und wo zuzeiten immer noch das Telefon läutet: Verehrer, die es sich in den Kopf gesetzt haben, in Begleitung der Witwe zur Stiege zu pilgern, zum Ehrengrab auf dem Grinzinger Friedhof oder zum Doderer-Stammtisch im Gasthaus »Zur Stadt Paris«. Für sie selbst, darin minder sentimental als mancher Leser, sind es nicht nur Gänge der Erinnerung, an die Stiege denkend, »ganz in der Art, wie man an einen Menschen denkt«, sondern auch hausfraulich besorgte Nachschau – so, wie eine gute Femme ménagère ihre Wirtschaft in Ordnung hält. Als sie eines Abends, erzählt sie, die Ampeln, welche die »hohen Kandelaber auf ihren schlanken gegitterten Masten« krönen, von Lausbubenhand zertrümmert fand, war ihr erster Weg der zur nächsten Polizeiwachstube, Meldung zu erstatten von dem fatalen Frevel.

Ich gehe stadteinwärts durch die Währinger Straße, ein paar Schritte zurück bis zu jenem unansehnlichen Amtsbau, in dem die »Bezirksvorstehung Alsergrund« ihr Heimatmuseum unterhält und wo die Möbel aus Doderers letztem Arbeitszimmer, seine Totenmaske, die legendären Reißbretter, auf denen er die Komposition seiner Romane in ein wunderliches Koordinatensystem aus vielfarbigem Gekritzel zu bringen die Gewohnheit hatte, Pfeil und Bogen und andere persönliche Habe sich zum Doderer-Gedenkzimmer gruppiert haben, und biege dort, schräg vis-à-vis, in die Strudlhofgasse ein, in deren Umkreis sich bis gegen Ende des 18. Jahrhunderts der Ansitz jenes kaiserlichen Hof- und Kammermalers Peter von Strudel befand, der dann auch der 120 Jahre später errichteten Treppenanlage ihren Namen gab. Es ist das Viertel der naturwissenschaftlichen Universitätsinstitute; nicht weit von hier wurde Schubert geboren, nicht weit von hier haben Lenau und Bruckner gelebt, nicht weit von hier sind Beethoven und Hebbel gestorben, nicht weit von hier haben van Swieten und Lise Meitner gelehrt. Der Kustos des Bezirksmuseums, der nur ehrlicher ist als andere Leute, wenn er in verschmitzter Anspielung auf die gravitätische Weitschweifigkeit von Doderers Schreibe das Scherzwort von der »Strudlteigstiege« in den Mund nimmt, sagt nichts anderes als der Dichter selber, wenn er in seinem heimatkundlichen Mitteilungsblättchen von dem »Revier mit der höchsten Intelligenzquote der Stadt« spricht.

Ich nähere mich der Boltzmanngasse (die in der »Strudlhofstiege« zunächst noch Waisenhausgasse heißt), ich passiere die lange Gartenmauer des Diözesan-Alumnats, die von Demonstranten so gern für ihre antiamerikanischen Parolen mißbraucht wird und entsprechend häufig den Verputz wechselt, lasse meinen Blick noch einmal die Fenster der ehemaligen Fünfzimmersuite des hohen geistlichen Emigranten entlangwandern (»Die typische Wiener Haus-

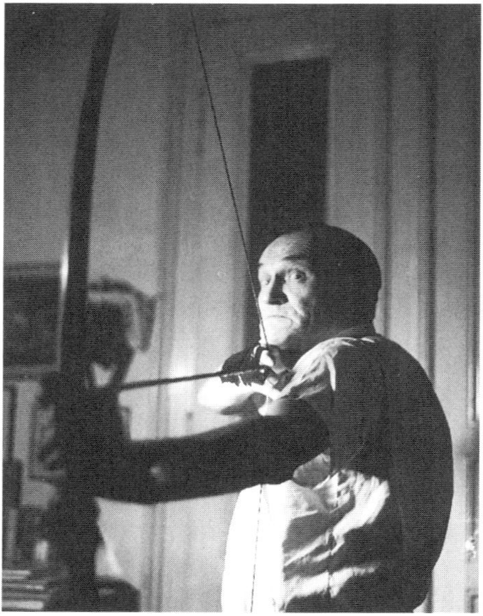

Heimito von Doderer mit Pfeil und Bogen in seiner Wohnung nahe der Strudlhofstiege.

herrenwohnung. Sie erkennen sie an den schönen Gardinen!«) und registriere summarisch das am unteren Ende der Gasse sich ansammelnde Kleingewerbe: Automatenaufsteller, Kinderkleidervermittler, Salzmandelerzeuger. Dann rasch über die große Straßenkreuzung ein paar Schritte in das alte Stadtviertel Lichtental. Das Haus »Zum blauen Einhorn«, das bei Doderer eine so wichtige Rolle spielt, steht zwar nicht mehr und ist durch einen Neubau ersetzt, aber der Abstecher erweist sich dennoch als sinnvoll: Gleich gegenüber, auf der anderen Seite der Liechtensteinstraße, klettert die Himmelpfortstiege den Abhang zur Nußdorfer

Straße hinauf, und was ich da nun auf einen Blick an banaler neuer Zweckarchitektur sehe, wird mir später, so weiß ich sofort, als Einstimmung auf die Strudlhofstiege noch von großem Nutzen sein. Mit wie erbärmlich prosaischen Mitteln ist hier genau der gleichen Funktion Genüge getan wie weiter drüben: der fußgängerischen Überwindung beträchtlichen Straßenniveauunterschieds auf engstem Raum. Dies hier, in der Tat, ist jene »Hühnerleiter formloser Zwecke«, von der der Dichter mit so viel Emphase seine »terrassenförmige Bühne dramatischen Lebens« abhebt: »mehr als eine Verbindung zweier Punkte, deren einen man verläßt, um den anderen zu erreichen, sondern eigenen Wesens ... sich dem Schritt des Schicksals vorzubereiten.«

Ich gehe die Liechtensteinstraße zurück, überreif nun für die Strudlhofstiege, bereite rasch noch – im Geist – dem hochmütigen Dehio, der dieses Jugendstiljuwel aus dem Jahr 1910 als unter seiner Würde ignoriert, ein Autodafé und stürme sodann die Treppen und Rampen, als hätte der Dichter ihrem Benützer nicht ausdrücklich zur Auflage gemacht, sich hier ganz im Gegenteil »würdig und ausholend« zu bewegen, »fast lautlos auf den leichtesten Sohlen« und »ausführlich« und »kadenziert« zu »schreiten«. Ist es denn wieder nur Zufall oder eben doch das geheimnisvolle Wirken des genius loci, daß sich im Souterrain eines der Häuser gleich um die Ecke ausgerechnet ein Institut für Eurhythmie etabliert hat, das seine Klientel in der längst versunken geglaubten Kunst des ebenmäßigen Schreitens unterweist?

Was weiß ein prädestinierter Ingenieur von einem genius loci?! Er wird ihn höchstens überall austreiben mit seinen Anstalten. Nicht aber ihn entdecken, wie Jaeger das hier vermocht hat, und eine Ode mit vier Strophen auf ihn dichten in Gestalt einer Treppenanlage. Das kann nur ein Humanist.

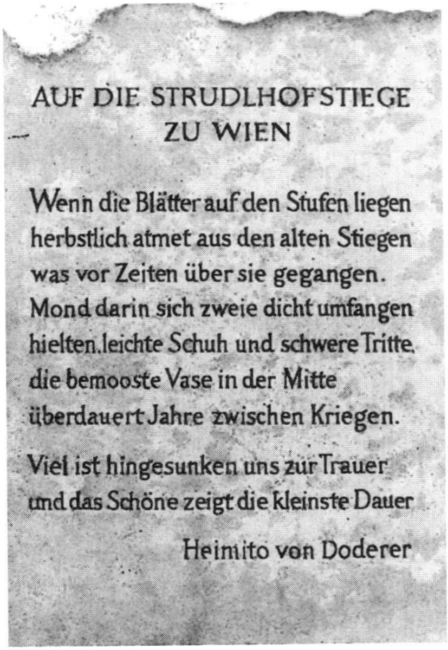

»Strophengeteilt wie ein Gedicht«: die Strudlhofstiege in Wien-Alsergrund (hier die Doderer-Gedenktafel).

Die Stiege, »strophengeteilt wie ein Gedicht« – haben die Verse dieses Gedichts noch den nämlichen Klang? Bevor ich meinen Erkundungsgang antrat, hatte ich mir eingeschärft: Sei nicht zimperlich, sei nicht wehleidig, widersteh der Versuchung, wegen jedes verrückten Steines, wegen jedes gefällten Baumes gleich die »lokale Gottheit« dieser »Wiener Örtlichkeit« anzurufen. Ein Vorsatz, der nicht einzuhalten ist.

Der Hang, der dem Werk den ihm kongenialen Rahmen gab: brutal abgeholzt. Der Platz davor: zugebaut. Die Stiege selbst: unangetastet. Aber wird sie es auch immer bleiben? Der hellgraue Stein, das dunkelgrüne Geländer, die Kandelaber und Spaliere, Stufe und Rampe, Brunnen und Vase, Busch und Baum – alles ist gut in Schuß, vermehrt noch um die Tafel neben dem steinernen Fischmaul, die man nach des Dichters Tod angebracht hat und die jenen Neunzeiler wiederholt, der dem großen Roman als Motto vorauseilt. Aber das Mißtrauen ist ein für allemal da, seit die »Dryade der Stiege« die Faust im Nacken zu spüren bekommen hat. Hätte man für den neuen Hotelklotz wirklich keinen anderen Platz finden können? Da war plötzlich mit verdächtiger Promptheit die Böschung ins Rutschen geraten, der schräge Baumwuchs über Nacht zur öffentlichen Gefahr geworden – man kennt das von anderswoher, und das stille Einverständnis eventueller Kritiker glaubte man sich mit dem Angebot erlisten zu können, man werde das Objekt großzügig um ein Doderer-Denkmal bereichern, wie wenn neben dem Original, das in seiner Naturbelassenheit doch ein einziges Doderer-Denkmal ist und zugleich das einzig denkbare und würdige, sich nicht jedes Surrogat wie eine Karikatur ausnehmen müßte!

Die Experten für Stadtbildpflege, mit denen ich mich über den »Fall« unterhalte, haben das plumpe Ansinnen denn auch entschieden zurückgewiesen. Zugleich erfahre ich aber, wie knapp der Spielraum bemessen ist, innerhalb dessen diese ewig gedemütigten Männer Initiative entwikkeln können. Die Strudlhofstiege steht als öffentliches Bauwerk automatisch unter Denkmalschutz. Aber das tut auch jede Straßenbahnremise, jede Parktoilette. Und in der Amtssprache der Katasterverwaltung ist die ganze kunstvolle Anlage ohnedies nichts weiter als eine »öffentliche Verkehrsfläche«.

Dr. K., der das Gespräch mit mir führt, entzieht sich, für seine Person, freilich entschieden solcher magistratischen

Sprachregelung: Für ihn ist die Strudlhofstiege, ganz im Sinne des Dichters, eine Lebensbühne, deren zweiflügeliger unterster Absatz übrigens den Theatergeher auch an den barocken Bühnenaufbau im Redoutensaal erinnern mag, drüben in der kaiserlichen Hofburg. Und in Heimito von Doderers Laudatio auf diese architektonische Sternstunde, die K. nicht von ungefähr zu einer Studie über »Baedekerschreibende Dichter« angeregt hat, sieht er, sein Wort in Gottes Ohr, eine Pflichtlektüre für Stadtplaner.

Der Meister der Stiegen hat ein Stückchen unserer millionenfachen Wege in der Großstadt herausgegriffen und uns gezeigt, was in jedem Meter davon steckt an Dignität und Dekor.

Als, vor Erscheinen der Erstausgabe, der Verlag die »Strudlhofstiege« ankündigte, gab es eine Reihe von Rückfragen, wo denn dieser »Heimatroman« etwa einzuordnen sei, mehr bei Anzengruber oder mehr bei Waggerl. Das Lektorat riet daraufhin dem Autor dringend zu einem literarisierenden Untertitel. Einen solchen Untertitel wünschte man der Strudlhofstiege auch in den im Handel befindlichen Wien-Führern. Aber noch ist es nicht soweit. Noch ist diese »Brücke zwischen zwei Reichen« lediglich »öffentliche Verkehrsfläche«, und noch haben auch die Tabaktrafiken und Papierhandlungen rundum neben so vielem Belanglosen keine Ansichtskarte der Stiege in ihrem Sortiment.

Erliege ich der Versuchung, den Meßtisch des Topographen mit dem Reliquienschrein des Wallfahrers zu verwechseln? Die junge Doderer-Dissertantin, die ich im Germanistischen Institut hinter der Oper aufsuche, wo sie mir, zwischen Auskünften an Proseminaristen und Handreichungen für den Professor, von ihrer Begegnung mit dem Dichter erzählt (er saß als Zuhörer in einer dem Thema Doderer gewidmeten Vorlesung), weist mich sanft in die Schranken. Ihr fällt ein vor geraumer Zeit erschienener Aufsatz ein, dessen Verfasser sich dazu verstiegen habe, sogar jenen Naphthalin-, Penaten- und Lavendelgerüchen nachzuschnuppern, die in der »Strudlhofstiege« die Luft ganz bestimmter Örtlichkeiten anreichern. Ich versichere ihr, daß meine Aktivitäten solchen Ehrgeiz nicht kennten – und wüßte sie doch durch den Dichter selbst legitimiert, der, wie der Kenner weiß, so manchen Tag in der Stadtbibliothek damit zubrachte, jedes kleinste Romanpartikel an der historischen Realität zu prüfen und beispielsweise die Wetterangaben in seinem Manuskript peinlich genau auf die authentischen meteorologischen Berichte abzustimmen, die er in den Zeitungsbänden der betreffenden Jahre fand. Fräulein Dr. F. hat in ihrer Doktorarbeit über die Entstehungsgeschichte der »Stiege« über die diesbezüglichen Neigungen des Autors erschöpfend referiert.

Ich entschließe mich, die 400 Seiten Genesis, Frucht dreijähriger Datenverarbeitung, zu häuslicher Lektüre mitzunehmen; die »Stiege« soll mir gern auch ein philologisches Wochenende wert sein. Spätestens an der Stelle, wo ich – auf die Minute genau, mit Angabe von Tag und Stunde – lese, wann der Dichter das fertige Manuskript aus der Hand gelegt hat und wie das von ihm verwendete Papier beschaffen war, ist mein inneres Gleichgewicht wiederhergestellt. Nichts und niemand kann mich nun noch davon abhalten, zur Strudlhofstiege zurückzukehren, »des Brunnens Selbstgespräch zu lauschen«, seinem »Gewäsch und Getratsche«. Ich messe ja weder den Druck des Wasserstrahls, noch zähle ich die Tropfen. Ich bin nur einfach gern hier.

DER ENGEL VON HENDERSONVILLE

Schau heimwärts, Thomas Wolfe!

Er nahm ein Musterbuch vom Schreibtisch und blätterte; es zeigte bescheidene Grabmale aus Georgia-Marmor und Vermont-Granit.

»Nein«, sagte sie ungeduldig, »an so was dachte ich nicht. Ich weiß, was ich will.«

Er sah erstaunt auf. »Und das wäre?« »Den Engel draußen am Eingang.«

Er war betroffen. Er wollte nicht. Er biß sich die Lippen. Kein Mensch wußte, wie er an dem Engel hing.

Vor den Leuten nannte er ihn seinen »Weißen Elefanten« und verwünschte den Tag, an dem er ihn gekauft hatte. Sechs Jahre nun stand der Engel auf der Veranda, Wind und Wetter hatten ihm zugesetzt, er war verschmutzt. Aber er war aus Carrara in Italien gekommen. Und hielt eine steinerne Lilie in der Hand. Und die andere Hand hatte er segnend hochgehoben. Und die ganze Gestalt schwebte plump auf dem Zehenballen des einen schwindsüchtigen Fußes.

Wenn ihn gerade die Wut packte, dann schimpfte Gant oft furchtbar über den Engel: »Du hast mich ins Elend gestürzt, ruiniert hast du mich, du bist der Fluch, der auf meinem schwindenden Leben lastet. Und nun willst du mich erdrükken, entsetzlicher Quälgeist, du schreckhaftes, du grausames, du unnatürliches Ungeheuer!

Dann wieder, wenn er besoffen war, fiel er vor dem Engel auf die Knie, nannte ihn Cynthia und flehte ihn an um Liebe, um Vergebung, um seinen Segen. Und Gelächter schallte vom Stadtplatz.

»Wie steht's damit?« fragte Elizabeth. »Wollen Sie ihn nicht verkaufen?«

»Er wird Sie eine schöne Stange Geld kosten«, sagte Gant ausweichend.

»Das macht nichts«, sagte sie bestimmt. »Ich hab's ja. Wieviel ist's?«

Er schwieg. Er dachte an den Platz, den der Engel einnahm. Es gab nichts, diesen Platz wieder auszufüllen, das wußte er. Wenn dieser Engel ging, würde ein erloschener Krater in seinem Herzen sein.

Jedesmal, wenn wir wieder auf offener Strecke sind, wenn keine Kreuzungen und Zubringer, keine Einordnungspfeile und Ampeln ihre verstärkte Aufmerksamkeit erfordern und Myra Champion (»Please, call me Myra!«) sich entspannt in ihrem Fahrersitz zurücklehnt, läßt sie es zu, daß ich sie wegen des Engels ins Verhör nehme. »So, Darling, schießen Sie los.« Dann hellt sich ihr kleines Gesicht vorübergehend auf, und mit der zarten Gestalt der energischen alten Dame geht eine seltsame Verwandlung vor sich. Der strenge Knoten aus weißblondem Greisenhaar scheint sich zur locker herabfallenden Goldmähne zu lösen, die krampfhaft das Lenkrad umklammernden Hände erheben sich zu segnend-beschwörenden Gebärden, und es würde mich nicht wundern, wenn ihr in diesem Augenblick auch noch Flügel aus den Schulterblättern wüchsen. Es sind die Momente, in denen sie sich erinnert, wie das damals war – damals, als sie, Myra Champion, den Engel fand. 25 Jahre ist es nun her. Ja, 1949. Hier in Hendersonville. »Noch 20 Minuten«, sagt sie, »und wir sind da. Ich bin gespannt, was Sie sagen werden.«

Natürlich geht mit ihrem Haar nicht die kleinste Veränderung vor sich, keine Spur von Flügelwachstum, und auch Myras Hände, wenn man nur genau hinschaut, ruhen unverwandt auf dem Lenkrad ihres Chevrolets – es wäre ihr auch, angesichts des starken Verkehrs auf dem Great Smoky Mountain Highway, sehr zu raten. Und doch: Etwas von alledem stellt sich in der Phantasie des Zuhörers ein, wenn Myra Champion von ihrer Erstbegegnung mit dem Himmelsboten spricht: Es färbt auf sie ab. Ein Zwischending aus Bernadette und Gipfelstürmer ist sie dann, Soubirous und Mount Everest grüßen aus weiten Fernen, Erscheinung und Bewältigung, Wunderschauder und Entdeckerglück. Und dabei hatte sie nicht einmal eine Tüte Gips mit, um dem Engel, fürs Erinnerungsfoto, die abgebrochene Hand anzukitten: Mit einem gebrauchten Kaugummi mußte sie sich behelfen.

Die Autobahn von Asheville, Thomas Wolfes Geburtsort und – unter dem Namen Altamont – die Kulisse seines Romans »Schau heimwärts, Engel!«, ist dicht belebt. Nahverkehr der Weekend-Ausflügler: Fast alle Nummernschilder tragen den Zusatz »First in Freedom‹; daran erkennt man, daß sie aus North Carolina kommen. Ihr Ziel sind die Jahrmärkte der Cherokee-Indianer, der Great Smoky Nationalpark, die Ghost Town auf den Anhöhen vor Maggie oder Biltmore House: die Vanderbilt-Kopie der Renaissanceschlösser von Blois und Chambord. Wer in Sachen Literatur unterwegs ist, hat hier im Umkreis die Wahl zwischen Carl Sandburgs Alterssitz »Connemara« und dem Grab des Short Story Writers O. Henry, dem Great Eyry Mountain bei Morganton, der in Jules Vernes »Maître du Monde« Schauplatz allerlei unheimlicher Lichterscheinungen ist, und, alles überstrahlend, den Thomas-Wolfe-Lokalitäten: Asheville, in der Sprache der örtlichen Fremdenverkehrspropaganda »die Perle der amerikanischen Schweiz«, in der Sprache des Dichters eine »Bergwelt der Heimsuchungen«, ist ein einziges lebendes Wolfe-Museum. Jedes Straßenstück, jeder Winkel, jedes Haus in diesem Altamont sind, sofern sie das halbe Jahrhundert seit Erscheinen des Buches überlebt haben, in der Realität von Asheville wiederzufinden, unschwer und deckungsgleich, und Generationen von Literaturwissenschaftlern und Biographen, von Schulklassen und Touristen haben an diesem Unternehmen mitgewirkt, die Wonnen des Erkennens und Vergleichens auskostend. »Old Kentucky Home«, das »Dixieland« des Romans, jenes Boardinghouse »fünf Minuten vom Stadtplatz«, in dem Eugen Gant alias Thomas Wolfe aufwächst und in dem seine Mutter Eliza alias Julia an Besucher von auswärts Zimmer vermietet, bis es darin bald überhaupt keinen Winkel mehr gibt, »der der Familie heilig ist«, für das sensible Kind »ein Ort des Entsetzens«, hat es nach Kriegsende sogar zum staatlich geschützten »Memorial« gebracht.

Nur der Engel – ihn ausfindig zu machen wollte lange Zeit nicht gelingen. Er, der dem Buch den Namen gegeben, der jahrelang am Eingang zu Vater Wolfes Steinmetzwerkstatt am Pack Square Schildwache gehalten hat und den im Roman dessen *alter ego* Oliver Gant schweren Herzens an die »Besitzerin des Freudenhauses in Eagle Crescent« veräußert, der plötzlich »das beste ihrer Mädchen« wegstirbt. »Wir riefen sie Lily. Ihr Name war Lillian Reed ... Magenblutungen. Niemand ahnte, daß sie krank war, bis vorigen Mittwoch. Und Freitag war sie tot. Ich hätte sie nicht lieber haben können, wenn sie meine eigene Tochter gewesen wäre. Sie war ein so bildhübsches Kind. Zweiundzwanzig. Und so eine glänzende Zukunft. Ihr waren bessere Gelegenheiten geboten als mir.«

Für sie, das frühverstorbene Freudenmädchen aus dem Red Light District von Altamont, blättert »Queen« Elizabeth, die wohlsituierte Bordellmutter mit dem weichen Herzen, 420 Dollar auf den Tisch des Grabsteinhändlers Oliver Gant, händigt ihm, auf einem bekritzelten Briefumschlag, die Personalien der Toten aus und einigt sich mit ihm für die am Sockel des Monuments anzubringende Inschrift auf den folgenden Vers:

Sie ging dahin in ihrer Schönheit Blüte,
Gott rief sie von uns, die wir sie sehr geliebt.
Wir glauben und vertraun, daß seine Lieb' und Güte,
Die größer ist als unsre, sie im Himmel treu umgibt.

Das Geburtshaus von Eugen Gant alias Thomas Wolfe: diese »arme Daseinsmitte« in der Woodson alias Woodfin Street, heute dem stattlichen Neubau eines YMCA gewichen; Vaters Werkstatt: der »Backsteinschuppen mit der breiten Holztreppe und der marmorgepflasterten Veranda«, heute ein Bürowolkenkratzer; Mutters Pension: »diese große kalte Gruft«; die Schule auf dem »herrlich einsamen Hügel«, wo er »unter den großen alten Bäumen wandeln« und »frei im alten Haus herumstreifen« konnte; die »Bibliothek am Stadtplatz« und der Drugstore mit der »onyxglänzenden Sodafontäne«; das Negerviertel, dieses »rachitische Labyrinth baufälliger Bretterbuden, Elendskeller und Verschläge«, wo er für die Mutter auf Dienstbotensuche ging; die Straßen, in denen er die Zeitungen austrug – dies alles bot dem Leser keinerlei Identifikationsprobleme, jeder Eingeweihte wußte, welches Haus, welcher Platz, welche Person gemeint waren, und der Einheimische gab sein Wissen an den Besucher von auswärts weiter. Und wenn es in diesem Zusammenhang doch ein Problem gab, dann höchstens dies: daß die Dinge zu leicht verifizierbar, die Leute aus dem Ort zu leicht erkennbar, ihre Verhaltensweisen zu leicht entzifferbar waren, daß sich also dieser und jener kompromittiert fühlte, daß es wegen des Buches reihum Skandale gab, ja daß Thomas Wolfe beinah acht Jahre verstreichen lassen mußte, ehe er es wagen konnte, sich wieder in der Heimat blicken zu lassen, so wütend war man dort auf ihn. Einzig der weiße Engel, der marmorne Cherub – er verweigerte sich aller präzisen Identifizierung.

Gewiß, es gab Gräber in der Umgebung der Stadt, die mit Engelsfiguren ausgestattet waren, auch in Asheville selbst gab es sie, und einiges davon mochte auch durchaus aus Vater Wolfes Laden stammen, nur jenes Prachtexemplar mit der segnenden Hand und der Lilie wollte sich, noch so intensiver Suche zum Trotz, nicht finden. Nicht nur, daß es der Dichter, wie man nur zu gut wußte, bei der Beschreibung von Realien äußerst genau nahm, behaupteten etliche ältere Bürger von Asheville, sich dezidiert zu erinnern, daß eine Skulptur von der beschriebenen Art lange Zeit den Eingang zu Wolfes Stonecutter Shop (»Tombstones & Monuments, Cements & Plaster«) geschmückt habe – bis sie eines Tages, etwa um das Jahr 1906 könnte es gewesen sein, verkauft worden sei. An wen, das freilich wisse man nicht, doch könne es nur jemand sehr Wohlhabender gewesen sein – Wolfe selber habe für seine Cherubim, Ia-Importware aus Europa, mehrere hundert Dollar hinlegen müssen, dabei habe er sie noch günstig bekommen: Gesellenstücke aus einer der angesehensten Bildhauerschulen von Carrara.

Myra Champion, damals noch in den Diensten der »Pack Memorial Public Library«, in der schon der junge Thomas Wolfe seinen Lesehunger gestillt hatte, »im Fleisch und Blut seiner Lieblingshelden lebend und ihre Standarten aus der Welt der Bücher hinaus auf den grauen Plan des Alltags tragend«, ließ die Sache keine Ruhe. 1929 war »Schau heimwärts, Engel!« erschienen; in den folgenden zwanzig Jahren hatten nicht weniger als acht verschiedene Versionen über die Identität des Originalengels kursiert. Eine von ihnen hatte sogar noch zu Lebzeiten des Dichters Schlagzeilen gemacht. Heute mag man über die Geschichte lächeln, damals aber war ganz ernstlich von drohender Beschlagnahme des Buches die Rede, von einstweiliger Verfügung und von gerichtlich auferlegter Textabänderung. Myra, mit der ich zu einem coffee break mit Blaubeerpfannkuchen in einer der Highway-Raststätten einkehre, erzählt mir die »famous tombstone episode«:

Wieder einmal hatte einer geglaubt, er habe den gewissen Engel ausfindig gemacht – auf einem der Friedhöfe der Umgebung. Er ließ ein Foto davon anfertigen, schrieb einen Artikel über seinen Fund, die Sache erschien in der Zeitung. Doch kaum hatten die Hinterbliebenen der Toten, deren Grab der bewußte Engel zierte, Wind davon bekommen, daß es sich bei der betreffenden Skulptur um ein Objekt handele, das – laut Roman – einer Prostituierten gestiftet worden sei, drohte die aufgebrachte Familie mit dem Kadi: Das Andenken der Verblichenen sei aufs gröblichste verunglimpft worden. Nun, wer ahnte aber auch, daß die liebe Tote ein solches Muster an methodistischem Glaubenseifer gewesen war!

Wolfe berief sich in seiner Rechtfertigung darauf, er habe vom Verbleib der Figuren aus dem väterlichen Unternehmen nicht die geringste Ahnung; die Episode seines Romans, in der der Handel mit der Bordellbesitzerin »Queen« Elizabeth geschildert werde, sei ein reines Produkt seiner Phantasie – so wie er ja auch schon in der Präambel des Buches vorsorglich festgehalten hatte, der Verfasser bestehe darauf, daß dies »ein schöpferisches Werk« sei »und daß es ihm fernlag, irgend jemanden zu porträtieren«. Er beschreibe ein Geschehen, »das, fremd und fern nun, einst seines eigenen Lebens Anteil war ... aus einer mittleren Distanz zu den Dingen ...«

Der peinliche Zwischenfall vermochte nicht zu verhindern, daß in der Folge immer wieder neue Theorien über die »wahre« Befindlichkeit des Engels auftauchten. Die einen wollten ihn auf dem Friedhof von Asheville erkannt haben, andere Spuren wiesen nach Waynesville, wieder andere nach Whittier, Leicester, Jupiter. Doch so oft man der Sache auf den Grund ging – und Myra Champion, nach allgemeiner Auffassung »Ashevilles outstanding authority on Thomas Wolfe«, ging ihr auf den Grund –, noch jedesmal stellte sie sich als unhaltbar heraus. Einmal stimmte es mit der Zeit nicht, dann mit dem Material oder dem Lieferanten, und hatte man glücklich eine rechte Hand sichergestellt, an deren segnender Gebärde nicht zu zweifeln war, so fehlte garantiert in der dazugehörigen linken die Lilie.

Endlich, kurz vor ihrem Ableben im Jahr 1945, gab Thomas Wolfes Mutter den entscheidenden Hinweis, der vier Jahre später Myra Champion auf die richtige Spur setzen sollte. »The Marble Man's Wife« glaubte sich in einem der Interviews, die sie ihrer Biographin Harden Norwood gab, erinnern zu können, der bewußte Engel sei am ehesten nach Hendersonville verkauft worden, 22 Kilometer südlich von Asheville, an einen hochgestellten, wohlhabenden Mann, der es sich in den Kopf gesetzt hatte, das Grab seiner früh verstorbenen Frau mit »etwas Besonderem« zu schmükken.

Hendersonville ist eine reizende kleine Sommerfrische; Myra zeigt mir das Haus, wo Scott Fitzgerald mit Vorliebe abgestiegen ist. An der Art, wie sie über seine Trunksucht spricht, merke ich, daß sie dem Dichter des »Great Gatsby« nicht sonderlich zugetan ist. Ich schaue sie erstaunt an, sie versteht meinen Blick: »Was über Tom geredet wird, stimmt nicht. Er war kein Alkoholiker! Er nicht. Schreiben Sie *ja* nett über Tom!« Thomas Wolfe – sie nennt ihn nur Tom. Längst hat sie ihn auf ihre Weise – adoptiert. Und da ist sie nun wie jede Mutter auf der ganzen Welt: Sie nimmt ihn leidenschaftlich in Schutz, läßt nichts auf ihn kommen.

Den Friedhof, »Oakdale Cemetery« nennen ihn die Leute, finden wir nicht auf Anhieb – es ist wohl schon wieder ein paar Jahre her, daß sie das letztemal dagewesen ist. Wie alle Friedhöfe hier ist er zur Straße offen: kein Zaun, keine Mauer, wir können mit dem Wagen bis vors Grab fahren. Der Engel, ich sehe ihn von weitem, überragt alle anderen Monumente rundum. Seitdem ihn, vor zwei Jahren, ein Literaturstudent aus Ohio erklommen und seinen Enthusiasmus mit einem bösen Sturz und gebrochenen Rippen bezahlt hat, ganz zu schweigen von den 1500 Dollar Reparaturkosten, die der Sheriff dem in Reuetränen aufgelösten Wolfe-Fan aufbrummen mußte, ist die Grabstätte der Mrs. Margaret E. Johnson, Ehefrau des Schuldirektors Dr. H. F. Johnson aus Brookhaven, Mississippi, 1822 bis 1905, mit einem hohen Eisenzaun eingefriedet.

Kein Engel von der hochgeistigen Sorte, nichts von Sphärenpathos und Pietätsdunst, absolut nichts Einschüchterndes, eine Erscheinung von sympathischer Diesseitigkeit, hier darf gelächelt werden. Ein Gassenjunge aus Carrara, für ein paar Lire Taschengeld ins Haus geholt und verkleidet, rasch über seine Rolle instruiert und nun den Adepten aus der Bildhauerschule Modell stehend – so kommt mir die Sache vor. Auch an meine eigenen Krippenspiele aus Kindertagen muß ich denken, jeden dritten Adventsonntag im Pfarrheim, und an die Panik, einmal bei der Generalprobe, die mich erfaßte, weil der rechte Flügel plötzlich umklappte und durch nichts in der Welt dazu zu bewegen war, die von der Regie gewünschte Stellung einzunehmen. Myra, der ich zögernd meine unbotmäßigen Assoziationen anvertraue, frömmlerische Zurechtweisung gewärtigend, lächelt vergnügt zurück:

Auch für sie, so scheint es, ist der Engel von Hendersonville kein Medium metaphysischer Verzückung, sondern einfach eine Trophäe, deren sie sich freut.

Gant trug nie Arbeitskleider, sondern behielt den wohlgebürsteten schwarzen Straßenanzug an. Er hatte den Rock abgelegt und einen langen gestreiften Schurz vorgebunden. Wenn Eugen ihm bei der Arbeit zusah spürte er immer, daß sein Vater kein gewöhnlicher Handwerker, sondern ein Meister sei, der für ein paar Minuten gerade letzte Hand an ein

Kunstwerk legt. Keiner tut es ihm gleich, dachte Eugen und stellte sich vor, wie seines Vaters Werk in überwucherten Friedhöfen ihn und die Zeiten überdauern würde.

Ja, überdauert hat ihn dieser Engel in der Tat, nur ist er nicht wirklich sein Werk gewesen: Vater Wolfe hat bloß die Inschrift dazu beigesteuert. Das Äußerste an eigener figuraler Gestaltung, an das er sich wagte, waren marmorne Bibeln, und auch die nur in kleineren Formaten; im Stiegenhaus von »Dixieland«, gleich neben dem Eingang zu Toms Zimmer, sind ein paar davon ausgestellt. Vielleicht war es dieses Ungenügen, dieses vergebliche Streben nach künstlerischer Erfüllung, was William Oliver Wolfe alias Oliver Gant immer wieder beim Alkohol Zuflucht suchen ließ.

Nachdem der Engel ausgiebig von allen Seiten inspiziert ist, fragt Myra vorsichtig an, ob ich zur Rückfahrt bereit sei. Bei Leuten wie mir wisse man ja nie, wie man dran sei. Einen, ein Student aus Japan, habe es dermaßen erwischt, daß er gleich dageblieben sei: Er lebt nun in Asheville. Ja, sage ich, die Andacht ist beendet, und als ich unter Hinweis auf meine Rückflugbuchung die mir angetragene Freikarte für die Premiere der »Vagabond Players« ausschlage, die in der darauffolgenden Woche im Sommertheater von Flat Rock ihre Erfolgsproduktion von »Schau heimwärts, Engel!« wiederaufnähmen, Ketti Frings' vortreffliche Dramatisierung des Romans, zu deren Uraufführung sie, Myra, seinerzeit sogar eigens nach New York gereist sei, ist sie fast ein bißchen verschnupft.

Eine Stunde – und wir sind wieder in Asheville. Für den Rest des Tages vertraut mich Myra Champion ihrer Nachfolgerin in der »Pack Memorial Public Library« an; ich möge mir zeigen lassen, was sie in 25 Jahren unermüdlicher Sammeltätigkeit und Korrespondenz an Thomas-Wolfe-Material zusammengetragen habe.

Thomas Wolfes Titelfigur:
Grabengel auf dem Oakdale-Friedhof
in Hendersonville, North Carolina.

Da sitze ich nun also hier in diesen Räumen, wo vor 80 Jahren der Schüler Tom Wolfe saß und »mit wahrem Heißhunger über romantische Abenteuerbücher herfiel«; wo man sich später, als er schon selber Bücher schrieb, jahrelang weigerte, diese anzuschaffen: Welterfolge, einzig von der Heimat boykottiert; wo erst Scott Fitzgerald den Bann zu lösen vermochte, indem er, über so viel Kleinstadt-Borniertheit erzürnt, in den nächsten Buchladen lief, zwei Exemplare von »Schau heimwärts, Engel!« erstand und demonstrativ der Bibliothek »stiftete«; wo noch vor wenigen Jahren das Dankschreiben eines Nachzüglers einlangte, der die Direktion des Hauses zu weiterer Standhaftigkeit ermahnte, nur ja von ihrer löblichen Reserve gegenüber dem Nestbeschmutzer nicht abzulassen; und wo es einem auch heute noch passieren kann, daß man Thomas Wolfes Hauptwerk verlangt und die Bibliothekarin bedauernd auf die Warteliste verweist – jetzt freilich, weil alle achtzehn Exemplare ausgeliehen sind.

Ja, so gedeihen auch in der Welt der Literatur die wunderlichsten Extreme – Asheville ist ein vortrefflicher Ort, dieses Wechselspiel von Kult und Verdammnis zu studieren. »A Study in Changing Attitudes« heißt denn auch eine Broschüre, die zu diesem Thema an Ort und Stelle erschienen ist: Eine Mrs. Betty Lynch Williams hat sich die Mühe gemacht, ist vor Jahren von Haus zu Haus gezogen in dieser Provinzstadt der 80.000 und hat die älteren Leute, die noch Thomas Wolfe gekannt und den Riesenskandal des Erscheinens seines Erstlingswerks miterlebt haben, nach ihren Erinnerungen gefragt. Erinnerungen, über die wir heute lächeln. Damals aber, 1929 und danach, war es eine Angelegenheit von größtem Gewicht: Asheville schien förmlich in seinen Grundfesten erschüttert zu sein – angefangen von dem schweren Schock, den das Wolfesche Elternhaus erfaßte, als die ersten drei Exemplare des Buches eintrafen und

Mutter Julia händeringend alle erreichbare Verwandtschaft zusammentrommelte, um zu beraten, wie mit Anstand mit der Tatsache fertig zu werden sei, daß da vor aller Welt und auf 500 Buchseiten nicht nur sie selbst, sondern die halbe Stadt, teils bei ihren vollen, teils bei geringfügig geänderten Namen, mit allen ihren Eigenschaften, Unarten und Lastern abkonterfeit waren, bis zu dem ehemaligen Schulfreund, der noch Jahre später an Thomas Wolfe grußlos vorüberging, wenn er ihm auf der Straße begegnete, oder jenen ganz Fanatischen, die ihm mit Lynchjustiz drohten, sollte er es je wagen, sich nochmals daheim blicken zu lassen. Selbst der wohlwollendste Kritiker konnte ja dem Autor nicht den Vorwurf ersparen: Wenn es schon wirklich unvermeidlich gewesen war, jemanden einen Pferdedieb zu nennen, hatte man dann auch dessen Adresse und Telefonnummer dazusetzen müssen? Ich lese von Toms Schwester Mabel, bei der das Telefon wochenlang nicht zum Stillstand kam – teils von Anrufern, die ihr ihr Mitgefühl, teils von solchen, die ihr ihre Empörung mitzuteilen wünschten; von den Buchhandlungen, die, um das Übermaß an Neugier und Schadenfreude zu befriedigen, mit ihrer Leihgebühr auf 50 Cents pro Tag hinaufgehen konnten; von den – zwecks Erleichterung der Personenentschlüsselung – mit Randbemerkungen versehenen Buchexemplaren, die zu kursieren begannen, heute gesuchte Sammlerstücke; und ich lese schließlich vom Wagnis der Heimkehr acht Jahre später: von jenem Maitag anno 1937, da Thomas Wolfe, anderthalb Jahre vor seinem frühen Tod, unerkannt und im Postbus in Asheville eintraf, in ein Taxi umstieg und, vom Fahrer um die Adresse ersucht, gefragt wurde, ob er vielleicht einer der Wolfe-Söhne sei, am Ende gar Fred, der mit der »Saturday Evening Post«-Agentur ...

Fred, der Lukas aus »Schau heimwärts, Engel!«, war das einzige von den sieben Wolfe-Kindern, das bis vor wenigen

Jahren noch am Leben war. Die Dame in der Bibliothek, die all das Wolfe-Material vor mir anhäuft, zuletzt auch noch die Bilder vom Begräbnis im Herbst 1938, wenige Tage nach des Dichters 38. Geburtstag, und von der Blockhütte in den Bergen vor der Stadt, wo er sich schreibend zurückziehen wollte, um dann doch aufs neue nach New York zu fliehen, weil er sich der Verehrerbesuche nicht zu erwehren wußte, sie kannte den weißhaarigen alten Herrn persönlich. Mister Fred Wolfe, so erzählt sie, lebte als kinderloser Witwer in Spartanburg, im Nachbarstaat South Carolina. Manchmal kam er noch nach Asheville herüber auf Besuch, und dann genoß er es sichtlich, sich unter die Besucher des Thomas-Wolfe-Memorials zu mengen und unvermittelt sein Inkognito zu lüften, indem er auf den einen oder andern von ihnen zuging und ihnen zu ihrer größten Überraschung mit den Worten »Ich bin der Lukas« die Hand reichte. Wer seinen »Engel« einigermaßen im Kopf hat, erinnert sich dann, daß Lukas derjenige der Gant-Söhne ist, der – im Gegensatz zu Eugen und Ben – mit einem besonders unkomplizierten Naturell gesegnet ist, stets gut aufgelegt, trotz seines Sprachfehlers enorm redselig. Stottern – ja, das sei ihm bis ins hohe Alter geblieben und ebenso die Geschäftstüchtigkeit, mit der Fred nicht nur alle Judenbuben von Asheville, sondern auch seinen Bruder Tom als Zeitungsausträger eingespannt habe. Zeitungsagent, Speiseeisvertreter und – nach seinem Ingenieurstudium in Atlanta – Maschinenhändler: das seien die Stationen seiner beruflichen Laufbahn gewesen, bis er sich, als alter Mann, ganz auf die Pflege des brüderlichen Erbes verlegt habe: Sound-and-Light-Vorführungen vor dem Memorial, jeden 3. Oktober, zu Toms Geburtstag, Copyright-Entscheidungen, Plauderseminare an den Universitäten des Landes. Als am Broadway vor vielen Jahren »Look homeward, Angel!« herauskam, mit Anthony Perkins als Eugen und Jo Van Fleet als Mutter Eliza, ließ er sich in der

Pause reihum als »Luke« feiern, und an seinem Grabstein auf dem Riverside-Friedhof zu Asheville, dort wo alle Wolfes, auch Tom, bestattet liegen, finde ich unter seinem Namen den Zusatz: »Der Lukas aus ›Schau heimwärts, Engel!‹«

Dabei war dieser Fred gar nicht eines von Toms Lieblingsgeschwistern, und auch im Roman kommen andere weit besser weg als er: »Voll von heftig-deftiger Vulgarität«, von einer »triebhaft üppigen, Rabelaisschen Saftigkeit« war dieser Luke. »Trotz Elizas Zeter und Mordio pißte er allnächtlich ins Bett. Das war gewissermaßen der letzte, abschließende Pinselstrich zum Bildnis seiner stotternden, pfeifenden, patzigen, sprudelnden, komischen Persönlichkeit.«

Als Thomas Wolfe bei Erscheinen von »Schau heimwärts, Engel!« die ersten noch druckfeuchten Buchexemplare nach Hause schickte, war keines davon für Fred alias Lukas bestimmt. Als dieser es dann doch in die Hand bekam, fiel seine Reaktion ganz typisch aus: Er las die ersten zehn Seiten, sprang sodann zu den »Stellen« über, die ihn selbst betrafen, und brach in schallendes Gelächter aus. Schau, schau, resümierte er, so also rächt sich dein kleines Brüderlein für die schlechte Behandlung, die du ihm als Kind hast angedeihen lassen. »Er, der Jüngste von uns, hatte mich, den Zweitjüngsten, aus seiner Vorzugsstellung als Nesthäkchen verdrängt, und das ließ ich ihn büßen ...«

Klar, daß er es nun genoß, in Sachen ebendieses Bruders die letzte Instanz zu sein – und sei es auch nur, weil er der einzige noch lebende Wolfe war. Er signierte an Toms Statt dessen Bücher, er erteilte Veröffentlichungen wie der der Mrs. Williams sein feierliches Imprimatur, und er erzählte mit Behagen einem jeden, der ihn danach fragte, von den alten Tagen: davon, wie das damals war, als dieser Riese Tom nicht aufhören wollte, zu wachsen, wie ihm seine Mutter noch als Dreieinhalbjährigem die Brust gab und wie sie ihn als Mädchen aufzog, so daß er sich der Spötteleien seiner Kameraden eines Tages nicht mehr anders zu erwehren wußte als zum Beweis seiner Männlichkeit vor ihnen den Hosenlatz aufzuknöpfen.

Das ausgesprochen Literarische lag Fred weniger, und das muß angesichts der Legion von Interpreten, die sich um das Werk dieses Dichters drängen und ihn sowohl einen »amerikanischen Homer« wie einen »elefantenhaften Proust« nennen, sowohl genial wie linkisch, rhapsodisch wie geschwätzig, nicht unbedingt ein Mangel sein. Ja, so war er nun einmal, dieser Fred, den der Bruder in seinem Roman Lukas nannte:

»Er genoß im Städtchen den Ruf eines glänzenden Verkäufers. Er setzte seine ganze berstende Energie für diese wahnwitzige, extrovertierte Sache ein; trat mit breitem Grinsen, patziger Betulichkeit, zappelig-witziger Zunge auf. Er lebte vollkommen im Augenblick, hielt nichts in sich geheim, hütete nichts ... Er begehrte vor allem die Hochachtung und das Wohlwollen der Leute ... Lautes Lob, Herz auf der Hand und auf der Zunge, freizügige Schaustellung von Gefühl – das war wie Luft, Speise und Trank für ihn ... Er richtete ein Standbild von sich selber auf; es hieß: der gute Kerl, der Witzige, Unselbstische, von allen Verlachte, von allen geliebte Bursche; der großherzige, selbstlose Lukas.«

Als ich am nächsten Tag das Städtchen Asheville durchwandere, dieses Altamont aus »Schau heimwärts, Engel!«, das Eugen »mit dem Egoismus des Kindes« für »den dynamischen Mittelpunkt der Erde und des Lebens« hält, und mir die Ausbrüche von Spott vergegenwärtige, mit denen der Dichter die kaufmännischen Machenschaften seiner manisch erwerbsgierigen Mutter geißelt, dieses unausgesetzte Spekulieren, diesen täglichen Palaver um Bodenpreise und

Grundstücksokkasionen, um Verkehrsstatistiken und Baupläne, diesen Run nach Pensionsgästen, den er, Eugen, nicht nur demütigend, sondern geradewegs unanständig fand, muß ich, der ich natürlich stets mit diesem Eugen mitlitt, etwa wenn »die Tür zu den Vorwänden, die ihn vor den Mitmenschen schirmen sollten, gegen Entgelt offenstand«, mich in manchem korrigieren. Als ich in meinen Schülerjahren zum erstenmal »Schau heimwärts, Engel!« las, war mir diese Eliza, für die der »Handel mit Immobilien« ihr ganzer Lebensinhalt zu sein schien, die ihrer Familie, sobald sich gegen den Sommer zu das Haus mit Gästen zu füllen begann, zumutete, von einem Zimmer ins andere zu ziehen, »Stufe um Stufe sich mit dem schäbigeren begnügend«, ein zutiefst verabscheuungswürdiges Subjekt. Jetzt, da ich ihre seinerzeitigen Prognosen über Wertzuwachs und Verkehrsentwicklung, ihr stereotypes »Hier wird eines Tages der Durchbruch kommen!« mit dem Bild vergleiche, welches das heutige Asheville bietet, muß ich dieser kühlen Rechnerin attestieren, daß sie in sämtlichen Punkten recht behalten hat. So verzagt ein heute heimwärts schauender Thomas Wolfe registrieren würde, wie sein Altamont von einst zum monströsen Asphaltdschungel aus Schnellstraßen und Verkehrskreiseln, aus Schleifen und Ausfahrten heruntergekommen ist – für sie wäre es ein einziger großer Triumph, bestätigt zu finden, daß sie wahrhaftig am genau richtigen Platz gebaut hat: hier, wo sich heute eine der Hauptdurchzugsstraßen erstreckt, wo ein prominenter Neubau nach dem andern aus dem Boden schießt, wo die besten Hotels stehen, das Sheraton und das Landmark, und wo ganz bestimmt auch ihr »Dixieland« zu den ersten Häusern zählen würde mit den besten Gästen und den höchsten Umsätzen.

»Ihr Instinkt war: dort zu kaufen, wo die Leute hinziehen würden, und zwar, solange die Lose billig waren; Sackgassen zu meiden; die Finger von allen abseitigen Spekulationen zu lassen; ihr Geld in Objekte zu stecken, die in der Richtung der Hauptverkehrsader lagen.«

Freilich genügt es nicht, das richtige Grundstück zu erwerben und auf dem richtigen Grundstück den richtigen Bau zu errichten. Man muß auch mit dem richtigen Bau richtig zu wirtschaften verstehen – eine Gabe, an der es den Herren des Superhotels Landmark offensichtlich gefehlt hat, das, kaum eröffnet, nun schon wieder zum Verkauf steht. Der protzige Wolkenkratzer aus mondänstem Sonnenschutzglas, direkt vis-à-vis von Julia-Elizas »Old Kentucky Home«, war nur ganze zweieinhalb Monate in Betrieb; jetzt kommt er unter den Hammer. Mister Lindsay von der städtischen Handelskammer, zugleich für alle Fragen des Thomas-Wolfe-Tourismus zuständig, schiebt die Schuld für das Debakel auf das schlechte Management: »Eliza, das können Sie mir glauben, Eliza wäre das nicht passiert.«

Für ihn hat die Sache zusätzlich tragische Aspekte, weil das Projekt in mehrerlei Weise mit dem Namen Thomas Wolfe verquickt war. Nicht genug, daß das Landmark an einer Stelle errichtet wurde, die zu den Nebenschauplätzen von »Schau heimwärts, Engel!« zählt: dort, wo einst das »Brunswick« stand, »ein gutgebautes Rotsandsteinhaus mit zwanzig Zimmern«, »ein vielgiebliges Ding im Geschmack der Gründerjahre«, dem Vater Oliver Gant die Marmorverzierungen an der Fassade und Onkel Will Pentland die Eichenbalken und die Hartholzböden geliefert hatten und das Mutter Eliza, als dieses »bestgebaute Haus der ganzen Stadt« für 20.000 Dollar zum Verkauf stand, »blutenden Herzens« in die Hände des reichen Altwarenhändlers Greenberg übergehen sah, nicht genug damit also, hatten die neuen Hotelbesitzer auch noch die fixe Idee, die Literatur für ihre Geschäfte einzuspannen. In jedem Zimmer, so verfügten sie, sollte, wie anderwärts die Bibel, ein Exemplar von

»Look homeward, Angel!« auf dem Nachttisch liegen, das Roastbeef-Sandwich, Schlager ihres Coffee Shops, sollte auf den Namen Thomas Wolfe getauft werden, und auch was die Bezeichnungen der diversen Schankräume und Bars betraf, war an Anleihen aus dem Werk des großen Sohns der Stadt gedacht. Doch solchem Unfug schob das Verlagshaus Scribner in New York, das Wolfes Rechte verwaltet, einen Riegel vor, und es tat recht daran, denn so färbte zum Glück nur wenig von dem bald darauf eintretenden Fiasko auf den Namen ihres Schützlings ab. Nur das melancholische »O Lost«, das Thomas Wolfe seinem Roman ursprünglich als Titel zugedacht hatte, schwebt nunmehr unsichtbar über dem glücklosen Haus, dessen kühle Pracht, wenn sich nicht rasch ein Retter einstellt, zu verrotten droht. Der Villa schräg gegenüber, diesem »schmutzig-gelb gestrichenen, billig gebauten Holzkasten ohne klaren Grundriß« mit den »achtzehn oder zwanzig Räumen«, dem »kleinen, sauberen, grünen Vorgarten« und der »Reihe junger Ahornbäume mit tiefhängenden Kronen«, macht es weniger aus, wenn da nicht alles in Schuß, nicht alles tipptopp auf Hochglanz poliert ist, wenn hier und dort ein bißchen Decke abbröckelt, ein Stückchen Wandverputz abblättert, eine Treppe knarrt oder eine Tür quietscht: Um so stärker ist dann der Eindruck, dieses »Old Kentucky Home« alias »Dixieland« sei, wenn schon ein Museum, so jedenfalls kein gänzlich erstarrtes, bloß künstlich herausgeputztes, vom Wolfe-Kult aufgedonnertes. Die drei Damen, die sich in die Obsorge des Memorials in der Spruce Street 48 teilen (Erwachsene ein Dollar Eintritt, Kinder die Hälfte), halten da genau die rechte Mitte zwischen Lässigkeit und Ordnungssinn, der Geist der Mrs. Gant, die hier im Jahr 1906 zum Schrecken der Familie ihr Boardinghouse eröffnete, diese – nach den Worten ihres Mannes – »mörderische Scheuer«, hat, zum Vorteil der herrschenden Atmosphäre, auf sie abgefärbt: Sie sind lauter staatlich approbierte Elizas. Undenkbar, daß jemals von einem der Gedecke, die im Speisezimmer bereitstehen, auch nur der kleinste Bissen verzehrt, daß aus einer der Kaffeetassen auch nur der kleinste Schluck genippt würde – bei Eliza Gant hatte alles seinen Preis, und dabei muß es bleiben. Und damit keiner der Besucher etwa in Versuchung gerät, Schwester Mabels Piano auszuprobieren, Bruder Bens Sterbezimmer zu entweihen, Vater Olivers Bibliothek durcheinanderzubringen oder sich gar an jener Bettstatt im Obergeschoß zu vergreifen, in der Mutter Eliza ihre sieben Kinder zur Welt gebracht hat, sind sämtliche Räume mit Seilabsperrungen versehen. Nur die Veranda, in der Mrs. Gant, im Schaukelstuhl sitzend, ihre Pensionsgäste (und später, als der Sohn bereits eine Berühmtheit geworden war, auch die ersten Thomas-Wolfe-Pilger) mit ihren Geschichten zu unterhalten pflegte, ist frei zugänglich, ebenso wie übrigens auch die im zweiten Stock, in der man, was an Erinnerungsstücken aus Oliver Gants Steinmetzwerkstatt auffindbar war, zusammengetragen hat: sein Werkzeug, seinen Schreibtisch, sein Ledersofa.

Auch Toms Stube ist ein solcher Kompromiß aus Bestand und Transfer: das Kinderzimmer, angefüllt mit den Habseligkeiten aus dem New Yorker Studio. Die Schreibmaschine, die Aktentasche, die Tischlampe. Und das bißchen Junggesellenküche. Dazu draußen auf dem Gang, in einer Vitrine, Toms Babykleid, sein Smoking, ein paar ausgetretene Schuhe in der bekannten Übergröße. Alles sehr unpathetisch, ohne jedes Auftrumpfen: Seht her, was für ein toller Kerl dieser Thomas Wolfe gewesen ist! Zugleich aber auch, wo er seinen Landsleuten am Zeug geflickt hat, lokalpatriotisch entschärft: Bei den Zitaten, die, jedem der achtzehn Räume zugeordnet, in kleinen schwarzen Rahmen an den Türpfosten angebracht sind, hat man sorgfältig darauf geachtet, daß kein böses Wort mit einfloß. Hier wurde,

Asheville zu schonen, kleinliche Zensur geübt. Käme einer auf den Gedanken, »Schau heimwärts, Engel!« nur nach diesen Textproben einzuschätzen, er müßte glauben, es mit einer Kalenderidylle aus der guten alten Zeit zu tun zu haben. Und nicht mit jener kolossalischen Beschwörung von »Glanz und Glorie, von Verlorenheit und Verzweiflung der Seele Amerikas«, die etwa Hans Egon Holthusen aus Thomas Wolfes Werk herauslas, dieser gewaltigen »Geschichte vom begrabenen Leben«, ganz zu schweigen von Hermann Hesse, den der »traurig und erregend durch dieses Buch pochende Rhythmus von Aufblühen und Verwelken, von geilem Wuchern und elendem Hinsterben« dazu bestimmte, Wolfes Erstlingsroman zu preisen als »die stärkste Dichtung des heutigen Amerika«.

IN SWANNS WELT

À la Recherche de Marcel Proust

Hätten meine Eltern mir erlaubt, den Schauplatz eines Buches, das ich las, selber aufzusuchen, so hätte das meiner Meinung nach einen unschätzbaren Fortschritt in der Eroberung der Wahrheit bedeutet.

»Sie haben sicherlich schon von Lourdes gehört?« Madame Benoist wählt gern dieses Beispiel, um Uneingeweihten das Phänomen Illiers zu erklären. Madame Benoist ist die Frau des Konditors, dessen Geschäft an der Place du Marché No. 19 zu den Fixpunkten einer jeden Proust-Pélerinage zählt, und ihre Heimatstadt Illiers ist nichts anderes als das reale Urbild jener Phantasiesiedlung Combray, die in Marcel Prousts »Suche nach der verlorenen Zeit« eine so zentrale Rolle spielt.

Die Benoists bewohnen keines jener zahlreichen Häuser, die der Dichter – wie etwa das Anwesen der »Tante Léonie«, das alte Gasthaus »Oiseau flesch« oder den Herrensitz Tansonville – im großen »Akt des Erinnerns« beschreibt; sie sind lediglich in kommerzieller Hinsicht an den Proust-Kult angeschlossen, der in dieser kleinen Provinzstadt südwestlich von Chartres die absonderlichsten Blüten treibt: Madame Benoist verkauft jene »Madeleines proustiennes«, die ihr Mann, Monsieur Benoist, alle zwei Tage bäckt. Früher kam man leicht mit einem Blech pro Woche aus. Heute, da sich nicht wenige Proustianer die kleinen muschelförmigen Biskuittörtchen sogar im Postpaket an ihren Wohnort nachschicken lassen – »Danke für die letzte Lieferung, bitte um weitere zwanzig Stück« –, ist der propere kleine Laden schräg gegenüber dem Hauptportal der Kirche zu Saint

Jacques ganz auf Produktion und Vertrieb dieses Artikels ausgerichtet, dem man seit den Tagen der »Temps perdu« literarische Wunderkraft nachsagt.

Viele Jahre lang hatte von Combray außer dem, was der Schauplatz und das Drama meines Zubettgehens war, nichts für mich existiert, als meine Mutter an einem Wintertage, an dem ich durchfroren nach Hause kam, mir vorschlug, ich solle entgegen meiner Gewohnheit eine Tasse Tee zu mir nehmen ... Sie ließ darauf eines jener dicken ovalen Sandtörtchen holen, die man »Madeleine« nennt und die aussehen, als habe man als Form dafür die gefächerte Schale einer Sankt-Jakobs-Muschel benutzt. Gleich darauf führte ich ... einen Löffel Tee mit dem aufgeweichten kleinen Stück Madeleine darin an die Lippen. In der Sekunde nun, als dieser mit dem Kuchengeschmack gemischte Schluck Tee meinen Gaumen berührte, zuckte ich zusammen und war wie gebannt durch etwas Ungewöhnliches, das sich in mir vollzog ... Mit einem Male war die Erinnerung da. Der Geschmack war der jener Madeleine, die mir am Sonntagmorgen in Combray ... meine Tante Léonie anbot, nachdem sie sie in ihren schwarzen oder Lindenblütentee getaucht hatte ... Wie in den Spielen, bei denen die Japaner in eine mit Wasser gefüllte Porzellanschale kleine, zunächst ganz unscheinbare Papierstückchen werfen, die, sobald sie sich vollgesogen haben, auseinandergehen, sich winden, Farbe annehmen und deutliche Einzelheiten aufweisen, zu Blumen, Häusern, zusammenhängenden und erkennbaren Figuren werden, ebenso stiegen jetzt alle Blumen unseres Gartens und die aus dem Park von Monsieur Swann, die Seerosen auf der Vivonne, die Leutchen aus dem Dorfe und ihre kleinen Häuser und die Kirche und ganz Combray und seine Umgebung, alles deutlich und greifbar, die Stadt und die Gärten auf aus meiner Tasse Tee.

Das Nachttischchen der Tante Léonie mit Lindenblütentee und Madeleine.

Wie gern würden es die nach Illiers pilgernden Proustianer in ihrer grenzenlosen, zu jedem Opfer bereiten Adoration ihres Idols der »Tante Léonie« gleichtun und sich für die Dauer ihres Aufenthalts ausschließlich von Lindenblütentee und eingetunkten Madeleines nähren sowie von jenen paar Schluck Vichy-Wasser, die sich die hypochondrische alte Dame in den bald zwanzig Jahren ihrer selbstgewählten Bettlägerigkeit genehmigte. Aber eine so rigorose Diät wäre wohl der Durchführung ihrer Absicht abträglich, die zum Teil weit verstreuten Proust-Schauplätze in und um Illiers aufzusuchen: Das verlangt Wanderer, die bei Kräften sind. So nehmen sie denn Madeleine und Lindenblütentee, mit Verlaub, wie Brot und Wein eines zur Künstleranbetung säkularisierten Meßopfers ein und lassen die Frage erst gar nicht aufkommen, ob diese 60-Centimes-Hostie ihnen wirklich das ersehnte Einssein mit dem Geist Marcel Prousts verschafft oder nicht, vielleicht doch nur ein etwas banales, auf jeden Fall fades und trockenes Backwerk ist, das seinen Platz in der Hauptsache im Diätplan der Magenleidenden hat und allenfalls noch in der örtlichen Kirchenchronik, die davon berichtet, daß in den Tagen des Mittelalters dies die Speise gewesen sei, die man alljährlich als Proviant auf die Wallfahrt zum heiligen Jacques de Compostelle mitgenommen habe.

Madame Benoist, dieser versierten Kraft auf dem weitläufigen Gebiet der Proustianer-Verhaltensforschung, der bei ihren Vergleichen immer wieder nur das Beispiel Lourdes einfällt und die es betretenen Debütanten so leichtmacht, indem sie deren verschämt vorgebrachtes Verlangen nach einer Madeleine mit brillant gespielter Kumpanei – »Vous êtes Proustien, Monsieur?« – in ein Fachgespräch über literarischen Fetischismus überführt, ein Fachgespräch, notabene, wie sie's versteht, die einfache Konditorsfrau, diese Madame Benoist ist übrigens nicht typisch für die Leute von Illiers. Ihre Art, mit den Proust-Pilgern zu fraternisieren, diesen doch eher ätherischen Erscheinungen von geringem sichtbarem Nutzen, wird von der Mehrzahl ihrer Mitbürger nicht nur nicht geteilt, sondern durchaus schief angesehen – so wie diese selbst. Denn man hat in dieser Gemeinde von dreitausend Spießerseelen nicht vergessen, was jener Marcel Proust – im Gegensatz zu seinem hochrespektablen Vater, dem hervorragenden Professor der Gesundheitslehre, Generalinspekteur des Sanitätswesens und Mitglied der »Académie de Médecine« – gewesen ist: ein Muttersöhnchen, ein Päderast, ein Hypochonder, ein Snob, ein Atheist. Daß er zudem ein Dichter war und gar – wie man nun hören muß – einer der erhabensten, zu dessen hundertstem Geburtstag selbst der Präsident der Republik sich nicht scheute, sich als Schirmherr all der vielen »Célébrations« einspannen zu lassen, macht die Sache in den Augen der Bürger von Illiers kaum besser.

In Combray war jemand, »den man nicht kannte«, ein ebensowenig glaubhaftes Wesen wie ein Gott der Mythologie, und tatsächlich konnte sich niemand erinnern, daß nicht jedes Mal, wenn in der Rue Saint-Esprit oder auf dem Marktplatz eine solche rätselhafte Erscheinung aufgetaucht war, sorgfältige Nachforschungen dies Fabelwesen alsbald auf die Maße einer Person, »die man kannte«, hätte zurückführen können.

Der Abstand zwischen jener Handvoll Pioniere, die – sei es aus Kunstsinn, sei es aus kommerziellem Eifer oder sei es auch nur aus einer freilich höchst fruchtbaren Pensionistenlangeweile – die Sache der Proust-Schauplatzpflege betreiben (und sogar das Kunststück zuwege gebracht haben, den realen Namen ihrer Stadt von Amts wegen um dessen literarisch-fiktive Variante zu bereichern, so daß dieses Illiers seit dem 4. August 1971 ganz offiziell Illiers-Combray heißt), der Abstand zwischen diesen Strategen einer durch nichts zu bremsenden Topomanie und einer im übrigen zu Geringschätzung und Mißtrauen neigenden Einwohnerschaft springt auf Schritt und Tritt ins Auge.

Vom Moment meiner Ankunft an spüre ich, daß ich mich nicht dem Glauben hinzugeben brauche, hierin etwa eine Ausnahme zu bilden, obwohl ich mich doch der Gunst der zwei wichtigsten Männer der Stadt erfreue: der Gunst des Monsieur René Compère, der vormals dem »Lycée Marcel Proust« vorstand und nun auf seine alten Tage das Amt des Bürgermeisters ausübt, und des Monsieur Philibert Louis Larcher, der seit drei Jahrzehnten – so lange lebt der ehemalige Pariser Ministerialbeamte nun schon in seinem Geburtsort im Ruhestand – einen verbissenen Kampf darum führt, den Leuten von Illiers die Augen zu öffnen, welche Auszeichnung, aber auch welche Verpflichtung es bedeutet, Bürger einer Stadt zu sein, die zwar unter anderem Namen, jedoch ansonsten nur geringfügig verfremdet, in die Weltliteratur eingegangen ist.

In Combray wurde täglich am späteren Nachmittag, lange vor dem Augenblick, da ich zu Bett gehen und, ohne zu schlafen, fern von meiner Mutter und meiner Großmutter, aushalten mußte, mein Schlafzimmer der feste, schmerzhafte Punkt, den meine Gedanken umkreisten. Allerdings war man, um mich an den Abenden, wo ich allzu unglücklich aussah, zu zerstreuen, auf den Gedanken gekommen, mir eine Laterna magica zu schenken, die in der Zeit vor dem Abendessen auf meine Lampe gesetzt wurde.

Ich bin nicht wehleidig. Ich erwähne die geringe Gastlichkeit, die mir in Illiers, Marcels Ferienort aus Kindertagen, zuteil geworden ist, nicht, um mir als geprellter Tourist Satisfaktion zu verschaffen, sondern nur, um auf jene beklagenswerte Indolenz aufmerksam zu machen, mit der die Proustianer dieser Stadt bei ihren Aktivitäten im Stich gelassen werden. Da retten sie einen der kostbarsten Bestandteile von »Swanns Welt«, nämlich das Haus der Proust-Tante Elisabeth Amiot (zuerst vor dem Abriß, dann vor seiner Profanierung zur Drogerie), sie schaffen das gesamte Inventar, diesen Mikrokosmos einer Kindheit, herbei, stellen, quasi mit dem Buch in der Hand, minuziös alles wieder an den alten Platz: »Tante Léonies« Teegeschirr und Marcels Laterna magica, Françoises Bettpfannen und die »urnenförmige Ampel aus böhmischem Glas«; sie geben Onkel Jules Garten, dem berühmten »Pré Catelan«, die Gestalt von »Swanns Park« zurück, indem sie das Chaos aus Gemüsegarten und Wildnis wieder in ein Paradies aus Rasenhügeln und Blumenbeeten, aus Teichen und Stegen, aus Grotten und Vogelhäusern verwandeln; sie flicken Ziegelmauer und Fachwerk des »Bogenschützenhauses«, in dessen Realität

Mekka der Literaturtouristen aus allen Erdteilen: Tante Léonies Haus in Illiers-Combray.

der kleine Marcel George Sand und Balzac las und in dessen literarischer Version Swanns Parkwächter wohnte – und wie dankt es ihnen die Stadt? Sie mag sich nicht einmal dazu entschließen, am Bahnhof, am Postamt, am Rathaus den alten Ortsnamen gegen den amtlich dekretierten neuen auszutauschen.

Der Taxichauffeur, der mich bei meiner Ankunft – zwei Bahnstunden waren es von Paris – mit der gewissen Verächtlichkeit für intellektuellen Habitus durchschaut, stellt sich meinen werbenden Gebärden gegenüber taub und braust kurzerhand mit einem einheimischen Ankömmling davon;

im Hotel, das ich glücklich zu Fuß erreiche, erklärt man sich trotz Reservierung außerstande, mir mein Zimmer schon zur Mittagsstunde zugänglich zu machen, was sich später als reine Schikane herausstellt; die Bevorzugung der Ortsansässigen bei der Abwicklung der Mahlzeiten nimmt fast demonstrativen Charakter an; und auf seine Bitte um ein »croissant«, anderntags beim Frühstück, wird der Gast an die Bäckerei vis-à-vis verwiesen.

»Mein guter, lieber Weißdorn«, murmelte ich schluchzend vor mich hin, »du kannst ja nichts dafür, daß ich jetzt fortgehen muß, du hast mir keinen Kummer machen wollen! Dich hab' ich auch für immer lieb!« Und meine Tränen trocknend gelobte ich ihm, wenn ich erst groß wäre, es nicht so zu machen wie die andern törichten Leute, und selbst in Paris an Frühlingstagen, anstatt Besuche zu machen und eitles Geschwätz anzuhören, auf das Land zu fahren und die erste Weißdornblüte zu genießen.

»Zum Bewohnen war Combray ein eher trübseliger Ort«, heißt es bei Proust. Eine unglückliche Liebe, das sehe ich schon, wird es wohl auch für mich – zumindest immer dort, wo ich die Spuren Prousts verlasse und in die bürgerliche Existenz dieser Stadt einzudringen mir anmaße, deren momentan herausragendes Ereignis – wie ich den Dutzenden Plakaten entnehme – die bevorstehende Umstellung der Stromspannung von 110 auf 220 Volt zu sein scheint. Ich versuche mir vorzustellen, welchem Spott sich wohl jene Proust-Pilger »am ersten Samstag in der zweiten Hälfte des Monats Mai« aussetzen mögen, die alljährlich zur Weißdornblüte nach Illiers angereist gekommen, um in einer wohlorganisierten »Réunion proustienne«, dem vergötterten Beispiel folgend, mit jenen berühmten Hecken Zwiesprache zu halten, die wie eh und je an einem sanft ansteigenden Pfad Swanns Park säumen. Jener Amerikaner, der vor etlichen Jahren eigens die weite Reise nach Illiers antrat, um sich zu vergewissern, ob das ominöse Glöckchen an Tante Léonies Gartentor noch intakt sei, und den geliebten Klang auf Tonband festzuhalten, muß noch immer für so manche sarkastische Bemerkung herhalten.

Der Photograph in der Rue Florent, der den Besucher aus dem Ausland ausfragt, ob in dessen Heimat Proust in den Schulen gelesen werde, der Buchhändler in der Rue Léon Ferré, der seinen Kunden freundlich-verschmitzt darauf aufmerksam macht, daß in der jüngsten Ausgabe der »Nouvelles Littéraires« ein eigenes Proust-Kreuzworträtsel abgedruckt sei, und Madame Vivien, die Wirtin des Restaurants »Le Combray«, die den Einfall hatte, eine Champagnermarke »Veuve Amiot« auf die Karte zu setzen, sind und bleiben Ausnahmen. Der Gärtner von Tansonville, jenem Landschlößchen südlich von Illiers, das in der »Recherche« Swanns Domizil ist, will es nicht einmal dulden, daß der Spaziergänger von außen einen kurzen Blick auf das Anwesen wirft, und an der Pforte zu Mirougrain, einem der Proust-Wallfahrtsziele der anderen Seite, »du côté de Guermantes«, wo die Proust-Deutung die berühmte Szene zwischen der Mademoiselle Vinteuil und ihrer Freundin hinverlegt, besorgt eine Warntafel »Bissiger Hund« das Nötige.

Von weitem, aus einer Entfernung von zehn Meilen in der Runde, zum Beispiel von der Eisenbahn aus gesehen, war Combray nur eine Kirche, die die Stadt in ihrer Gesamtheit in sich verkörperte, von ihr und für sie der Ferne Kunde gab und, wie man beim Näherkommen bemerkte, mit ihrem hohen düsteren Kragenmantel, wie eine gute Hirtin ihrer Schafe, die grauwolligen Rücken der zusammengeduckten Häuser gegen den Wind zu beschirmen versuchte.

Über viele Seiten seines großen Romanwerks erstreckt sich Prousts überschwenglich zärtliche Beschwörung seiner Erinnerung an die Kirche von Combray. Saint Hilaire alias Saint Jacques. Beim Durchschreiten des unverändert »schwarzen, pockennarbigen Portals« verweile ich kurz vor dem Anschlagbrett und studiere die diversen Mitteilungen an die Pfarrgemeinde. Auf einem der Blätter, sehe ich, wird den Gläubigen eine Reihe ausgewählter Bücher aus den Beständen der öffentlichen Bibliothek anempfohlen. Ich finde manches Erstaunliche darunter, etwa die Memoiren Chruschtschows – einen Proust finde ich nicht. Ich werde mich daher auch hüten, der Nonne vom Konvent nebenan, die mir die schmale Tür zum Glockenturm aufsperrt, anzuvertrauen, daß es eine Proust-Formulierung, daß es »jenes aller Gewöhnlichkeit, aller Anmaßung, allem Kleinlichen Abholde« ist, das mein so besonderes Interesse an diesem Bauwerk geweckt hat. Hier oben, auf dem Glockenturm von Saint Hilaire, »der allen Beschäftigungen, allen Stunden, allen Aussichtspunkten der Stadt ihr Gesicht, ihre Krönung, ihre Weihe verlieh«, überblicke ich Combray in seiner Gesamtheit: »Swanns Welt« und die »Welt der Guermantes«, Roussainville und Méséglise, Saint-André-des-Champs und Montjouvin, die »Grand' Planche« und die Quelle des Loir-Flüßchens, das der Dichter »Vivonne« genannt hat. Hier oben kann ich Ordnung und System in meine Pläne bringen, ehe ich mich endgültig auf den Weg mache, à la recherche de Marcel Proust.

NEUSCHNEE AM KILIMANDSCHARO

Hemingway junior hält die Stellung

Das Lager, auf dem der Mann ruhte, stand im breiten Schatten eines Mimosenbaumes, und als er über den Schattenweg hinaus in den Glast der Ebene blickte, hockten dort unflätig drei jener großen Vögel, während noch ein Dutzend am Himmel segelten und im Vorbeifliegen schnell sich bewegende Schatten warfen... Ein paar Antilopen hoben sich winzig und weiß gegen das Gelb ab, und weit weg sah er eine Herde Zebras, weiß gegen das Grün vom Busch. Dies war ein angenehmes Lager unter großen Bäumen, an einem Hügel gelegen, mit gutem Wasser, und dicht dabei war eine fast ausgetrocknete Wasserstelle, wo des Morgens Wildhühner aufstiegen... Er sah dort hinüber, wo die riesenhaften, widerlichen Vögel saßen, die nackten Köpfe in ihr gesträubtes Gefieder versenkt. Ein vierter glitt nieder; zuerst lief er schnellfüßig, und dann watschelte er langsam auf die andern zu. »Die sind um jedes Camp herum. Man bemerkt sie sonst nur nicht. Du kannst nicht sterben, wenn du dich nicht selbst aufgibst.«

Ich rechne nach: Es ist jetzt der fünfte Tag ohne Wasser. Der room service meldet, daß nun auch das Selters zur Neige gehe, und mit einer Nachlieferung sei so bald nicht zu rechnen. Man werde also gezwungen sein, auf den kleinen Vorrat an Vichy zurückzugreifen, neun Kenya-Schilling die Flasche, das ist ein Vielfaches des normalen Preises. Die Gäste der Safari-Lodge ziehen lange Gesichter: Das Vergnügen, sich vorm Schlafengehen wenigstens noch die Zähne zu putzen, wird selbst für die Krösusse unter ihnen plötzlich zum verwegenen Luxus.

Die Bediensteten geben sich alle Mühe, der prekären Situation Herr zu werden; dennoch geraten ihre Verlautbarungen von Tag zu Tag verzagter, resignierter. Was zunächst wie die Folge eines vorübergehenden Druckabfalls ausgesehen hatte, hat sich inzwischen als totaler Zusammenbruch der regionalen Wasserversorgung entpuppt: Die Haupt-Pipeline ist geplatzt – und das hintereinander an drei Stellen. Die Ingenieure sind Tag und Nacht an der Arbeit, das Gebrechen zu beheben. Ein Notreservoir gibt es nicht. Die ersten zwei Tage läßt sich, zumindest fürs Gröbste, noch mit dem Wasser aus dem Swimmingpool auskommen, das die Boys den generöseren unter uns Gästen eimerweise aufs Zimmer schleppen. Aber das Bassin ist klein und die Hitze groß. Sollte es zutreffen, daß sich in die Blicke, mit denen wir das genießerische Treiben der Büffel an ihren Wasserstellen beobachten, ein Anflug von Neid einschleicht?

Einer der Boys berichtet, der letzte Wasserrohrbruch in der Gegend sei dem tonnenschweren »Fehltritt« eines Elefanten zuzuschreiben gewesen. Galgenhumor macht sich breit: Ob es sich wohl diesmal, da die Sache doch um so vieles gravierender sei, um eine ganze Herde gehandelt habe? Die Schlagzeilen in den Zeitungen, die unsere Misere schildern, werden von Mal zu Mal dramatischer. Die Provinzialregierung schickt Tankwagen aus, um wenigstens die Hospitäler der Region zu versorgen, die ersten Fabriken müssen schließen, die Kinder bekommen schulfrei, das Gespenst Epidemiegefahr beginnt umzugehen. Wer einen Brunnen auf seinem Grund hat, setzt alles daran, ihn wieder flottzumachen; auf den Bahnhöfen werden die Kessel der Dampfloks leergeplündert, der Zugverkehr kommt zum Erliegen. Wann wird uns die Hoteldirektion den Early-Morning-Tea streichen?

Am Abend, wenn das Flutlicht eingeschaltet, der Selbstdarstellung des Paradieses mit Tausend-Watt-Lampen nachgeholfen und die Savanne rund um unsere Lodge zur Bühne wird, sitzen wir Touristen auf der offenen Veranda beisammen und tauschen unsere Rapporte darüber aus, wie jeder es auf seine Weise geschafft hat, wieder einen Tag ohne Wasser auszukommen. Die Tiere, die sich drunten an den Tränken gütlich tun, die Büffelherden und die Wasserbockrudel, die Zebras und die Impalas, die Paviane und die Marabus, brauchen unseren Neid nicht länger zu fürchten, seitdem eine zweite, noch fatalere Schreckensnachricht das Camp erreicht hat: Die seit Monaten das Land versengende Trockenheit habe zu einem gewaltigen Elefantensterben geführt.

Am nächsten Tag, vom Landrover aus, sehen wir dann mit eigenen Augen, was die mörderische Dürre angerichtet hat: Alttiere, im schütteren Baumschatten unbewegt das Eintreten des Todes erwartend; Kadaver, von den überlebenden Jungen ratlos umstanden, von den Geiern belagert. In einem Tümpel, zur Hälfte unter Wasser, ein weiterer Todeskandidat. Da der ausgeglühte Boden ihm jegliche Nahrung versagt und die Rüsselmuskulatur schon zu schwach ist, noch zu funktionieren, müht sich das Tier nun ab, wenigstens mit dem Maul ein paar Wasserpflanzen aufzunehmen. Als wir auf dem Rückweg wieder an der Stelle vorbeikommen, ist der Koloß bereits tot und abgesunken.

Unter den Photoamateuren an Bord unseres Geländewagens herrscht angesichts solcher »Schüsse« Hochstimmung. Nur dem Fahrer, einem weichherzigen Afrikaner vom freundlichen Stamme der Chagga, merkt man die Fassungslosigkeit darüber an, wie die Prozedur der Wildbeobachtung regelmäßig in dem Moment ein abruptes Ende hat, wo die Leute die gewünschten Bilder im Kasten haben.

In Afrika war es, wo er in der guten Zeit seines Lebens am glücklichsten gewesen war, deshalb war er hierhergekommen, um noch einmal anzufangen. Sie hatten diese Safari mit einem Mindestmaß an Komfort gemacht. Es gab keine Entbehrungen, aber auch keinen Luxus, und er hatte gedacht, daß er dadurch wieder ins Training kommen, daß er irgendwie sich das Fett von der Seele herunterarbeiten könnte, so wie ein Boxer in die Berge geht, um zu arbeiten und zu trainieren, um es aus seinem Körper herauszuschwitzen.

Arusha ist ein Marktflecken von 30.000 Einwohnern, die Hauptstadt der Kilimandscharo-Region. Der farbenprächtige Markt hinter der Uhuru Road wird von den finsterschönen Massai beherrscht, sämtlicher etablierte Kommerz von den Indern, das blasse »Little Theatre« von den paar im Land verbliebenen Europäern. In die morgendlichen Weckrufe teilen sich die eindringliche Stimme des Muezzins und das dünne Bimmeln der Missionsglocke. Der Polizeipräsident schreibt Blackpower-Gedichte, und die jungen Leute, die ohnedies schon dreisprachig aufwachsen – Stammesidiom, Kisuaheli und Englisch –, lernen, der neuesten touristischen Entwicklung gemäß, auch noch Deutsch. Die Kolonialbauten aus den Tagen Deutsch-Ostafrikas werden als Kuriosum hergezeigt oder überhaupt zum Museum erklärt – an ihren Säulen sollt ihr sie erkennen. Die Aufhellungscreme für jene Verpönten, die es am staatlich dekretierten Rassenbewußtsein fehlen lassen, wird – laut Aushang beim Friseur – auf höhere Weisung aus dem Verkehr gezogen. Die weißen Hippies, die Seite an Seite mit den schwarzen Bettlern das Portal des exklusiven »New Arusha« umlagern, praktizieren Anpassung und vertauschen die Gitarre mit der Trommel. Im »Christian Bookshop« gibt es Grzimek in englischer Übersetzung, in der »Tanzanian Public Library« Hemingway im Original. Zur Mittagsstunde drängen sich hier, in den engen Gängen zwischen den Regalen, die Schüler; jene, für die kein Sessel bleibt, lassen sich einfach auf dem Boden nieder. Die Benützung der Bibliothek kennt keinerlei bürokratische Regel: Der Besucher bewegt sich völlig frei, langt zu, wo er mag, sucht sich sein Plätzchen und schmökert an Ort und Stelle. Das Aufsichtsorgan, eine junge Afrikanerin mit modischer Brille und extravagantem Turban, beschränkt sich darauf, im Bedarfsfall Auskunft zu erteilen. Ich nehme »Green Hills of Africa« aus dem Regal und »The Snows of Kilimanjaro«; es liegt mir daran, zu erproben, ob ein Buch sich an seinem Schauplatz anders liest als an neutralem Ort. Das Resultat meines Tests fällt nicht überraschend aus: Ich bin unkonzentriert, außerstande, zügig vorzugehen, an allen Ecken und Enden schiebt sich Ortsbewußtsein dazwischen – ein einziges Ritardando. Etwa so: »Ngja Ngai, das Auge Gottes« – ist das nicht jener Westgipfel des großen Berges, den mir der Pilot der Linienmaschine von Mombasa gezeigt hat, als ich, über Vermittlung der Stewardeß, einen Augenblick zu ihm ins Cockpit durfte? Oder jene doppelte Identität des Safari-Camps unterm Mimosenbaum: deckungsgleich mit dem Zeltplatz von M'utu-Umbu in den wildreichen Weiten der Loita Plains, wo Hemingway im Winter 1933/34 mit seiner Jagdgesellschaft kampierte, und deckungsgleich auch mit der einsamen Wildhüterstation im Massai-Mara-Reservat, wo ich mich erst dieser Tage, auf Photosafari, mit lokalen Talismanen eingedeckt habe: jenen schwarzbraunen Armbändern, die die Ranger an ihren langen Abenden in der Steppe aus Elefantenschwanzhaar flechten und den vorüberziehenden Fremden um den Preis einer Flasche Bier anbieten. Oder auch jener verrottete Airstrip einige hundert Meter hinter der Lodge, den die Flugkarten des Landes noch immer verzeichnen: obwohl ihn das störrische Gras der Savanne längst bis zur Unkenntlichkeit überwuchert hat, läßt er nicht an die improvisierte Landebahn denken, die – in Hemingways Erzählungen – die Boys des in Agonie liegenden Schriftstellers Harry dem vergeblich erwarteten Rettungsflugzeug bereiten? Und auch die Leuchtfeuer aus Holz und Gras und Paraffin, die sie – in des sterbenden Mannes Fieberphantasie – entzünden, um der Maschine den Weg zur Erde zu weisen, werden in meiner Vorstellung eins mit den Steppenbränden, die ich zu wiederholten Malen in der Serengeti beobachtet habe, inszeniert von den Massai-Nomaden, die auf diese Weise, in Wahrnehmung ihrer überlieferten Weiderechte, die von ihrem Vieh verschmähten langen Gräser zu jenem Kurzwuchs niederbrennen, auf dem Rind und Schaf und Ziege bestehen.

Die biographische Auskunft über jenen Zeitabschnitt, da sich das Erlebnismaterial für die Kilimandscharo-Erzählung ansammelt, zeigt den Dichter in einer Phase exzessiver Unruhe. »Er lebt nun in seinem prachtvollen Haus in Key West. Er ist durch seine Bücher und die Filme, die man danach gedreht hat, reich geworden. Der Mann, der den Triumph des ›nada‹ gepriesen hat, ist in den Augen der Welt ein großer, erfolgreicher Schriftsteller, Vater dreier Söhne und Besitzer einer herrlichen Domäne . . . Diese Zufriedenheit Hemingways ist jedoch nur eine Fassade: Er kann nicht länger auf ein wahres Abenteuer verzichten.«

Dieses Abenteuer heißt Afrika. Der schwarze Erdteil zieht ihn an – nicht von ungefähr war die erste Buchrezension, die seinerzeit der angehende Journalist verfaßt hatte, Ren Marans »Batouala« gewidmet gewesen, dessen Kraft der Dreiundzwanzigjährige so sehr bewunderte.

Jetzt ist er vierunddreißig; Hemingway und seine zweite Frau, die Schriftstellerin Pauline Pfeiffer, fahren im November 1933 nach Marseille und schiffen sich zu einer viermonatigen Reise nach Afrika ein. Im Dezember wird, von

Mombasa aus, die geplante Großwildsafari gestartet. Doch Hemingway hat sich auf dem Schiff eine Amöbenruhr geholt, und die muß er loswerden, eher ist das Unternehmen nicht fortzusetzen.

»Gleich nach Beginn der Safari fing es an«, erzählte er zwanzig Jahre später seinem Biographen Hotchner, als dieser ihm seinen ersten Besuch in Key West abstattete (demselben Haus übrigens, in dessen Obergeschoß Hemingway seinen »Kilimandscharo« geschrieben hatte), »aber es glückte mir, an sämtlichen Jagdtagen bis auf zwei dem permanenten Latrinendienst auszuweichen. Dann leiteten die Bazillen einen Großangriff ein, und ich lag schön auf der Nase. Damals lagerten wir auf der Serengeti-Ebene, und mein Zustand, den ich vernachlässigt hatte, war plötzlich so schlimm geworden, daß ich ziemlich kämpfen mußte, um nicht abzukratzen, bevor wir in Nairobi waren. Schließlich holte mich ein zweisitziges Flugzeug ab. Bis Nairobi waren es sechshundert Kilometer. Wir flogen über den Ngorongoro-Krater zum Rift Escarpment mit einer Zwischenlandung in Arusha. Dort mußten wir nach dem Start schnell aufsteigen und dem plötzlich auftauchenden Gipfel des Kilimandscharo ausweichen – siehe die entsprechenden Details in der Geschichte. Aber das war bei weitem nicht alles. Als ich fertig war, hatte ich den Stoff für vier Romane, destilliert und komprimiert, in die Geschichte hineingearbeitet, nichts verschwiegen, weil ich mir vorgenommen hatte, mit ihr einen Sieg zu erringen. Danach brauchte ich lange, bis ich wieder eine Kurzgeschichte schreiben konnte, weil ich wußte, eine so gute Geschichte wie ›Schnee auf dem Kilimandscharo‹ würde ich nie wieder zustande bringen. Nie habe ich so offen über mich selbst geschrieben wie in dieser Geschichte.«

Hemingway findet nach einmonatigem Klinikaufenthalt in Nairobi Genesung und kehrt, zur Fortsetzung des unterbrochenen Jagdabenteuers, wieder zu seiner Karawane zurück; Harry dagegen, sein literarisches alter ego, »Held« der zwei Jahre später entstehenden Meistererzählung, findet den Tod. Die Maschine, die den von Fieberphantasien Geschüttelten in die keniatische Hauptstadt bringen soll, bleibt aus, und Harry stirbt auf seinem improvisierten Krankenlager im Busch – in dem festen Glauben, dem blendenden Schnee entgegenzufliegen, »so weit wie die ganze Welt«. Im Angesicht des Himmels, an dem schon die Geier zu kreisen beginnen, versucht er zuvor noch Bilanz zu machen mit seinem Leben – hier in der Fremde des schwarzen Erdteils, die Hemingway so vertraut war, daß er über sie sagen konnte: »Ich liebe dieses Land, und ich fühle mich hier zu Hause, und wo ein Mann sich außerhalb seiner Heimat zu Hause fühlt, dorthin sollte er gehen.«

Dicht unter dem westlichen Gipfel liegt das ausgedörrte und gefrorene Gerippe eines Leoparden. Niemand weiß, was der Leopard in jener Höhe suchte.

Meine Annäherung an den Kilimandscharo glückt erst beim zweiten Anlauf. Den schneebedeckten Gipfel zu sehen, »groß, hoch und unvorstellbar weiß«, hat der, der den Landweg wählt, nur geringe Chance. Der Kibo bleibt die meiste Zeit des Jahres hinter dichten Wolken verborgen.

Dennoch wage ich den Versuch. Ich besteige in Arusha den Minibus in die Nachbarstadt Moshi, eingezwängt zwischen afrikanische Bauern, die mit ihrem Tagesertrag an Feldfrüchten auf den Markt fahren. Unsere Partie wird, sowie wir auf die breite Überlandstraße eingebogen sind, von einer fliegenden Verkehrsstreife angehalten. Das Vehikel, für 18 Fahrgäste zugelassen, ist mit seinen 28 mehr als überbesetzt; ein Strafmandat scheint fällig.

In Moshi, der typischen kleinen Bezirksstadt, der man die

»So weit er sehen konnte, so weit wie die ganze Welt«: Schnee auf dem Kilimandscharo.

koloniale Vergangenheit, auch die ursprünglich deutsche, auf Schritt und Tritt ansieht, wechsele ich vom Bus ins Taxi. Die Straße zum Kilimandscharo steigt noch innerhalb des Stadtgebiets steil an. Adrette Missionsstationen, Schulen und Colleges säumen den Weg, zwischendurch Plantagen von saftigstem Grün: Sisal, Mais, Bananen und Kaffee. Dies ist das Land, erzählt der Fahrer, in dem die Hotels den Kaffee vom eigenen Grund ausschenken. Die veilchenblauen Jakandabäume leuchten mit den metallisch gefiederten Nektarvögeln um die Wette. Ein letzter Markt noch, getrocknete Süßwasserfische zwischen grellbuntem Kattun, dann ist Marangu erreicht. Der alte Fiat beginnt zu ächzen; er hält vor einem der großen Berghotels. Mein erster Eindruck: Wäre nicht sein farbiges Personal, so könnte es ebensogut irgendwo in den Alpen stehen. Seltsam, wie sich die Architektur über Kontinente hinweg ähnelt, sobald das Klima gleichartige Bedingungen schafft.

Ein rasches Informationsgespräch mit der deutschstämmigen Direktrice räumt jeden Zweifel aus: An den erhofften Blick auf den Kibo, den Schneegipfel, ist an diesem Tag nicht zu denken – es sei denn, ich entschlösse mich zum Aufstieg. Das Unternehmen sei weniger schwierig als langwierig: bis zur ersten Hütte fünf Stunden, bis zur Spitze fünf Tage, die Bergführer stünden bereit.

Es war Morgen, und es war bereits eine ganze Zeitlang Morgen, und er hörte das Flugzeug. Es sah sehr klein aus, und dann beschrieb es einen weiten Kreis, und die Boys liefen hinunter und zündeten die Feuer an und nahmen Paraffin dazu und häuften Gras auf, so daß es zwei große Rauchfahnen an beiden Enden des geebneten Platzes gab, und der Morgenwind blies sie dem Lager zu, und das Flugzeug beschrieb noch zwei Kreise, zuletzt ganz niedrig, und glitt dann hinab, richtete sich aus und landete glatt.

Mein Entschluß ist rasch gefaßt: Sowie das Wetter es zuläßt, werde ich einen zweiten Anlauf versuchen. Aber diesmal mit dem Flugzeug. Die Luft, sagt Tania Blixen in ihren Erinnerungen an das kenianische Hochland, spielt in der afrikanischen Landschaft eine viel bedeutsamere Rolle als in Europa, »sie ist voller Glanzlichter und Spiegelungen und ist in gewissem Sinne der eigentliche Schauplatz der Ereignisse«.

Überdies ist Fliegen in diesem Fall authentischer: Auch Hemingways Harry tritt seine Fieberreise über Bambushänge und Heuschreckenwolken zum »flachen Gipfel des Kilimandscharo« nicht zu Lande an, sondern in einer zweisitzigen Sportmaschine, in Captain Comptons »alter Motte«.

Was den heutigen Tag betrifft, so verschaffe ich mir Ersatz im Betrachten von Bildern: In der Hotellobby hängt das

Porträt eines schönen jungen Menschen, 1889 wurde es aufgenommen, es zeigt den Erstbesteiger des Kilimandscharo, den deutschen Forschungsreisenden Hans Meyer. Und beim Stöbern im Papierkram der Kibo-Art-Gallery, die, auf einer Anhöhe hinter dem Hotel, in einer mit Bananenfiber gedeckten Hütte von der Gestalt eines breitausladenden Mangobaums, Zeugnisse junger afrikanischer Kunst bereithält, stoße ich auf eine Photographie, die auf den ersten Blick an die historischen Aufnahmen von der Landung der amerikanischen Kosmonauten auf dem Mond erinnert. Doch der in seinen Schutzanzug eingenähte Mann, den sie bei schwieriger Verrichtung zeigt, ist ein Herold anderer Art: Er erklomm am 9. Dezember des Jahres 1961 den Gipfel des Berges, um auf dessen Gletscherboden die Flagge der frisch gegründeten Republik Tanzania aufzuziehen und das Feuer der Unabhängigkeit zu entzünden, »daß es leuchte über die Grenzen des Landes hinaus, Hoffnung spendend, wo Verzweiflung herrscht, Würde, wo Demütigung, Liebe, wo Haß regiert«.

Auf der Rückfahrt nach Moshi ersuche ich den Chauffeur, den kleinen Umweg über Mwika zu machen. In dem unscheinbaren Dorf am Südosthang des Kilimandscharo befindet sich das College of Wildlife Management, es ist die einzige Schule dieser Art auf der Welt, und eine ihrer Lehrpersonen ist Patrick Hemingway, der zweite der insgesamt drei Söhne des Dichters. Ich rechne nach: Als Vater Ernest sein afrikanisches Abenteuer des Winters 1933/34 bestand, war Pat, mit Spitznamen »Mousy«, ein Bub von fünf Jahren. »Mir fehlt der Kleine so sehr – ich fürchte, wir müssen umkehren«, sagte Mrs. Hemingway einmal zu ihrem Mann, als sie sich auf Safari befanden, tief im Busch.

Zwanzig Jahre später, 1954, an der französischen Riviera, wurde »Papa« Hemingway von seinem Biographen gefragt, wie er denn jetzt mit seinen Söhnen auskomme, seit sie erwachsen seien, und der Dichter antwortete: »Ich glaube, recht gut. Wir sehen uns so oft wie möglich und können einander recht gut leiden. Aber sie haben sich nicht so entwickelt, wie ich glaubte ... Patrick hat Harvard cum laude absolviert und eine Frau aus den vornehmsten Kreisen Baltimores geheiratet. Ich habe mir eingebildet, er würde der Hemingway der Intellektuellen werden, aber ausgerechnet er hat sich in Afrika niedergelassen, hat eine Lizenz als ›white hunter‹, ist ein verdammt tüchtiger Jäger und leitet eine große Versuchsfarm, auf der Mais gepflanzt wird.«

Leider treffe ich Hemingway junior nicht an: Es ist Wochenende, und er befindet sich auf Antilopenjagd im Raum von Oloitokitok. Aber später, auf Photopirsch im Ngorongoro-Krater, wo ein Gedenkstein an einen anderen Prominentensohn erinnert: an den dort tödlich abgestürzten Michael Grzimek, werde ich einem von Patrick Hemingways Zöglingen begegnen, einem jener zahlreichen jungen Ranger, die auf den organisierten Safaris durch die Tierreservate die Geländewagen begleiten, die Lenker zu den ergiebigsten Plätzen dirigieren, den Touristen bei der Motivsuche zur Hand gehen und übermütige Amerikanerinnen davon abhalten, aus dem Landrover zu springen und Löwenjunge zu streicheln.

Als er hinabsah, erblickte er eine treibende rosa Wolke, die sich über den Boden bewegte und in der Luft, so wie der erste Schnee in einem Schneetreiben, der von irgendwo kommt, und er wußte, daß die Heuschrecken vom Süden her heranzogen. Dann begannen sie zu steigen, und sie schienen nach Osten zu fliegen, und dann wurde es dunkel, und sie waren in einem Gewitter, und der Regen war so dicht, daß es schien, als ob man durch einen Wasserfall flog, und dann waren sie hindurch, und Compie wandte den Kopf und grinste und deutete vorwärts, und dort vor ihnen, so weit er sehen konnte, so weit wie die ganze Welt, groß, hoch und unvorstellbar weiß in der Sonne war der flache Gipfel des Kilimandscharo. Und dann wußte er, dorthin war es, wohin er ging.

Als die Missionare Rebmann und Krapf im Jahr 1848 als erste Weiße den Kilimandscharo entdeckten und von einem schneegekrönten Berg im heißen Afrika nach Hause berichteten, lachte man sie in Europa aus. Heute sorgt ein blonder junger Mann aus dem bayrischen Deggendorf dafür, daß jeder Tourist, der es sich leisten kann, den Beweis dafür mit nach Hause nimmt. Dieser Franz Lang fliegt mit seiner viersitzigen Piper Cherokee jeden, der dafür 200 Dollar auf den Tisch blättert, 90 Minuten lang rund um den Berg. Er kommt im Jahr leicht auf seine 150 Kilimandscharo-Flüge.

Ich bin der hunderteinundfünfzigste. Der Spaß beginnt und endet auf dem alten Flugplatz von Arusha. Franz Lang holt mich punkt sieben vom Hotel ab. Die Piste liegt nicht nur zu dieser Stunde verlassen da, seitdem sie draußen, 40 Kilometer vor der Stadt, den neuen Kilimanjaro Airport gebaut haben. Neben dem Hangar haust, eines der wenigen Überbleibsel von ehemals, George, der englische Bordmechaniker, in seiner Werkstatt. Lang zeigt mir seinen Talisman: einen häßlichen grauen Papagei, der Käfig hängt im Freien. Das arme Tier hat eine Ladung Insektengift abbekommen: aus einem Hubschrauber der Agrarbehörde, der einen Einsatz über den angrenzenden Baumwollfeldern flog. Die Chemikalie kostete den Vogel sein komplettes Gefieder.

Nach zehn Minuten Flug durchstoßen wir auch die letzte Wolkenschicht. Der Mount Meru zieht vorbei, ein Vulkanberg wie der Kilimandscharo, sogar aufregender in seinen Konturen als dieser und auch nur um 800 Meter niedriger, aber halt ohne Schnee, und Schnee ist es, was bei unserem

Unternehmen einzig und allein zählt – das weiß auch Franz Lang, obwohl er seinen Hemingway, wie er lächelnd gesteht, erst lesen muß. Wir sind etwa 30 Minuten in der Luft, der Höhenmesser zeigt 5000 Meter an, da kommt der Kibo ins Bild, und er verläßt uns nicht eher, als bis wir *ihn* verlassen: Franz Lang steuert geradewegs auf ihn zu, tastet ihn ab, streichelt ihn, neckt ihn, es ist eine wahre Wonne, 30 Minuten läßt er sich dafür Zeit. Er zeigt, wie weit das ewige Eis reicht und von wo ab es kein Eis mehr ist, sondern Neuschnee, er erspäht nach kurzem Suchen das äußerste Stück Aufstiegspfad samt der Mawenzi-Hütte, der letzten Raststatt vorm Ziel, und nun ist klar, daß er natürlich auch ein Leopardenskelett ausfindig machen würde, wenn ich nur danach fragte, ja er ist halt ein Teufelskerl, und er findet es spaßig, daß mir der Kibo wie ein Guglhupf vorkommt: oben die Kratermulde, rundherum die charakteristischen Kerben und über allem drüber der Staubzucker, reichlich Staubzukker. Das sei ihm noch gar nicht aufgefallen, wo er doch den Flug nun schon so viele Male gemacht habe, aber der Vergleich sei sehr treffend, wirklich, und auch den »Schnee am Kilimandscharo« werde er sich nun ernstlich vornehmen. Ja, ganz ernstlich.

»EINIGES IST WIRKLICH PASSIERT ...«

Am Tatort von Max und Moritz

Lehrer Lämpel sitzt an der Orgel und übt für den Sonntagsgottesdienst. Es ist kein billiger Witz, wenn ich ihn »Lämpel« nenne, ich tue nur, was schon Generationen von Schülern getan haben, zumindest die vorwitzigeren unter ihnen. Das muß, wer sich in Ebergötzen hinters Katheder wagt, in Kauf nehmen.

Rektor Edel, so heißt der Mann in Wirklichkeit, Rektor Werner Edel trägt's mit Würde. Er ist der Motor der Wilhelm-Busch-Aktivitäten in seinem 1100-Seelen-Dorf, und da wäre er, um der guten Sache willen, wohl noch zu ganz anderen Opfern bereit. Wie er sich freilich zu einem Terroranschlag auf seine Tabakspfeife stellen würde – »Öfen, Tisch und Sorgensitz / alles fliegt im Pulverblitz« –, ist aus dem freundlichen alten Herrn nicht herauszukriegen: »Ich bin Nichtraucher.«

Doch ich lasse nicht locker. Wie das denn überhaupt heutzutage mit den Streichen der Schulbuben sei, er als Lehrer müsse sich doch da auskennen – Max und Moritz im Zeitalter der Schülerselbstverwaltung, Jugendkriminalität und Wohlstandsverwahrlosung, Kinderbanden und Rocker – also, wie ist das?

Der Herr Rektor winkt ab. Nein, seine Bengels seien brav, da falle ihm beim besten Willen nichts ein, und er strahlt dabei vor Genugtuung.

Was – im Max-und-Moritz-Dorf keine Lausbubenstreiche? Aber dann fällt mir ein, daß ja auch Wilhelm Busch ein gebrochenes Verhältnis zur Spitzbüberei gehabt hat: So freudig er in seinem Opus, aller Schlußmoral zum Trotz, die Partei der Missetäter ergreift und nicht etwa die der Opfer, und sosehr er, statt den Lehrer Lämpel, die Witwe Bolte, den Schneider Böck und den Onkel Fritz zu bedauern, Max und Moritz anfeuert – als ihm selber, auf seine alten Tage, ein boshafter Strolch die geliebten Rosen vorm Haus ruinieren will, gerät er ganz schön in Rage. Und ebenso hätte wohl auch ein Wiederaufflackern Max-und-Moritzscher Aktivitäten an deren Ursprungsort Ebergötzen keine Chance, als Jubiläumsveranstaltung, als kulturhistorischer Gedenkakt abgebucht zu werden, sondern riefe – so wie überall – die obrigkeitliche Disziplinargewalt auf den Plan: »Aber das bedenke stets: Wie man's treibt, mein Kind, so geht's.«

Am Eingang zur Schule hängt ein hölzerner Lämpel an der Wand, das Werk eines heimatlichen Schnitzers. Buschs berühmter Introitus zum vierten Streich: das grämliche Gesicht mit den vor Strenge weitaufgerissenen Augen, Knorpelnase und Nörgelkinn, der in den Stehkragen eingezwängte dürre Hals, die Mütze mit dem lächerlichen Schopf, der demonstrativ hocherhobene Zeigefinger – jede Linie aus Wilhelm Buschs Zeichenfeder vom Schnitzmesser des Imitators liebevoll nachempfunden. Und von fremder Hand – kein Zweifel: von Schülerhand – um eine Zigarette komplettiert. Dem braven Lehrer – »von dem Tobak ein Verehrer« – zwischen die Lippen geklemmt. Also wenigstens ein Hauch von »Max und Moritz« – ich atme auf.

Doch es ist ein kurzes Aufatmen. Die Lustigkeit, die ich mir von diesem Lokalaugenschein erwartet habe, will sich nicht und nicht einstellen: Zu stark ist die Verbissenheit, mit der dieses Ebergötzen seine Akkreditierung als Max-und-Moritz-Schauplatz betreibt. Eine einzige Vereinsmeierei aus Förderkreis und Beirat, aus Satzung und Subvention, aus Eingabe und Aufruf, aus Baufonds und Zonenrandförderung, aus Bürgerinitiative und flammendem Appell deckt allen Busch-Witz unbarmherzig zu, und obzwar ich, indem ich dies sage, sehr wohl weiß, wie unrecht ich all diesen wackeren Leuten tue, die sich für »die gute Sache« einsetzen, die zum Beispiel Opfer über Opfer dafür gebracht haben, daß sich seit einigen Jahren das Mühlrad wieder dreht, in dessen Schatten der kleine Wilhelm mit seinem Freund, dem Müllerssohn, seine Bubenstreiche ausgeheckt hat, sie tun's um eine Spur zu ernst. Selbst ihr Nachrichtenblatt, das sie herausgeben, läßt sich von einer so trockenbürokratischen Einrichtung wie der hochoffiziellen »Niedersachsen-Korrespondenz« die Schau stehlen, der ich entnehme, daß man im Hannoverschen Landtag, als es in einer seiner Fragestunden um die Rettung der Busch-Mühle ging, für einen Moment mit dem üblichen Parlamentsstil aussetzte und seine Standpunkte in Versform vertrat – der Abgeordnete, der seinen Hilferuf an die öffentliche Hand in den Zweizeiler münden ließ:

Drum frage ich das Kabinett,
ob's Geld für diese Mühle hätt',

und der Finanzminister, der ebenso wohlgereimt antwortete:

Ist's auch mit der Mühle aus,
Busch lebt doch in jedem Haus.

Eine Absage, die mir freilich auch zu denken gibt. Sollte am Ende mit Humor – selbst in einer Sache wie dieser – nichts zu erreichen sein? Sollte es eben doch nur mit dem sturen Dienstweg gehen, mit Vereinsbeschlüssen und Schirmherrschaft, mit Mitgliederwerbung und Spendenaufruf, mit Beitragseintreibung und Stufenplan – sogar im Namen zweier solcher Possenfiguren wie Max und Moritz? Je länger ich in diesem Ebergötzen verweile und je mehr ich mit dem Übermaß an Schwierigkeiten vertraut werde, die sich den Bemühungen seiner Bürger entgegenstellten, die örtliche Busch-

Vergangenheit zu revitalisieren, desto respektvoller muß ich vor ihnen den Hut ziehen. Anders als mit Vereinskram, anders als mit ihren Silbermedaillen – vorn Busch, hinten die bösen Buben –, anders als mit ihren Wandtellern aus Arzberger Edelporzellan – »Max und Moritz, gar nicht träge, / sägen heimlich mit der Säge« –, anders hätten sie wohl nie jenes Geld zusammengebracht, das sie mittlerweile tatsächlich in den Stand gesetzt hat, die Busch-Mühle wiederaufzubauen. Ob es an der Schwerfälligkeit der Subventionsmaschinerie liegt oder einfach an der Humorlosigkeit unserer Zeit: Dem Witz, so scheint's, ist nur mit Ernst auf die Beine zu helfen.

In Göttingen steige ich aus dem Zug, der Bürgermeister von Ebergötzen holt mich vom Bahnhof ab. Die sechzehn Kilometer bis zu seinem Dorf – heute die tägliche Pendlerstrecke für jeden zweiten aus dem Ort – waren zu Buschs Zeiten noch eine halbe Tagesreise: »Sitzend auf dem Bock neben dem Postillon«, schreibt er in einem Brief am 28. Januar 1876, »fuhr ich bei scharfem Winterwind von Göttingen aus über die Berge nach meinem lieben Ebergötzen, wo ich den letzten und schönsten Teil meiner Kinderjahre verlebte. Noch immer erschüttert es mich, wenn das enge felsige Tal mich umfängt, in dem die Quellen sich zu dem Bach vereinen, worin ich vor dreißig Jahren Forellen mit der Hand gefangen habe. Kein Ort ist mir so vertraut wie Ebergötzen. Ich lese es wie ein Buch; bei jedem neuen Besuch fange ich ein neues Kapitel an. Der Müller in der alten Mühle mitten im Dorf ist seit meinem zehnten Jahr mein Freund, der liebste und beste, den ich habe.«

Der Bürgermeister ist wohlpräpariert, ein perfektes Referat über Ebergötzen und seine Beziehungen zu »Max und Moritz« erwartet mich. Jede Sorge vor Übertreibung wäre unbegründet: Seitdem einer Göttinger Zeitung in einem Bericht der Lapsus passiert ist, Busch habe in Ebergötzen seine

»Bubengeschichte in sieben Streichen« verfaßt (statt erlebt), und darüber die Busch-Kenner aus dem Häuschen gerieten, greift er eher zu tief als zu hoch. In Ebergötzen habe Busch jene Kindheitserlebnisse gehabt, die ihm den Rohstoff für »Max und Moritz« geliefert hätten, hier hätten sich, in dieser oder anderer Gestalt, etliche der bewußten Streiche abgespielt, hier hätten, in dieser oder anderer Gestalt, die Opfer dieser Streiche gelebt, also die Vorbilder der Witwe Bolte, des Schneiders Böck, des Lehrers Lämpel, des Onkels Fritz, des Bauern Mecke, des Bäckers und des Müllers; ihre Häuser, allen voran die Mühle, stünden zum Großteil noch – kurzum: Hier sei die Konzeption für eines der populärsten Kinderbücher deutscher Herkunft entstanden. Der Herr Bürgermeister sagt wirklich »Konzeption«, und er sagt auch irgend etwas von »Cartoons« und »Comics«, und er läßt durchblicken, daß ihn keine noch so gelehrte Wilhelm-Busch-Gesellschaft daran hindern könne, sein Ebergötzen für den wichtigsten Busch-Ort anzusehen – nach Wiedensahl natürlich, wo der Meister zur Welt gekommen ist. In Ebergötzen, als Privatschüler seines Onkels, des Pastors Georg Kleine, habe er »seine entscheidende Formung« erfahren, hier spiele sein Hauptwerk, und hierher sei er besuchsweise, bis ins hohe Alter, immer wieder zurückgekehrt.

»Fast unverändert lag's da auf beiden Seiten des Bachs an und zwischen den zwei Hügeln, wie ehedem«, berichtet der 54jährige seinem Freund Kaulbach nach München. »Aber wie hat dagegen das Verändernde die Bewohner verarbeitet. Die alten Wohlbekannten alle weg; die damals Jungen, darunter ich, jetzt alt und auch rücksichtslos so genannt, wie's denn auch wahr ist. Dahinter der junge Nachschub, bereit, seine Vordermänner bei passender Gelegenheit in schwarze Kisten zu verpacken und ins Suterräng zu bringen. Es geht schnell, wenn man so umschaut. Man betrachtet mit Wehmut das spielende Kindervolk, mit staunender Genugtuung sehr Alte, die es ausnahmsweise so lang ausgehalten, ohne schwach zu werden.«

Was es an Äußerungen Wilhelm Buschs über seine »hübschen bummeligen Tage« in Ebergötzen gibt, über die fünf Jahre im Pfarrhaus und über die zahlreichen späteren Besuche in der »wackeligen alten Mühle«, die ihm stets das Gefühl gaben, »als hätte ich mal wieder an den offenherzigen Quellen des Lebens gesessen, die sich ja sonst unter der Dressur verstecken«, läßt mir der Herr Bürgermeister auf mein Zimmerchen im Gasthof schaffen, und damit nur ja nichts davon verlorengeht, wird ein Versteck unter der Matratze vereinbart. Ich erfahre also, wie der kleine Wilhelm – vom Vater, dem »rührigen, mäßigen und gewissenhaften« Krämer, dazu bestimmt, Maschinenbauer zu werden – nach drei Jahren Volksschule im heimatlichen Wiedensahl zu seiner Dreitagereise nach Ebergötzen aufbricht, wo der Onkel Pastor gerade seine erste Stelle angetreten hat:

»Früh vor Tag wurde das dicke Pommerchen in die Scheerdeichsel des Leiterwagens gedrängt. Das Gepäck ist aufgeladen; als ein Hauptstück der wohlverwahrte Leib eines alten Zinkedings von Klavier, dessen lästig gespreiztes Beingestell in der Heimat blieb. Die Reisenden steigen auf; Großmutter, Mutter, vier Kinder und ein Kindermädchen; Knecht Heinrich zuletzt. Fort rumpelt's durch den Schaumburger Wald. Ein Rudel Hirsche springt über den Weg; oben ziehen die Sterne; im Klavierkasten tunkt es. In Wirtshäusern einkehren taten wir nicht; ein wenig seitwärts von der Straße wurde stillgehalten, der Deckel der Ernährungskiepe wurde aufgetan und unter anderem ein ganzer geräucherter Schinken entblößt, der sich bald merklich verminderte. Nach zweimaligem Übernachten bei Verwandten erreichten wir glücklich das Ebergötzener Pfarrhaus. Der Onkel war ein stattlicher Mann, ein ruhiger Naturbeobachter und äußerst milde; nur ein einziges Mal, wenn schon öfters verdient, gab's Hiebe; mit einem trockenen Georginenstengel; weil ich den Dorftrottel geneckt. Gleich am Tage der Ankunft schloß ich Freundschaft mit dem Sohne des Müllers. Einen älteren Freund gewann ich in dem Wirt und Krämer des Orts. Bei ihm fand ich einen dicken Liederband, welcher durchgeklimpert, und viele der freireligiösen Schriften jener Zeit, die begierig verschlungen wurden. Der Lehrer der Dorfjugend, weil nicht der meinige, hatte keine Gewalt über mich – solange er lebte. Aber er hängte sich auf, fiel herunter, schnitt sich den Hals ab und wurde auf dem Kirchhof dicht unter meinem Kammerfenster begraben. Und von nun an zwang er mich allnächtlich, auch in der heißesten Sommerzeit, ganz unter der Decke zu liegen. Bei Tage ein Freigeist, bei Nacht ein Geisterseher ... Meine Studien teilten sich naturgemäß in beliebte und unbeliebte. Zu den ersteren rechne ich Märchenlesen, Zeichnen, Forellenfischen und Vogelstellen.«

Anderntags, in aller Herrgottsfrühe, treffe ich mich mit dem Bürgermeister zum Rundgang durch den Ort. Das Pfarrhaus, von der Gemeinde – ebenso wie die Mühle – durch Ankauf vor Verfall und Abriß gerettet, Fachwerk wie fast alles hier und von mächtigen Baumkronen eingedunkelt, ist beides in einem: Gemeindeverwaltung und Busch-Gedenkstätte. Unten das Zimmer des Bürgermeisters und die Dorfbücherei, oben Wilhelms Kemenate und Onkels Amtsstube. Der Blick auf das Grab des lebensmüden Schulmeisters Lembke lohnt nicht mehr: Längst ist der Friedhof an den Ortsrand gerückt. Und das Fenster, in das der Pastorenzögling seinen Namen eingeritzt hat, befindet sich im Besitz des Busch-Museums in Hannover – da bleibt der Besucher auf seine Phantasie angewiesen.

Gleich vis-à-vis die Kirche, einer der Nebenschauplätze aus »Max und Moritz«. Denn hier ist es, wo Lehrer Lämpel

»mit Gefühle / saß vor seinem Orgelspiele«, während sich »die bösen Buben / in sein Haus und seine Stuben« schlichen und die geliebte Meerschaumpfeife mit Flintenpulver vollstopften, jenes tückische Attentat in die Wege leitend, das sein Opfer so übel zurichten sollte:

Nase, Hand, Gesicht und Ohren
sind so schwarz als wie die Mohren,
und des Haares letzter Schopf
ist verbrannt bis auf den Kopf.

Die Orgel von damals existierte noch bis vor kurzem; wenn auch nur als Abfallgut: im Hof des Pfarrhauses, in ihre Einzelteile zerlegt, für die Müllabfuhr bereit; das gute alte Stück hatte ausgedient. Als provisorischer Behelf, bis die karg dotierte Pfarre sich etwas Besseres, Eigenes, Neues leisten konnte, wurde die Orgel aus der Notkirche des Durchgangslagers Friedland installiert – auf ihr war seit 1949 den West-Ankömmlingen das Willkomm gespielt worden. Jetzt steht dort an der Stelle der Baracke eine stattliche Kirche, da würde – bei so dürftigem Klang – der Choral der Freiheit sich wohl allzu kläglich ausnehmen. Für die Ebergötzener Bedürfnisse hingegen langt's.

Nach wie vor gehört es zu den Obliegenheiten des Lehrers, das Amt des Organisten zu versehen, und wenn Wilhelm Busch seinen beiden Spitzbuben auch einen Streich auf geistlichem Terrain gestattet hätte, so wäre es wohl irgendeine Dummheit mit jenem Taufengel gewesen, der, eine Rarität weit und breit, an zwei Schnüren von der Decke herabhängt und bei jeder Ebergötzener Taufe in Aktion tritt: auf ein musikalisches Signal des Organisten hin von der Küsterin in Bewegung gesetzt und dann feierlich zur Erde herabschwebend. Auch ohne Max und Moritz als Drahtzieher hat's da schon so manches verstohlene Gekicher gegeben – nämlich immer dann, wenn es die Küsterin bei ihrer ferngesteuerten Mechanik an Präzision fehlen ließ und der Himmelsbote heftig planschend im Taufbecken landete statt zu Häupten des Täuflings.

Pastor W., den ich in der provisorischen Pfarrerswohnung aufsuche, ist gerade mit der Vorbereitung der Sonntagspredigt fertig und also bereit, mich zu empfangen. Der junge Ostfriese, der in der niedersächsischen Landpfarre die Muße für die Fertigstellung seiner Doktorarbeit fand, hat sich selbstverständlich auch für jene vierziger Jahre des vorigen Jahrhunderts interessiert, da Wilhelm Busch im Ebergötzener Pfarrhaus logierte – allerdings mehr im Hinblick auf seinen eigenen Amtsvorgänger als auf dessen Zögling. Dieser Pastor Kleine sei ja nicht nur ein hervorragender Seelenhirte gewesen, sondern auch ein Naturwissenschaftler von hohen Graden, ein Bienenforscher zumal, Verfechter der Parthenogenese-Theorie und Herausgeber des Hannoverschen Bienenwirtschaftlichen Centralblattes; seinem Einfluß sei nicht nur Buschs Bildergeschichte »Schnurrdiburr« zuzuschreiben, sondern auch dessen phantastischer, freilich bald wieder verworfener Emigrationsplan, sich als Imker im fernen Brasilien niederzulassen. Hingegen habe er zu Busch unmittelbar nur eine recht oberflächliche Beziehung, ja der Busch-Rummel sei ihm geradezu zuwider, wie könne man denn beispielsweise ein so törichtes Projekt ins Auge fassen, die traditionsreiche Nachbargemeinde Radolfshausen in »Buschdorf« umzubenennen, und auch die örtlichen Volksfeste und Umzüge mit ihren Max-und-Moritz-Figuren seien eine problematische Angelegenheit, wo doch in einem der letzten Jahre glatt die Hälfte derer, die er eingesegnet habe, bei Verkehrsunfällen auf der Hauptstraße ums Leben gekommen sei. Aber der Busch, das habe er einsehen gelernt, gehe hier eben manchen Leuten über alles, und als er, seinerseits mehr an Judaistik interessiert, einmal den alten Jütte, damals noch die lebende Ortschronik von Ebergötzen, nach dem Verbleib der jüdischen Viehhändler habe ausfragen wollen, die im 19. Jahrhundert in der Gegend ansässig gewesen seien, habe der beharrlich das Thema gewechselt und immer wieder davon angefangen, welch große Ehre es für ihn als Knaben gewesen sei, den Pfeifentabak für Wilhelm Busch einkaufen gehen zu dürfen.

Ein geneigteres Ohr bei meinen Busch-Recherchen finde ich im staatlichen Forstamt. Dr. L., aus dem Riesengebirge zugezogen so wie der Bürgermeister aus Sachsen, verfügt über eine opulente Dia-Kollektion in Sachen Busch, seine im Versandhandel erstandene Kopie des alten Max-und-Moritz-Films versäumt er keinem seiner Besucher vorzuführen, und mit besonderem Behagen erinnert er sich jenes Lichtbildervortrags, mit dem es ihm vor einigen Jahren gelang, die Notabeln des Landkreises gegen jene Göttinger Stadtverordnete aufzubringen, die im Zusammenhang mit der Taufe einer neuen Schule deren präsumtiven Namenspatron Wilhelm Busch des Sadismus, des Antisemitismus und des Antiklerikalismus glaubte zeihen zu müssen.

Selber ein Mann von Humor, tritt Dr. L. keineswegs nur akademisch als Busch-Apologet auf. Als die Tochter seines Vorgängers Hochzeit feierte und, altüberliefertem lokalem Brauch gemäß, unbekannte Täter aus der vergitterten Speisekammer den Festtagsbraten entführten, sorgte er dafür, daß der Bericht im Lokalblatt nicht im trockenen Kanzleistil des Polizeiprotokolls abgefaßt war, sondern – das war man sich in der Heimatgemeinde der Witwe Bolte schuldig! – die entsprechende literarische Überhöhung erfuhr: »Max und Moritz wieder am Werk.« Und als dem Herrn Forstmeister eines Tages ins Auge stach, daß das alte Kutscherhaus der Försterei täuschend ähnlich die Witwe-Bolte-Situation widerspiegelte – samt Apfelbaum und dürrem Ast –, konnte er nicht der Versuchung widerstehen, Besucher von auswärts, darunter die sichtlich beeindruckten Teilnehmer einer hochwissenschaftlichen Exkursion von Forstfachleuten, zum Narren zu halten. Ja, um den Spaß voll zu machen, wäre es ihm die Sache sogar beinahe wert gewesen, eigens das dazugehörige Federvieh anzusiedeln. Vier Stück, versteht sich – streng nach Wilhelm Busch: »Ihrer Hühner waren drei / und ein stolzer Hahn dabei.«

Nur freilich: Wozu Täuschungsmanöver, solange das Original genug Spuren hinterlassen hat? Mitten im Ort, gleich neben der Mühle, steht das Haus der Witwe Bolte. Berkefeld hieß sie in Wirklichkeit. Die heutigen Besitzer haben das Anwesen stark modernisiert – mit Vorgarten und Garage, auch das Innere ist verändert. Aber sie können sich noch genau erinnern, wie es damals aussah – damals, als es ihre Mutter den Verwandten der Berkefeld für 900 Mark abgekauft hat. Ähnlich verhält es sich mit dem Besitz des Schneiders Böck:

Nämlich vor des Meisters Hause
floß ein Wasser mit Gebrause.
Übers Wasser führt ein Steg,
und darüber geht der Weg.

Danne hieß der Meister, heute hat sich hier ein Bauarbeiter eingerichtet – einen Schneider gibt's im ganzen Ort nicht mehr. Dort, wo nun ein Gartentor den Zaun unterbricht, lief früher ein geländerloser schmaler Holzsteg über den Mühlgraben. Seitdem im Zuge von Straßenbauarbeiten (die die denkmalschützerisch Gesinnten mittlerweile wohl bereuen) der Wasserlauf verrohrt worden ist, muß man ein paar Schritte weitergehen: bis vor zur Mündung, bis vor zur Aue, die sich hier, von Gänsen bevölkert und von Stegen überquert, den Wiesengrund entlangschlängelt. Hier könnten gut auch heute noch Max und Moritz ihr Unwesen treiben, hier ist die Zeit stehengeblieben: die Hinteransichten der noch immer bewirtschafteten Höfe, die bunten Bauerngärten, das schwarzgefleckte Rindvieh. Nur mit ihrer Säge würden die beiden Bösewichter nicht viel ausrichten: Die Stege sind unterdessen aus Beton.

Wieder ein Haus weiter: der Hof des Bauern Mecke, dem sie die Kornsäcke aufschlitzten. Jütte hieß er mit seinem echten Namen – sein Enkel, vor einigen Jahren gestorben, hatte noch den alten Herrn Busch persönlich gekannt. Kein Wunder, daß das Anwesen ständig von Busch-Forschern umlagert war: Sie ließen den letzten Zeugen seine Erinnerungen auf Tonband sprechen. Selbst ihm in seinem Stolz wurde es manchmal zuviel.

Dem Jütte-Hof gegenüber: die Mühle – klar, daß bei so enger Nachbarschaft der Bauer Mecke kein Pferdegespann brauchte, um den »großen Sack« mit dem »Lumpenpack« beim Meister Müller abzuliefern, damit dieser Max und Moritz zu Schrot vermahle, zu des gefräßigen Federviehs, ja zu des ganzen Dorfes Freude:

Gott sei Dank! Nun ist's vorbei
mit der Übeltäterei!

Einen zweiteiligen Lokalaugenschein verlangt Streich Nr. 6. Vorm Dorf, dort wo die Aue eine ihrer breiten Stellen hat und auch heute noch die Kinder gerne wild baden, ist jener Platz, an dem der zehnjährige Wilhelm Busch und sein gleichaltriger Freund Erich aus Erdreich und Wasser einen dicken Brei anrührten, sich damit von oben bis unten vollkleisterten und in die Sonne legten, »bis wir überkrustiert waren wie Pasteten«. Von hier, kein Zweifel, stammt das Motiv der im Teigtrog des Backhauses landenden Brezeldiebe:

Ganz von Kuchenteig umhüllt,
stehn sie da als Jammerbild.

Das Backhaus selbst stand im Dorf drinnen, nächst der Schule. Die Tochter des letzten Bäckers, die selber noch das väterliche Handwerk erlernt, ihm aber, seitdem es unrentabel geworden, wieder abgeschworen hat, zeigt mir das Badezimmer: Hier befand sich früher der Backofen. Im Hof leistet noch immer der alte Teigtrog gute Dienste: den Schafen als Tränke. Und »die Kist', wo das Mehl darinnen ist«, hat als Blumenkasten eine neue Bestimmung gefunden. Nur die Brotbleche und die Kuchenformen – die habe man an die Konkurrenz abgestoßen; samt den Blechfiguren, mit denen vor Weihnachten immer die Honigkuchenmänner ausgestochen wurden. Ja, wenn sie heute noch die Bäckerei betrieben, würden sie diesen Kerlen nun wohl die Gestalt von Max und Moritz geben. Aber an solche Möglichkeiten der Vermarktung habe man früher nicht gedacht. Und »was vorbei ist, ist vorbei«.

Nicht für alle. Der Apotheker, ein paar Hausnummern weiter, braut einen Kräutergeist »Fromme Helene«, den er »nach fettem, reichlichem Essen« empfiehlt, und beruft sich in den dazugehörigen Annoncen auf das Busch-Wort »Wer Sorgen hat, hat auch Likör«. Auch Elektrohandlung, Farbengeschäft und Musikhaus nehmen an der allgemeinen Busch-Verballhornung teil, um zu honorarfreien Werbesprüchen zu kommen, und selbst als man sich nach einem Motto für den Wiederaufbau der Mühle umsah, fand sich etwas Passendes: »Neues läßt sich schnell gestalten, Altes jedoch schwer erhalten.«

Die revitalisierte Busch-Mühle (deren unablässiges »Rikkeracke« den kleinen Wilhelm so manches Mal aus dem Schlaf riß) ist heute die Hauptsehenswürdigkeit für die Touristen, die in großer Zahl nach Ebergötzen kommen. Daß

Die Ebergötzener Busch-Mühle.

das Mühlrad nicht mehr vom »rauschenden Bach«, sondern von einer Spezialanzapfung der örtlichen Wasserleitung und, zur Verstärkung, von einem gut kaschierten Elektromotor angetrieben wird, nehmen sie gern in Kauf. Ganz läßt sich das Rad der Geschichte eben doch nicht zurückdrehen.

Die Bachmanns, denen die einstige Herrenmühle des Amtes Radolfshausen gehört hat: Zehentscheuer zuerst, Pachtmühle sodann und schließlich der reichste Besitz rundum, waren eine der angesehensten Familien der Gegend. Erich, Wilhelm Buschs Freund, genießt noch als Toter besondere Privilegien: Die Friedhofsverwaltung (ansonsten so streng, daß es unlängst über den bloßen Farbton eines frischen Grabsteins zum Prozeß kam) sieht großzügig darüber hinweg, daß Erich Bachmanns schwarzer Marmorobelisk total aus der Reihe tanzt und als einziges unter sämtlichen Grabmälern schräg steht.

33 Jahre ist Wilhelm Busch alt, als seine »Bubengeschichte« herauskommt; nach den Jahren in Lüthorst und Hannover, in Düsseldorf, Antwerpen und München ist

er wieder ins heimatliche Wiedensahl zurückgekehrt. Am 12. Dezember 1863 gibt er zum erstenmal Nachricht vom Reifen des kleinen Werks – in einem Brief an Otto Bassermann, den Kumpanen aus der Künstlerclique »Jung-München«, seinen späteren Verleger: »Was die ausgequetschte Zitrone anbelangt, so will ich Dir nur vorläufig bemerken, daß in den Abenden bereits etwas Neues mit circa 100 Zeichnungen für den Holzschnitt fertig skizziert ist.« Die Sache muß dann eine Weile liegengeblieben sein; erst im Spätsommer des darauffolgenden Jahres findet das »kleine Kinderbuch, das ich angefangen«, neuerlich Erwähnung, und im Herbst bietet er das Manuskript dem Verlagsbuchhändler Heinrich Richter in Dresden an, der kurz zuvor seinen Erstling (die Bilderpossen »Der Eispeter«, »Katze und Maus«, »Krischan mit der Piepe« und »Hänsel und Gretel«) herausgebracht hat. Busch verlangt kein Honorar – »Max und Moritz« ist als Trostpflaster für den jungen Verleger gedacht, der auf den »Bildpossen« sitzengeblieben ist. Doch Richter – unter anderem seinen Vater, den berühmten Märchenzeichner Ludwig Richter, und eine Reihe anderer Autoritäten konsultierend – lehnt dankend ab. So bleibt Busch nichts anderes übrig, als reuig zu seinem Entdecker Caspar Braun zurückzukehren, der den jungen Künstler seit 1859 in seinen »Fliegenden Blättern« und in den ebenfalls von ihm herausgegebenen »Münchner Bilderbögen« zwar nach Kräften beschäftigt, zugleich aber auch, was die Entlohnung anlangt, ausgesprochen knapphält.

»Wie sehr würde es mich freuen, einmal wieder etwas von Ihnen zu hören!« bittet Busch also nun den »lieben Herrn Braun« um Gnade. »Ich schicke Ihnen hier die Geschichte von Max und Moritz, die ich zu Nutz und eigenem Pläsier auch gar schön in Farben gesetzt habe, mit der Bitte, das Ding recht freundlich in die Hand zu nehmen und hin und wieder ein wenig zu lächeln. Ich habe mir gedacht, es ließe sich als eine Art kleiner Kinder-Epopöe vielleicht für einige Nummern der Fliegenden Blätter und mit entsprechender Textveränderung auch für die Bilderbögen verwenden.«

Der Rest ist Literaturgeschichte: Caspar Braun erkennt mit einem Blick, welcher Schatz ihm da zugefallen ist, kauft dem Autor für 1700 Goldmark das Opus samt allen Rechten ab und macht daraus, statt es an seine Zeitschriften zu verzetteln, ein Buch. Allen Anfeindungen seitens der Pädagogen zum Trotz (»eins von den äußerst gefährlichen Giften, welche die heutige Jugend, wie man überall klagt, so naseweis, unbotmäßig und frivol machen«) wird es sein größter Verlagserfolg. Der Autor, finanziell ein für allemal abgefunden, erntet lediglich den Ruhm – einen Ruhm, der sich freilich sehen lassen kann: mit der Zeit in Millionen von Exemplaren verbreitet zu sein, in 30 Fremdsprachen übersetzt, von Oper und Ballett adaptiert, von Epigonen imitiert, von der Werbung ausgeschlachtet und in jedem möglichen und unmöglichen Zusammenhang verewigt zu werden: auf Abziehbildern und Tapeten, auf Briefmarken und Strumpfpackungen, auf Seifenstücken und Pralinenschachteln.

Am wenigsten wird man es den Ebergötzenern verwehren dürfen, hier mitzumachen. Denn bei ihnen, notabene, fließt die Quelle, der »Max und Moritz« entsprungen ist. Als er schon ein alter Mann war, fragte einmal ein kleines Mädchen beim Herrn Busch in Wiedensahl an, ob »Max und Moritz« denn »eine wahre Geschichte« sei. Und der Meister antwortete: »Nun, so ganz wohl nicht. Aber einiges ist wirklich passiert.«

Die Ebergötzener Szenerie blieb ihm bis ins hohe Alter vertraut: Jahr für Jahr kam er mit schöner Regelmäßigkeit zu seinem Freund, dem Müller, auf Besuch: »Das Bett wackelte noch wie früher beim Getriebe der Räder, und das herabstürzende Wasser rauschte durch meine Träume.« Nur dem

Begräbnis, ein Jahr vor seinem eigenen, mußte er fernbleiben: »Leider zu schwach auf den Füßen«, heißt es im Kondolenzbrief. Und an die grausamen Bubenstreiche von einst mag ihn das Treiben seines Wiedensahler Nachbarssohnes erinnert haben; jedenfalls schrieb Wilhelm Busch um die Zeit, da »Max und Moritz« entstand, diesen Brief an seinen Verleger Caspar Braun:

»Das Interessanteste, das ich hier sehe, ist der neunjährige Sohn meines Nachbarn, der grad unter meinem Fenster den Tummelplatz seiner jugendlichen Spiele hat. Ißt er sein Morgenbutterbrot, so versäumt er sicher nicht, einem hungrigen Hunde jeden Bissen erst vor die Nase zu halten, eh er ihn selber ins Maul schiebt; wodurch er sich, nebst der Annehmlichkeit, die der Genuß eines Butterbrots schon an sich zu gewähren pflegt, auch noch das Vergnügen verschafft, einen anderen das entbehren zu sehen, was er selber genießt. – Sobald die Mistpfütze bis oben mit Jauche gefüllt ist, zieht er seine eignen Stiefel aus und seines Vaters Stiefel an, um darin herumzupatschen. – Muß er sich schneuzen, so schmiert er den Schleim ohne Frage auf den Türdrücker oder an den Pflugstiel, denn dadurch verschafft er sich erstens Luft und zweitens die Genugtuung, zu sehen, wie ein anderer hineintappt. – Gackelt irgendwo ein Huhn, gleich schleicht er hinterher, nimmt das warme, kaum zur Welt gebrachte Ei sofort in Empfang und vertauscht es im Laden des Krämers gegen die Süßigkeit des Candiszuckers. – Ja, sogar aus dem Bedürfnisse des Schiffens weiß sich der erfinderische Kopf eine Quelle des Vergnügens zu schaffen. Indem er nämlich den Schlauch vorne zusammenkneift, treibt er so den Strahl mit Heftigkeit bald steil in die Luft, bald in Parabeln und Hyperbeln und allen Kurven der höheren Geometrie auf den Schnee oder in die Astlöcher der Balken und Bretter, und wehe der unglücklichen Spinne, die, durch den nahenden Frühling hervorgelockt, in irgendeiner Spalte sich blicken läßt: Rückzug, schleunige Flucht oder der bitterste Tod – das ist die Alternative ... Dies, mein lieber Herr Braun, wären die wichtigsten meiner gegenwärtigen Erlebnisse.«

Zu der Erinnerung an die eigenen Lausbubenstücke, beim alljährlichen Besuch in Ebergötzen gewiß zuzeiten aufgefrischt, trat also nun noch der äußere Anstoß – in Gestalt jenes Bengels, der da vor Buschs Fenster sein Unwesen trieb. Fräulein Berkefeld und Schneider Danne, Lehrer Lembke und Bauer Jütte, Onkel, Müller, Bäckersmann – sie alle wurden noch einmal mit Leben erfüllt, in Karikatur und Vers, nur scheinbar kindliche »Übeltätigkeit« geißelnd, in Wahrheit die dem Künstler so suspekte Spießerseele attakkierend. Und alles miteinander so deutlich ins Surrealistisch-Groteske überhöht, daß die einen wie die andern seit Jahr und Tag ihre liebe Not mit ihm haben: die einen, die Wilhelm Busch als Kronzeugen für die repressive, und die andern, die ihn als Kronzeugen für die permissive Erziehung einspannen wollen.

Die Ebergötzener sind da pfiffiger: sie tun keins von beidem. Sondern freuen sich ihrer Max-und-Moritz-Vergangenheit, indem sie in der Gegenwart – und bestimmt auch in Zukunft – ihre Feste feiern. Und sollten bei diesen Festen Kostümfragen aufkommen – nichts leichter als das: Die lassen sie den Wilhelm Busch lösen. Mit anderen Worten: Wer einen Spitz bei der Hand hat, geht als Witwe Bolte, Besitzer altväterischer Morgenröcke empfehlen sich als Lämpel-Doubles, und kinderreiche Familien rekrutieren Onkel Fritzens Maikäferschar: »Hin und her und rund herum / kriecht es, fliegt es mit Gebrumm.«

Hofmannsthal auf Sommerfrische oder Die Pietà im Pustertal

Es ist, als wäre E. T. im Pustertal gelandet. Der alte Walder Hubert ist der erste, der das Spektakel registriert: Morgen für Morgen ist er lange vor den andern auf den Beinen. Er liebt die Frische des Tagesanbruchs, will beim morgendlichen Erwachen der Natur dabeisein, ist ein Mensch der Frühe. An diesem Morgen ist er mit dem Feldstecher unterwegs, um auf halber Strecke zum Brunstriedl dem Auerhahn bei der Balz zuzusehen. Er kennt Land und Leute wie kein zweiter: Land – das sind für ihn vor allem die Fichten- und Lärchenwälder ringsum; Leute – das sind für ihn, den immer menschenscheuer werdenden Witwer, die Tiere, die darin siedeln und rasten. Sorgfältig führt er über ihr Kommen und Gehen Buch, auch über ihr eventuelles Ausbleiben, und diesmal, in der Tat, ist eines von ihnen ausgeblieben: das Birkhuhn. Dafür findet er etwas anderes, etwas Ungewöhnliches, etwas, das stark nach einer Störung der natürlichen Ordnung aussieht: einen mächtig großen, plastikbunten Ballon irgendeines Kinderhilfswerks, den, wie die Entzifferung der Begleitpapiere lehrt, eine Schülerin im tausend Kilometer entfernten Saarland auf die Reise geschickt und den es auf dieser Reise bis nach Südtirol getrieben hat: an einen Waldsaum im oberen Pustertal. Der alte Walder Hubert, der es normalerweise mit anderen Entdeckungen, nicht mit solchen der dritten Art zu tun hat, mit Raute und Brunelle, mit Sumpfmeise und Murmeltier, tut, wie ihm geheißen, füllt den dem luftigen Sendboten auf den Weg mitgegebenen Meldezettel aus, bringt ihn zur Post und erhält schon nach wenigen Tagen Antwort. Zwischen Absenderin und

Empfänger kommt eine lebhafte Korrespondenz in Gang, und vielleicht reist die kleine Deutsche noch in diesem Jahr samt Eltern in die Ferien nach Südtirol.

Der Walder Hubert hat jedenfalls alles dafür vorbereitet, weiß genau, was er seiner Brieffreundin zeigen, welche Wege er sie führen und vor allem: zu welcher Stunde er sie wecken wird. Denn sein Programm beginnt in aller Herrgottsfrühe: bevor das Pustertal erwacht. Es ist für ihn, solange er denken kann, die schönste Stunde am Tag. Und noch etwas: Er hat sie ganz für sich allein. Alle andern verschlafen sie: sogar der Bäcker, seitdem er nicht mehr selber das Brot in den Ofen schiebt, sondern nur noch in den Lieferwagen steigt und die Fertigware aus dem Nachbarort Toblach herankarrt; der Knecht, der schon lange nicht mehr zwischen vier und fünf aus dem Haus tritt, um die Sense zu schärfen, die Magd zur Seite, die dabei das Dengellied singt; der Bauer, der sich mit dem Melken der Kühe Zeit lassen kann, weil der Milchtankwagen aus Bruneck erst vorfährt, wenn der österreichische Korridorzug durch ist; die Schulkinder, die nicht mehr – wie noch zu seiner Zeit – vor Unterrichtsbeginn im Pausenhof antreten und in geschlossener Formation zur Frühmesse marschieren; der Mesner von Sankt Margareth, der neuerdings statt um fünf erst um halb sieben zur »Tagreveille« läutet; die Touristen, die sich, ermattet vom abendlichen Umtrunk, kaum vor acht am Frühstücksbüffet blikken lassen. Dabei war die Fünfuhrwanderung gerade in dieser Landschaft, die in den »Gründerjahren« der Sommerfrische zu Europas Pionierregionen gezählt hat, einer der Fixpunkte des touristischen Tagesablaufs – eine Tradition, die also nur wiederentdeckt, nur wiedererweckt zu werden brauchte. Und die Literatur könnte dabei Hilfe leisten: Ich denke an Hugo von Hofmannsthals berühmtes Gedicht »Vor Tag«, das ebendieser Konstellation an eben diesem Ort seine Entstehung verdankt.

Sommer 1907. Hofmannsthal und der zwölf Jahre ältere Kollege Arthur Schnitzler, schon am gemeinsamen Wohnort Wien unzertrennliche Freunde, beschließen, einander auch während des Urlaubs zu treffen. Da beide mitten in einer Arbeit sind (Schnitzler feilt an seinem Roman »Der Weg ins Freie«, Hofmannsthal schreibt an den »Briefen des Zurückgekehrten«), hat man die Kinder in Wien zurückgelassen, nur die Frauen sind mit von der Partie. Die Hofmannsthals reisen zunächst für zwei Wochen an den Lido, anschließend nach Cortina; die Schnitzlers, minder mondän, nähern sich ihrem Feriendomizil von Kärnten her. Die Wahl fällt auf Welsberg, wo man sich schon vor einigen Sommern wohlgefühlt hat.

Seitdem der propere Garnisonsort an der Strecke Marburg-Franzensfeste Schnellzugstation der k. k. privilegierten Südbahn ist und das aus einem bäuerlichen Wildbad hervorgegangene Kurhotel Waldbrunn, oberhalb des Bahnhofs, die besten Familien aus Bozen und Brixen, sogar Mitglieder des Kaiserhauses zu Gast hat, gilt Welsberg als chic. Der vom Verschönerungsverein herausgegebene Ortsführer kann mit Fremdenwohnungen auftrumpfen, die dem neuesten Standard entsprechen: separate Magdkammern, Glasveranden mit Dolomitenblick, »Hochdruckwasserleitung von besonderer Güte« und »englisches Klosett«. Ein 1906 in Betrieb genommenes Elektrizitätswerk »versorgt die Straßen und Plätze mit Licht, welches auch in allen Gasthöfen und den meisten Sommerwohnungen eingeführt ist«. Arthur und Olga Schnitzler nehmen für sieben Wochen in Waldbrunn Quartier. Hugo und Gerty von Hofmannsthal stoßen für zehn Tage dazu. Eigentlich ist bloß daran gedacht, auf der Heimreise nach Wien im Pustertal zu nächtigen, doch die Schönheit der Landschaft und eine plötzlich ausbrechende »fieberhafte Heftigkeit des Arbeitenmüssens, eine fast quälende Lust, sowohl zu schreiben als Künftiges

Bäuerliche Pietà im Pustertal:
»O meine Mutter, ach mein lieber Sohn ...«

zu notieren – eine von den jähen, doch sehr schönen Zeiten, die alle paar Jahre einmal kommen«, halten den Dichter »von Tag zu Tag weiter« in Welsberg fest. »Über die hiesige improvisierte Verlängerung unseres Aufenthaltes wundere ich mich selbst«, schreibt Hofmannsthal an seinen Vater, »aber ich freue mich darüber, denn so schön und inhaltsreich mein Leben ja ist, so ist es vielleicht im allgemeinen etwas zu sehr geordnet und vorausbestimmt. Auch Gerty ist, seit sie daraufgekommen ist, Kapellen und Bauernhäuser in Aquarell zu malen, ganz versessen darauf und infolgedessen nicht allzu ungeduldig, zu den Kindern zurückzukommen. Für mich ist die Landschaft mit Dörfern etwas unerschöpflich Reizendes, wie ja überhaupt die stärkere Hälfte meiner Phantasie vielleicht auf die Idylle geht.« Arthur Schnitzler nennt andere Gründe, die ihn an Welsberg fesseln: »Wir haben in der letzten Zeit viele Leute gesehen, es gab manche sehr guten Stunden, auch das Tennis war schön – nur lockt es mich doch ins Einsamere.« Diesem Prinzip bleibt man auch während der Tage des Zusammenseins mit den Freunden treu: Die morgendlichen Waldspaziergänge – regelmäßig zwischen fünf und acht – unternehmen Hofmannsthal und Schnitzler separat, vorsorglich trifft man am Vorabend Absprachen, um einander beim meditativen Wandern nicht in die Quere zu kommen. Erst am späten Nachmittag, wenn das vorgesehene Schreibpensum erfüllt ist, tun sie sich zu gemeinsamen Ausflügen zusammen.

Auf einer dieser Touren, talwärts gegen das Nachbardorf Olang zu, treffen sie auf eine kleine Brücke, die einen Wildbach überquert; von der bäuerlichen Pietà, die in Gestalt eines Bildstocks den Weg säumt, zeigt man sich tief ergriffen. Die Gottesmutter mit den sieben Schwertern im Herzen neigt den Kopf, der dornengekrönte Christus schleppt sein schweres Kreuz, darunter die zwei schlichten Textzeilen: »O meine Mutter – Ach mein lieber Sohn.« Dieses Erlebnis und die Eindrücke, die er auf seinen Welsberger Morgenwanderungen empfangen hat, inspirieren Hofmannsthal kurz darauf zu dem Gedicht »Vor Tag«.

Nun liegt und zuckt am fahlen Himmelsrand
In sich zusammengesunken das Gewitter.
Nun denkt der Kranke: »Tag! jetzt werd ich schlafen!«
Und drückt die heißen Lider zu. Nun streckt
Die junge Kuh im Stall die starken Nüstern

Nach kühlem Frühduft. Nun im stummen Wald
Hebt der Landstreicher ungewaschen sich
Aus weichem Bett vorjährigen Laubes auf
Und wirft mit frecher Hand den nächsten Stein
Nach einer Taube, die schlaftrunken fliegt,
Und graust sich selber, wie der Stein so dumpf
Und schwer zur Erde fällt. Nun rennt das Wasser,
Als wollte es der Nacht, der fortgeschlichenen, nach
Ins Dunkel stürzen, unteilnehmend, wild
Und kalten Hauches hin, indessen droben
Der Heiland und die Mutter leise, leise
Sich unterreden auf dem Brücklein: leise,
Und doch ist ihre kleine Rede ewig
Und unzerstörbar wie die Sterne droben.
Er trägt sein Kreuz und sagt nur »Meine Mutter!«
Und sieht sie an, und: »Ach, mein lieber Sohn!«
Sagt sie. – Nun hat der Himmel mit der Erde
Ein stumm beklemmend Zwiegespräch. Dann geht
Ein Schauer durch den schweren, alten Leib:
Sie rüstet sich, den neuen Tag zu leben.
Nun steigt das geisterhafte Frühlicht. Nun
Schleicht einer ohne Schuh von einem Frauenbett,
Läuft wie ein Schatten, klettert wie ein Dieb
Durchs Fenster in sein eigenes Zimmer, sieht
Sich im Wandspiegel und hat plötzlich Angst
Vor diesem blassen, übernächtigen Fremden,
Als hätte dieser selbe heute nacht
Den guten Knaben, der er war, ermordet
Und käme jetzt, die Hände sich zu waschen,
Im Krüglein seines Opfers wie zum Hohn,
Und darum sei der Himmel so beklommen
Und alles in der Luft so sonderbar.
Nun geht die Stalltür. Und nun ist auch Tag.

Schade, daß die Frühmorgenspaziergänge, denen wir Kostbarkeiten wie diese Hofmannsthal-Verse verdanken, so gänzlich aus der Mode gekommen sind. Könnten die Welsberger nicht die schöne alte Tradition zu neuem Leben erwecken? Statt dessen überlassen sie das Erlebnis der Tagwerdung den Fernfahrern, die zwischen Villach und Verona unterwegs sind und im frühmorgendlichen Wildwechsel, wenn es den Fuchs von der Schatt'seite zur Sonn'seite treibt, kein Naturschauspiel, sondern eine Verkehrsgefährdung erblicken; den Jägern, die um halb fünf zum Höhenmarsch auf den Salzla aufbrechen, um in den ersten Lichtstrahlen des Tages das Wild zusammenströmen zu sehen; den Carabinieri, die zu einem Unfalleinsatz eilen; den organisierten Schwammerlklaubern, die zum Teil von weither anreisen, um für die Feinschmeckermärkte von Vicenza und Belluno Beute zu machen. Dem Jäger verscheuchen sie mit ihren Taschenlampen das Wild, dem Förster ruinieren sie mit ihren stahlspitzenbestückten Spezialstöcken den Waldboden, dem Umweltschützer sind sie ein Greuel, weil sie Unrat hinterlassen, dem einfachen Privatsammler, weil sie, obwohl laut Landesgesetz nur an den ungeraden Tagen der Woche zugelassen, eine übermächtige, eine arbeitsteilig operierende Konkurrenz darstellen: die Jungen, die systematisch den Wald nach den begehrten funghi porcini durchkämmen, die Alten, die im seitab geparkten Wohnwagen das Sammelgut marktgerecht putzen und sortieren.

Zugegeben: Manches an seinem Welsberger »Morgenland« würde Hofmannsthal, kehrte er heute wieder, kaum noch wiedererkennen. In dem dottergelben Fin-de-siècle-Bau mit den braunen Holzveranden, den er im Morgengrauen verließ, um als letzter Frühstücksgast an der Table d'hôte einzutreffen, ruht schon seit 1918 der Badebetrieb, und auch die Kinder der italienischen Luftwaffenveteranen, denen der tannenumschattete *soggiorno montano* oberhalb des Bahndamms von Monguelfo nach dem Zweiten Weltkrieg reserviert gewesen ist, bleiben seit Jahren aus.

Die kleinen Bauernmühlen, vom Sturzwasser der Rienz angetrieben, dienen nur noch als Geräteschuppen, aus dem hölzernen Steg ist eine Betonbrücke geworden, Forstwege und Verbauung haben auch viele der alten Bildstöcke zum Verschwinden gebracht, und manche Singvogelart, die der Ornithologe in ihrem traditionellen Brutgebiet heute vergeblich sucht, findet die Hausfrau in um so üppigerem Angebot auf den Märkten von Trento und Rovereto wieder.

Und doch: Das Intakte überwiegt. Noch immer hat die Morgenluft im Schnittpunkt der Täler von Gsies und Prags ihre besondere Frische, die Morgenfärbung der Berge ihre besondere Klarheit, der Morgenruf der Amsel, die vor dem Geier flieht, sein besonderes Belcanto. Wo sonst lohnte es so sehr, das Erlebnis der unverbrauchten Natur und des Tagesanbruchs auszukosten, wie hier? Ob mit oder ohne geschulten Urlaubsanimator. Ob mit oder ohne Hofmannsthal.

AUF DER SUCHE NACH SAN LUIS REY

Eine literaturtopographische Expedition auf den Spuren Thornton Wilders

Auf dem amerikanischen Doppelkontinent bietet sich dem literarischen Schauplatzstudium ein reiches Feld. Einzelne der zu Berühmtheit gelangten Adressen liegen so offen zutage, so auf dem Präsentierteller, daß es nur mehr wenig Reiz ausmacht, sie zu erforschen. Etwa die Cannery Row in dem kalifornischen Fischerstädtchen Monterey, die in John Steinbecks Roman zur »Straße der Ölsardinen« wird: »ein Gestank und ein Gedicht, ein Knirschen und Knarren, ein Leuchten und Tönen, eine schlechte Angewohnheit, ein Traum.«

Einer, der es seinem Publikum weniger leicht machte, war Steinbecks Altersgenosse Thornton Wilder. Seine topographischen Hinweise in der »Brücke von San Luis Rey« sind derart spärlich, alles Landschaftliche scheint hier so sehr zum Archetypus reduziert, zur Ursituation mystifiziert, daß dem Leser Zweifel an der realen Existenz der Brücke kommen könnten, zugleich freilich auch gesteigerte Lust, einer solchen realen Existenz nachzuspüren.

Wilder hat der Natur in seinem Werk, so bemerkt einer seiner Interpreten treffend, nur »eine Art von transzendentem Hinweischarakter« gegeben. Sie ist in der »Brücke« nicht erzählerisch, nicht um ihrer selbst willen dargestellt; sie »tritt vielmehr nur da auf, wo der Mensch Entscheidungen zu fällen hat oder wo er über die durch das Schicksal gefällte Entscheidung zur Reflexion gezwungen wird«. Doch sowenig sich Wilder auf Ortsbestimmung einläßt: Die Brücke von San Luis Rey hat existiert – es mußte sich demnach lohnen, ihrem Verbleib nachzuforschen.

Freitag, den 20. Juli 1714, um die Mittagsstunde, riß die schönste Brücke in ganz Peru und stürzte fünf Reisende hinunter in den Abgrund. Diese Brücke lag im Zuge der Straße von Lima nach Cuzco und wurde täglich von Hunderten von Menschen begangen. Die Inkas hatten sie vor mehr als einem Jahrhundert aus Weidenzweigen geflochten, und jeden Fremden führte man hin, sie ihm zu zeigen: Eine bloße Leiter aus schmalen Latten mit Geländern aus getrockneten Ranken, so schwang sie sich über die Schlucht. Pferde und Wagen und Sänften mußten viele hundert Fuß tiefer hinab und auf Flößen über den schmalen Wildstrom setzen, aber niemand, nicht einmal der Vizekönig, nicht einmal der Erzbischof von Lima, hatte je den Umweg mit dem Gepäck gemacht, statt über die berühmte Brücke von San Luis Rey zu gehn. Der heilige Ludwig von Frankreich selbst beschützte sie durch seinen Namen und durch das Lehmkirchlein drüben auf der andern Seite. Die Brücke schien zu den Dingen zu gehören, die ewig bestehn; es war undenkbar, daß sie je reißen könnte, und kaum hörte ein Peruaner von dem Unglück, bekreuzigte er sich und rechnete im Geist nach, vor wie kurzer Zeit er selbst über die Brücke geschritten war und wie bald er sie wieder zu benutzen gedacht hatte. Die Leute gingen wie in einem bösen Traum umher und murmelten vor sich hin. Sie vermeinten, sich selbst in den Abgrund stürzen zu sehen.

So beginnt Wilders Roman »Die Brücke von San Luis Rey«: die Geschichte vom Bruder Juniper, dem »kleinen rothaarigen Franziskaner aus Norditalien«, der als Missionar durchs peruanische Andenhochland zieht, auf einer dieser Wanderungen Zeuge des furchtbaren Unglücks wird und daraufhin den Entschluß faßt, der Vita jener fünf Menschen nachzuforschen, die da vor seinen Augen in den Tod gestürzt sind. »Wenn dem menschlichen Dasein irgendein Sinn innewohnte, mußte er sich, wenn auch noch so geheimnisvoll verborgen, sicherlich in diesen fünf so jäh abgeschnittenen Lebensläufen entdecken lassen«, denkt der von der Neugier nach den letzten Dingen besessene Mönch und macht sich ans Werk. Doch so scheinbar gewaltig ihm dieses Werk schließlich gerät – der ersehnte Einblick in den Plan Gottes bleibt auch ihm verwehrt.

In den Expeditionsprotokollen des Inka-Forschers Victor von Hagen finden sich zu wiederholten Malen verzückte Beschreibungen der »huaca chaca« – jener »heiligen Brücke«, die Thornton Wilder als Modell gedient hat.

Unter allen von den Inkas gefertigten Hängebrücken – den »puentes colgantes«, wie nachmals die spanischen Eroberer sie nannten – sei sie mit Abstand die großartigste gewesen, wenn nicht das hervorragendste Beispiel inkaischer Ingenieurskunst überhaupt. Mehr als ein halbes Jahrtausend habe sie gute Dienste geleistet: unter dem großen Inkakaiser Roca um 1350 errichtet, späterhin verschiedentlich erneuert und erst 1890 endgültig aufgelassen. Sie überdauerte somit nicht nur das Inkareich und die spanische Kolonialherrschaft, sondern wurde auch noch von der republikanischen Regierung instand gehalten. Sogar ihren literarischen Exitus, den Wilder in das Jahr 1714 legte, überlebte sie um 175 Jahre.

Kein Wunder: Die Inkas bauten für die Ewigkeit. Dauer war für sie – darin den Römern verwandt – das Fundament ihrer Konstruktionsprinzipien. Was die Brücke von San Luis Rey betrifft, so führt Victor von Hagen sie sogar als Beispiel für die Überlegenheit der inkaischen über die römische Baukunst an: Sie war Teil eines Straßenzuges, der durch Höhen führte, wie sie die Römer niemals zu Gesicht bekommen hatten. Die Pässe, die diese bezwangen, waren nichts im Vergleich zu denen der Anden: Der Montblanc, Europas höchster Gipfel, ist 4810 Meter hoch – in solcher Höhe legten die Inkas Straßen an!

Agavenseil-Flechtwerk hoch überm Fluß Apurimac:
die Brücke von San Luis Rey.

In diesem Verkehrsnetz war die Brücke, »der kleine Bruder der Straße«, ein wichtiges Glied. Wenige, die die spätere »Puente de San Luis Rey« passierten, taten dies, ohne ihr Staunen über deren wunderbare Konstruktion zu bekunden. Was ihre genaue Länge betrifft, so differieren die Angaben beträchtlich. Der inkaische Historiker Garcilaso de la Vega schätzte sie auf 200 Schritte (»Obwohl ich sie nicht selbst gemessen habe, fragte ich manche in Spanien, die es getan hatten«); Cieza de Leon meinte, sie sei »fünfzig estados«, also etwa 86 Meter lang gewesen; Sir Clement Markham, der sie im Jahr 1855 überschritt, kam auf 90 Fuß, vergleichsweise wenig, Leutnant Lardner Gibbon, der 1817 für die Regierung der Vereinigten Staaten von Amerika eine Forschungsreise am Amazonas durchführte, dagegen auf 324.

Als schließlich der große Squier im Sommer 1864 zu der Brücke kam, zogen er und seine Begleiter sogleich ihre Meßbänder und Senkschnüre hervor. Sie fanden, daß die »huaca chaca« vom einen zum anderen Ende 148 Fuß maß und in einer Höhe von 118 Fuß über dem brausenden Fluß hing. Dies war das erste- und zugleich letztemal, daß sie exakt vermessen wurde, denn obwohl sie, wie die Chronik berichtet, noch 1890 bestand, wurde sie doch zu dieser Zeit nicht mehr benützt, und die Seile, die nun keiner mehr erneuerte, hingen gefährlich nach unten durch, um mit den Jahren vollends zu verrotten. Squier fertigte auch etliche Daguerrotypien von der Brücke an und fügte sie – leicht dramatisiert – als Holzschnittillustrationen seinem 1877 in London erschienenen Buch »Incidents of Travel and Exploration in the Land of the Incas« ein. Über seine Eindrücke von dem legendären Bauwerk berichtet er: »Ein steiler, enger Pfad, der ein Stück weit einem natürlichen Felsvorsprung folgte, im übrigen aber aus der Wand herausgehauen war, führte hundert Fuß hinauf zu einer auch aus dem Fels geschlagenen kleinen Plattform, wo die Seile, die die Brücke trugen, befestigt waren. Auf dem Ufer gegenüber war eine zweite, größere, vom Fels überdachte Plattform, wo sich die Winde befand, mit der die Seile gespannt wurden, und wo die Wächter der Brücke wie Ziegen auf einem Felsvorsprung wohnten. Es war ein denkwürdiges Ereignis in meinen Reiseerlebnissen – diese Überquerung der schwingenden Brücke; ich werde es nie vergessen.«

Beim Stöbern in der »Biblioteca Municipal« zu Lima, der Hauptstadt des heutigen Peru, stoße ich auf alte Stiche von jenem Wunderwerk mittelalterlicher Technik, dessen Agavenseile den Durchmesser eines ausgewachsenen menschlichen Körpers gehabt haben müssen. Und in zeitgenössischen Chroniken lese ich von der Bangnis, ja Panik, mit der einst die »señores conquistadores« das bei Sturm und Wetter schauerlich schwankende Gebilde passierten, samt ihren Pferden die Balance verlierend.

Vielleicht war es die reine Luft von den Schneefeldern vor ihm, vielleicht die ihn flüchtig streifende Erinnerung an den Psalm, der uns die Augen zu den hilfreichen Bergen erheben heißt – wie dem auch war: Er fühlte Frieden im Herzen. Dann sah er hinab auf die Brücke, und im selben Augenblick ward die Luft erfüllt von einem schwirrenden Laut, wie wenn in einem unbewohnten Zimmer die Saite eines Musikinstruments reißt, und er sah die Brücke sich teilen und fünf zappelnde Ameisen in die Schlucht hinunterschleudern.

Pedro Sancho de la Hoz, Sekretär eines der Brüder Pizarro, vermerkt in einem für Seine Majestät den König von Spanien bestimmten »Bericht über die Ereignisse bei der Eroberung und Befriedung der Provinzen Neukastiliens« ausdrücklich, daß ein Reisender, der nicht – wie die Inkas – daran gewöhnt sei, hier »schon schwindlig werden kann«.

Tatsächlich wurde die »heilige Brücke« von den Spaniern nur widerwillig überquert; sie beschreiben sie als einen »Ort des Grauens«. Den Indios dagegen bereitete ihre Benützung keinerlei Schwierigkeiten: Sie waren ja unberitten.

Noch der Schweizer Naturforscher Johann Jakob von Tschudi, der zwischen 1838 und 1842 Peru bereiste, kam sich auf den inkaischen »chacas« stets wie auf einer Hängematte vor. »Es braucht einige Übung und einen schwindelfreien Kopf«, schreibt er, »um ohne Begleitung der ›Puenteros‹, der Brückenindianer, darüber weg zu gehen, besonders wenn man ein Pferd oder Maultier führt, wodurch das Schwanken sehr heftig wird. Diese Tiere scheuen in der Regel die Hängebrücken sehr, und einzelne sind schlechterdings nicht darüber zu bringen. Die Pferde verwickeln sich leicht in den Querästen und stürzen. Hinter San Mateo begegnete dies einmal meinem Maultiere, und nur durch festes Anklammern am Sattel und rasches Aufreißen des Tieres entging ich dem drohenden Verhängnisse, an den Felsen des klaffenden Flußbettes zerschellt zu werden ... Gewöhnlich geht nur einer nach dem andern über eine solche Brücke und wartet, ehe er sie betritt, bis die Schwankungen etwas aufhören. Bei Truppendurchzügen würde dies zu lange aufhalten, die Soldaten müssen daher compagnieweise gedrängt hintereinander im kurzen Trotte darüber weglaufen. Dabei entsteht zwar ein sehr heftiges, aber doch regelmäßiges Schaukeln. Furchtsame Personen werden von den Puenteros getragen.«

Begreiflich, daß die fatalistische Anspielung auf die Gefährlichkeit der »chacas« im Peru Thornton Wilders zur alltäglichen »façon de parler« werden konnte; in der »Brücke von San Luis Rey« heißt es diesbezüglich:

Eine neue Brücke aus Stein ist an Stelle der alten erbaut worden, doch das Ereignis ist nicht in Vergessenheit geraten. Es wurde sprichwörtlich. »Vielleicht sehe ich dich Dienstag«, sagt ein Limaner, »wenn die Brücke nicht reißt.« »Mein Vetter lebt auf der Brücke von San Luis Rey«, sagt ein anderer, und ein Lächeln macht die Runde in der Gesellschaft, denn das bedeutet: unter dem Schwert des Damokles. Es gibt einige Gedichte über den Unglücksfall, klassische Schöpfungen, die in jeder peruanischen Anthologie zu finden sind, aber das eigentliche literarische Denkmal ist Bruder Junipers Buch.

Auch die unmittelbaren Auswirkungen des Einsturzes der Brücke von San Luis Rey waren entsprechend kolossal:

In der Kathedrale wurde ein feierlicher Trauergottesdienst gehalten. Die Leichen der Opfer wurden, so gut es ging, geborgen und, so gut es ging, voneinander gesondert, und es begann ein großes Gewissenerforschen in der wunderschönen Stadt Lima. Zofen gaben Armbänder zurück, die sie ihren Herrinnen gestohlen hatten, und Geldverleiher hielten ihren Frauen erregte Reden zur Verteidigung des Wuchers. Doch ist es recht seltsam, daß das Ereignis einen so starken Eindruck auf die Limaner machte, denn in jenem Land waren solche Katastrophen, die von den Juristen empörenderweise als Eingriffe einer höheren Gewalt bezeichnet werden, ungewöhnlich häufig. Springfluten schwemmten oft ganze Städte hinweg, Erdbeben gab es jede Woche, und alle Augenblicke stürzte irgendwo ein Turm ein und begrub gottesfürchtige Männer und Frauen unter sich; Seuchen suchten beständig eine um die andere Provinz heim, und Altersschwäche raffte einige der trefflichsten Bürger dahin. Darum war es so erstaunlich, daß das Reißen der Brücke von San Luis Rey den Peruanern besonders naheging.

Wie bauten die Inkas nun ihre »chacas«? Die Mädchen der »Biblioteca Municipal«, in deren Lesesaal ich für einige Nachmittage mein Quartier aufgeschlagen habe, schleppen weitere Folianten herbei; bei Pedro Sancho de la Hoz finde ich erschöpfende Auskunft:

»An den Stellen, an denen die Flüsse viel Wasser führen ..., gibt es fast keinen Indianer, der schwimmen kann. Deshalb bauen sie Brücken – selbst wenn die Flüsse nur klein sind und man sie durchwaten kann. Man verfährt dabei auf folgende Weise: Wenn beide Flußufer steinig sind, errichten sie auf beiden Seiten eine große Steinmauer und befestigen dann daran vier Lianenranken, etwa zwei Spannen dick, die so den Fluß überqueren. Zwischen diese Ranken flechten oder stopfen sie fingerdicke grüne Weidenruten. Das machen sie sehr geschickt: sie achten darauf, daß einige Ruten lockerer sind als die anderen und daß alles gut befestigt ist. Darüber decken sie dann wieder ineinanderverflochtene Zweige, durch die man das Wasser nicht mehr sehen kann. Das ist der Boden der Brücke. An den Rändern befestigen sie ein gleichfalls aus Weidenruten geflochtenes Geländer, damit niemand ins Wasser fallen kann. In Wahrheit besteht diese Gefahr gar nicht, wenngleich einem Unerfahrenen das Passieren einer solchen Brücke gefährlich vorkommen kann; denn wenn die Entfernung groß ist, biegt sich die Brücke, sobald ein Mensch hinübergeht, so daß er bis zur Mitte immer abwärts schreitet und von da an immer aufwärts, bis er das andere Ufer erreicht hat. Gewöhnlich errichten die Indianer zwei Brücken, weil so, wie sie sagen, die vornehmen Herren die eine, das einfache Volk die andere benützen könne. Letzteres muß für gewöhnlich Maut zahlen ... Sie haben auch ihre Wachen an den Brücken, und der Kazike, der Herr über das Gebiet, unterhält hier einen ständigen Posten, damit, wenn ihm oder einem andern Herrn Gold oder Silber oder sonst etwas gestohlen wird, der Dieb die Brücke nicht passieren kann. Die Brückenwächter haben in der Nähe ihre Häuser, und sie haben immer einen Vorrat an Weidenruten, Dornranken und Stricken zur Hand, um die Brücken auszubessern, wenn sie beschädigt werden, oder im Notfall auch neue zu errichten.«

Auf das mutwillige Zerstören, ja auch nur auf empfindliche Beschädigung der »chacas«, deren es im gesamten Inka-Imperium vierzig große und an die hundert kleine gegeben haben soll, stand die Todesstrafe.

Wo war nun die angeblich ansehnlichste von allen zu suchen: die Brücke von San Luis Rey? So reichlich die Chroniken ihr Lob singen – über ihren genauen Standort schweigen sich die Quellen aus. Und die wenigen, die dies nicht tun, irren sich. Bis auf den heutigen Tag. So etwa die von mir konsultierte staatliche »Corporacion de Turismo«, die mir die Theorie zumutet, es handele sich dabei gewiß um die bekannte »Puente de Piedra« in Lima, die hinter dem Regierungspalast den Rimac-Fluß überquere und für deren Bau zu Beginn des 17. Jahrhunderts, wie die Stadtgeschichte festhalte, Hunderttausende Hühnereier als Mörtel verwendet worden seien.

Immerhin: So abwegig diese Auskunft auch ist (Wilders Brücke war keine Stein-, sondern eine Agavenseilkonstruktion; auch befand sie sich unter keinen Umständen im Stadtgebiet von Lima, sondern zwischen Lima und Cuzco, also womöglich viele hundert Kilometer von der Hauptstadt entfernt!) – sie ist gleichwohl für mein Unternehmen nicht ohne Nutzen, weist sie doch ungewollt den Weg zu einer der zentralen und faszinierendsten Gestalten des Buches: zur Perrichole. Denn die ruhmreiche, übrigens analphabetische Schauspielerin aus der Glanzzeit des kolonialen Lima und Mätresse des peruanischen Vizekönigs Amat, mit bürgerlichem Namen Micaela Villegas, doch in bürgerlicher Prüderie mit einem Schmähnamen bedacht, in dem vom Hund (perro) bis zum kreolischen Mischling (chollo) keines der landesüblichen Attribute der Verächtlichkeit fehlte, unterhielt hier, im Limaner Stadtteil Rimac, ihren Palast, und im nahen Museum »Quinta de Presa« ist zwischen Möbeln und Zierat aus der Kolonialzeit noch heute eine Miniatur zu sehen, die das keck-schöne Antlitz jener komödiantischen femme fatale wiedergibt. Im »Teatro Perricholi«, ein paar Blocks weiter, sind die Verbindungsfäden schon weit dünner: Statt Calderon, Lope und Molina feiert hier inzwischen Hollywood seine späten Triumphe.

Ich kehre zurück in die Limaner Stadtbibliothek, ein letzter Stoß »Brückenliteratur« ist für mich bereitgestellt, obenauf die »Cronica del Peru«, dieser Klassiker der Reisebeschreibung, verfaßt von Cieza de Leon, einem einfachen Soldaten im spanischen Heer. Victor von Hagen, der amerikanische Forschungsreisende, hat vier Jahrhunderte später klargemacht, daß Ciezas diesbezügliches Protokoll keine andere als die Brücke von San Luis Rey gemeint haben kann; er zitiert den alten Text in seinen »Highways of the Sun«:

»Hier ist die Straße so holperig und gefährlich, daß einige mit Gold und Silber beladene Pferde abstürzten und ohne jede Hoffnung auf Rettung verlorengingen. Mehrere hundert Fuß tiefer kamen wir zu der früheren Plattform, auf der wir die Überreste von zwei riesigen Steintürmen oder -pfeilern fanden, an denen die Hängegurte der Brücke befestigt waren. Zweihundert Fuß direkt uns gegenüber, jenseits dieses stygischen Schlundes des Flusses, konnten wir deutlich die andere Seite dieser Brücke sehen. Sie war die größte, die ich seit Cajamarca angetroffen habe. Die Indianer, die sie erstellt haben, müssen eine herkulische Arbeit vollbracht haben.«

Wenn die Inkas über die Voraussicht verfügt hätten, ihre Hängebrücken zu zerstören, als Pizarro und seine Konquistadoren in die Zentral-Anden vorzudringen begannen, wäre es – nach Auffassung des Entdeckers von Machu Picchu, des Amerikaners Hiram Bingham – vielleicht niemals zur Eroberung Perus durch die Spanier gekommen ...

Doch genug des Bibliotheksstudiums: In Lima, das sehe ich wohl, komme ich der Brücke von San Luis Rey nicht näher. Alle Hoffnung konzentriert sich auf mein nächstes Reiseziel, auf Cuzco, das einst selber Metropole gewesen ist: Metropole des Inka-Reichs.

Als ich mich frühmorgens auf dem Limaner Bahnhof Desamparados einfinde, ist der Zug bereits überfüllt, nur mit Mühe finde ich einen Platz. Eine Dreiviertelstunde später, als der »Tren de Sierra«, die berühmte »höchste Eisenbahn der Welt«, sich in Bewegung setzt, ist er wieder halb leer: Die meisten »Pasajeros« sind knapp vorm Abfahrtssignal wieder ausgestiegen. Sie haben alle nur jemanden zum Zug begleitet: den alten Vater, den Sohn, der zum Militär einrückt, die Braut. Auf Indio-Art: unbewegt und stumm. Es genügt ihnen vollauf, einfach eine halbe Stunde neben dem geliebten Wesen zu sitzen oder zu kauern, und ist diese verstrichen, so erheben sie sich, wiederum stumm, blicken einander in die Augen und verlassen wortlos das Abteil, als gälte es, den Weg zum Galgen anzutreten. Zeremonien von großer Schlichtheit und Eindringlichkeit.

Kein aufgeregtes »Grüß die Tante Carmencita!«

Kein pausenüberbrückendes »Und schreib auch mal!«

Kein Wort zuviel.

Kein Wort überhaupt.

Das Lama, dieses sanfte Tier der Anden, das mich teilnahmslos von den Plaketten der peruanischen Eisenbahnwaggons anblickt, scheint mir ein gutgewähltes Emblem zu sein. Selbst die Bettlerkinder, die sich in der einen und anderen Station, am Bahnhofspolizisten vorbei, in den Zug stehlen, bedienen sich keiner Worte, sondern pflanzen sich nur scheu vor uns Passagieren auf und geben einen kaum vernehmbaren klagenden Summlaut von sich – ähnlich den Lamas.

Sobald unser »Tren« sich dem berüchtigten Paß von Anticona nähert, setzen in meinem Coupé allerlei seltsame Aktivitäten ein. Die Indios beginnen mit dem Kauen getrockneter Cocablätter, andere führen Riechfläschchen zur Nase, wieder andere reiben sich das Gesicht mit dem Saft ausgepreßter Zitronen ein. Uns Ausländern empfiehlt ein Anschlag an der Abteiltür »Asistencia a los pasajeros«: herzstärkende Mittel auf Coramin-Basis. Und ein Bursche vom Zugpersonal geht – für ganz kritische Fälle – mit einer Sauerstoffflasche von Waggon zu Waggon. Schließlich sitzen wir in einem Zug, der sich binnen weniger Stunden von Meereshöhe auf die 5000-Meter-Grenze hocharbeitet!

Von der »Soroche«, der von allen Reiseführern stark dramatisierten Höhenkrankheit abgesehen, zählt die Bahnfahrt von Lima nach Cuzco wohl zum Eindrucksvollsten, was der Südamerika-Tourist erleben kann. Jede Station, ja bald jede Kurve sorgt für eine neue Überraschung: der Übergang von der Küstenlandschaft zum Hochgebirge mit Gletscher, Schnee und Bergsee, das Auftauchen der ersten Alpacas und Vicuñas, der unablässige Wechsel buntester Indiomärkte und Indiotrachten, die Miniaturvulkane der aus dem Boden springenden heißen Quellen, die »Haushaltsgötter« auf den Bahnsteigen. Rührend die Kinder, die in den einsamen Hochlandstationen den Zug erklettern und den Reisenden zu Spottpreisen die gebrauchten Zeitungen abkaufen; erschütternd der alte Indio, der in Calapuja zusteigt und verzweifelt einen Interessenten für seinen einen Fisch sucht, den er gerade gefangen hat und den er wegwerfen kann, wenn er ihn nicht an den Mann bringt. Denn der nächste Zug kommt nicht vor drei Tagen ...

Unsicher auch das Geschäft jener ungezählten Köchinnen, die – über die gesamte Strecke verteilt – auf den Bahnsteigen ihre kargen Mahlzeiten anbieten. Finden sie keinen Abnehmer. so ziehen sie mit ihren paar Bissen Fleisch und Reis wieder heim – oft Wege von mehreren Stunden. Einzelne verkaufen selbstgestrickte Wollmasken, die sich über den Kopf zieht, wem es in den hochgelegenen Gletscherbahnhöfen zu kalt wird, andere Pantoffeln aus Alpacawolle und Sombreros aus Filz. Ich erstehe eines der tönernen »Retablos«: kleine Schatullen mit plastischen Darstellungen der Heiligen Familie, halb Krippe, halb Hausaltar, die sich, wie man mir erklärt, der gottesfürchtige Indio daheim in den Herrgottswinkel stellt. Mit derlei Kultgerät zogen einst die spanischen Missionare durch die Anden, um den Nachfahren der sonnengläubigen Inkas die christliche Frohbotschaft nahezubringen. Thornton Wilders Bruder Juniper war einer von ihnen.

Bevor der Zug in Cuzco einfährt, tut die ungewohnte Höhe auch auf *meinen* Organismus ihre Wirkung: Ich schlafe ein. Meine Ausgeruhtheit kommt mir anderntags zustatten, denn der falschen Fährten zur »Puente de San Luis Rey« ist zunächst auch hier kein Ende. Ob in der Provinzialstraßenverwaltung, im amerikanischen Kulturinstitut, in der Universität oder in den örtlichen Zeitungsredaktionen – alle kennen sie eine, nur: die richtige ist nicht darunter. Jeder weist mich in eine andere Richtung – irgendeiner trägt sogar eine ganze Ortschaft des Namens »San Luis Rey« bei. Sie liegt weit hinter Cuzco am Rio Blanco. Aber dieses San Luis Rey, so stellt sich rechtzeitig heraus, ist nichts weiter als ein umfängliches Gut. Von einer Brücke und gar von einer solchen, wie ich sie suche, weit und breit keine Spur.

Einem einfachen, unbelesenen Indio bleibt es schließlich vorbehalten, das Ziel meiner Expedition ausfindig zu machen: den Cañon des Flusses Apurimac, gute vier Stunden turbulenter Jeepfahrt in Richtung Bischofssitz Abancay, vorbei an den weiten Pampas des Andenhochlandes, vorbei an dem Indiodorf Porhoy, das seinen Namen von Pizarro herleitet, der – knapp vor der Einnahme Cuzcos – erschöpft zusammengesunken sein und mit dem Kommando »Basta por hoy!« (»Genug für heute!«) zur Rast aufgerufen haben soll; vorbei an Lamaherden und Tropenwäldern; vorbei auch an den letzten Überresten der königlichen Inkastraße, des berühmten »camino real«; vorbei an Märkten, auf denen die Bauern der Sierra ihre Tagesration Stimulans erstehen: eine Handvoll getrockneter Cocablätter; vorbei am Schneekuppenpanorama der »Veronica« und vorbei an dem Dörfchen Limatomba, der letzten Siedlung vorm Ziel.

Ich folge den Aufzeichnungen, die mein Indio-Guide einem alten spanischen Lesebuch entnommen und noch in der Nacht vor unserem Aufbruch sorgfältig in ein Schulheft übertragen hat; stolz überreicht er es mir, und tief beeindruckt gebe ich es ihm zurück, als schließlich unser Vehikel anhält und ich noch im Aussteigen die Richtigkeit seiner Route bestätigt finde.

Grandios schneidet sich der Cañon ins einsame Land, der Fluß strömt ruhig dahin, im Kakteendickicht raschelt es von Schlangen, die Sonne glüht vom wolkenlosen Himmel herab, Schwärme ausgehungerter Moskitos stürzen sich auf den seltenen Besuch. Vor allem aber: Der Anblick ist noch heute der gleiche, wie Thornton Wilder ihn seinen Bruder Juniper erleben läßt:

Um die Schulter eines Berges biegend, blieb er stehen, sich die Stirne zu trocknen und nach der zackigen Mauer schneeiger Gipfel in die Ferne zu blicken und dann hinunter in die Schlucht zu seinen Füßen, die erfüllt war von dem dunklen Gefieder grüner Bäume und grüner Vögel und überbrückt von der Leiter aus Flechtwerk.

Nur die Leiter aus Flechtwerk – die hat man sich hinzuzudenken. An ihrer Stelle spannen sich heute Telegraphenleitungen über den Fluß. Sonst aber ist alles noch an seinem Platz: die Rudimente der massigen Pfeiler an beiden Ufern, die schmalen steinigen Fußpfade zu den Brückenpforten und auch die Männer aus dem nahen Dorf Curahuasi. Ihnen fiel einst die Aufgabe zu, alle zwei Jahre die an die hundert Meter langen, aus der Cabuya-Agave gewundenen Brükkenseile von Hand zu erneuern. Dieses System der Brükkenpflege war von solcher Perfektion, daß die spanischen Eroberer es während der gesamten Dauer der Kolonialzeit beibehielten, und es wurde erst eingestellt, als allmählich auch in den Anden das Rad sich durchzusetzen begann. Das freilich bedeutete das Ende der »Puentes colgantes«, die ja auf den Verkehr zu Fuß und Maultier zugeschnitten waren. 1879 legten die Männer der »Tampu«, der Raststation von Curahuasi, das letztemal Hand an die schon morsch werdenden Seile der Apurimac-chaca.

Aus den Brückenwärtern von damals sind unterdessen moderne Straßenarbeiter geworden. Die vielen frischen Wegkreuze, die die halsbrecherische Andenchaussee säumen, lassen keinen Zweifel daran, daß es den fünf Toten von San Luis Rey – der Marquesa de Montemayor samt Gesellschafterin Pepita, Onkel Pio samt Knaben Jaime und dem unglücklichen Findlingszwilling Esteban – in unserem Jahrhundert nicht an Nachfolgern fehlt.

Doch kein Bruder Juniper fände sich, den Lebensläufen jener ungezählten Autofahrer nachzuforschen, die hier und rundum in den Abgrund gestürzt sind. Und auch kein Thornton Wilder. Dieses Thema wäre, leider, bereits zu alltäglich.

Bald ... werden wir alle sterben, und alles Angedenken jener fünf wird dann von der Erde geschwunden sein, und wir selbst werden für eine kleine Weile geliebt und dann vergessen werden. Doch die Liebe wird genug gewesen sein; alle diese Regungen von Liebe kehren zurück zu der einen, die sie entstehen ließ. Nicht einmal eines Erinnerns bedarf die Liebe. Da ist ein Land der Lebenden und ein Land der Toten, und die Brücke zwischen ihnen ist die Liebe – das einzige Bleibende, der einzige Sinn.

EIN FENSTERPLATZ FÜR CARMEN

Stadtrundfahrt nach einem Opernlibretto

Ein Platz in Sevilla. Rechts der Eingang zu einer Tabakfabrik, links das Gebäude der Hauptwache, im Hintergrund eine gangbare Brücke.
Schenke des Lillas Pastia.
Wilde Felsenlandschaft.
Platz in Sevilla.
Im Hintergrund die Mauern einer alten Arena.

Tip für einen verkrachten Theaterdirektor, der endgültig von der Bühne genug hat: sich in Sevilla ansiedeln, in der Calle de la Feria, dem Mekka der Trödler, Erkundigungen darüber einholen, wo gerade zu günstigen Konditionen ein gebrauchter Autobus zu haben ist, die Hinfälligkeit des Vehikels mit »Carmen«-Plakaten von den großen Opernhäusern dieser Welt zutapezieren und in sämtlichen Touristenabsteigen mit Bildungsklientel Handzettel auflegen, die – mit dem nötigen Bühnenpathos im Text – für Andalusiens neueste Sightseeing-Attraktion werben: »Gran visita Carmen.« Die große Carmen-Rundfahrt.

Ich bin sicher, im zweiten oder dritten Jahr des Unternehmens würde dieses bereits so trefflich florieren, daß der gebrauchte gegen einen frischen Autobus auszuwechseln wäre, und spätestens im fünften wäre man soweit, auch eine Tonbandanlage installieren zu können, die an jeder Haltestelle das dazugehörige Stück Bizet abspielt: die Habanera vor der Tabakfabrik; die Seguidilla an der Puerta Macarena »draußen am Wall von Sevilla«; den Schmugglerchor in der Gebirgsschlucht vor Ronda; das Torerolied vor der Stierkampfarena, der »Plaza de Toros de la Maestranza«.

Der Expansionslust sind, bei gutem Geschäftsgang, keine Grenzen gesetzt. So läßt sich die Fahrt, die bei strenger Anlehnung ans Opernlibretto mit dem Stadtgebiet von Sevilla und einem Ausflug ins 140 Kilometer entfernte Ronda auskommt, mit Vorteil auch auf Granada und Cordoba ausdehnen: auf Granada, weil dort, im Schatten der Alhambra, auf den Hängen des Sacromonte, die Höhlenwohnungen der Carmen-Sippschaft zu besichtigen wären, die in Sevilla längst der Spitzhacke der Altstadtsanierer zum Opfer gefallen sind, und auf Cordoba, weil dies – nicht Sevilla! – die Stadt ist, in der der Autor der Ur-»Carmen«, der Franzose Prosper Mérimée, die entscheidende Begegnung mit jener Zigeunerin hatte, deren »wollüstiger und zugleich wilder Ausdruck« sich so stark in seine Erinnerung einbrannte, daß er, geraume Zeit später, beschloß, ihrem und dem Schicksal ihres Mörders, des baskischen Banditen José Lizzarrabengoa, bis in alle Einzelheiten nachzuforschen. Was als harmlose archäologische Expedition begonnen hatte, wurde so zur leidenschaftlichen kriminalistischen Recherche und endete als lukrative literarische Stoffsuche.

»Es war an einem Herbstabend des Jahres 1830 am Gestade des Guadalquivir in Cordoba«, überliefert die Literaturgeschichte Mérimées ersten Kontakt mit der Zigeunerin Carmen; sie schweigt sich darüber aus, wieweit dabei auch Amouröses mit im Spiel war. Auch der Dichter selber schildert nur, wie »seine Gitana« mit ihm an der Kaimauer »milde Papelitos« geraucht und in einer nahen »Neveria« Eis gegessen, wie sie ihm in ihrer Wohnung die Karten aufgeschlagen und zu guter Letzt – seine goldene »Repetieruhr« entwendet habe. Mérimée, zu jener Zeit wohlbestallter »Inspektor der historischen Denkmäler«, befand sich auf Forschungsreise in Andalusien; sein besonderes Interesse galt einer genaueren Lokalisierung des antiken Schlachtfeldes von Munda.

Einige Monate danach, auf dem Rückweg nach Madrid abermals Cordoba passierend, erfuhr Mérimée von Carmens Ermordung. Die Sache bewegte ihn so sehr, daß er ihr sogleich nachging und sich Einlaß in den Kerker verschaffte, in dem der Täter, eben jener Don José, auf seine Hinrichtung wartete. Von ihm ließ er sich schildern, wie es zu allem gekommen war: »Mein Herr, man wird zum Schurken, ohne es zu wissen. Ein hübsches Mädchen verdreht einem den Kopf, man schlägt sich ihretwegen, es gibt dabei ein Unglück, man muß im Gebirge leben, und vom Schmuggler wird man zum Räuber, eh' man's gedacht.«

Truman Capote war also nicht der erste Literat, der zum Zweck der Materialsammlung kaltblütig in den Kerker hinabstieg. Eins greift ins andere. Von der Todeszelle des Don José ist es nicht weit zum Schmachtverlies des Florestan, von der Arena des Escamillo nicht weit zur Villa des Don Juan, von der Schenke des Lillas Pastia nicht weit zu Graf Almavivas Landschloß »in der Nähe von Sevilla«. Und wenn man schon einmal einen Kerker mit auf dem Programm hat, so wird wohl auch ein kurzer Abstecher zur Epik erlaubt sein: nämlich ein Hinweis darauf, daß es ein Sevillaner Gefängnis gewesen ist, in dem Cervantes seinen »Don Quijote« geschrieben hat. Die Carmen-Rundfahrt, selber schon beliebig ausbaufähig, weitet sich im Nu zur großen literarischen Exkursion.

Zwar läßt sich bei »Fidelio«, »Figaro« und »Don Giovanni« nicht mit jener gleichen topographischen Authentizität operieren, die im Falle »Carmen« für lauter wohlerhaltene Originalschauplätze garantiert, aber Beispiele tun's schließlich auch, und ein »spanisches Staatsgefängnis in der Nähe von Sevilla« oder ein »Schloß und Garten in der Nähe von Sevilla« finden sich bald, irgendwo am Weg. Und die »Plaza de Doña Elvira« im Barrio de Santa Cruz, dem malerischen alten Judenviertel der Stadt, ist, wenn schon kein

Hauptgang, so auf jeden Fall ein akzeptabler Aperitif. Nichts hingegen ist, so verlockend es auch wäre, mit jener Grabinschrift anzufangen, die sich im Vorhof des Hospitals de la Caridad findet: »Hier liegen Knochen und Staub des schlechtesten Menschen, der je gelebt hat.« Unbekümmerte Trivialhistoriker haben immer wieder der Versuchung nachgegeben, diesen Platz zum Grabmal des »Burlador de Sevilla«, des historischen Don Juan Tenorio, umzuinterpretieren. Aber es ist und bleibt die Ruhestätte des ehrwürdig-demütigen Klostergründers Don Miguel Mañara, der noch in dem von ihm selbst verfaßten Epitaph Kasteiung suchte, über den Tod hinaus.

Bevor die »Gran visita a lugares evocadores de escenarios de operas« zu Ende geht, lohnt es, noch ein wenig bei ihrer Hauptattraktion zu verweilen, von der es in Prosper Mérimées Novelle heißt: »Wenn Sie in Sevilla gewesen sind, haben Sie bestimmt das große Gebäude außerhalb der Wälle am Guadalquivir gesehen. Genau sehe ich vor mir das Tor der Fabrik und das Wachlokal daneben.« Prächtig liegt der Sandsteinbau im Schatten von Alcazar und San Telmo hingebreitet, einen Steinwurf vom Fluß entfernt, eingesäumt von den Straßen San Fernando, Maria de Padilla, de Moguer und del Cid, in den heutigen Stadtplänen allgemein als »Nueva Universidad de la Ciudad de Sevilla« geführt.

Das haben sich die Erbauer bestimmt nicht träumen lassen: daß die Architektur der Neuen Universität von Sevilla Studentenunruhen begünstigt! Festungsgräben an zwei Seiten des zitadellenartigen Gebäudes, steinerne Wachehäuschen im Vorhof, ein der Londoner Hyde-Park-Einfriedung abgeschautes, doppelt mannshohes Außengitter – lauter unschätzbare strategische Vorteile für eine Belegschaft, der es in den Sinn kommen sollte, sich in ihren Hörsälen zu verschanzen oder ihren Lehrkörper zu internieren. Die Neue Universität von Sevilla ist im Handumdrehen in eine unein-

*Carmens Arbeitsplatz:
die königliche Tabakmanufaktur in Sevilla
(heute die Universität der Stadt).*

nehmbare Festung umgerüstet, und das kommt daher, daß sie eben nicht immer eine Universität, sondern ehemals die königlich-spanische Tabakfabrik war.

Die Zimmerleute, Anstreicher und Stukkateure, die letzte Hand an den ausgedienten Nikotinpalast legen, nehmen keine Notiz von dem unbefugten Besucher und lassen mich geduldig die vielen Stiegen, Gänge und Innenhöfe passieren. Wo noch die alten Türschilder befestigt sind, lese ich »Direccion« und »Ingenieros«; wo sie schon gegen die neuen ausgetauscht sind, »Señores profesores«. Am Hauptportal, langsam abbröckelnd, eine der letzten bunten Kacheln mit dem eingebrannten Signum »Fabrica real de tabacos«. »Carmen«, erster Akt.

Seltsam, wie der majestätische Bau zwar seine Bestimmung gewechselt und doch in gewisser Weise seinen Charakter bewahrt hat. Denn ein Unruheherd ist er geblieben, auch über die Tage der männerbehexenden Zigarrenwicklerin Carmen hinaus. Liebeshändel und Eifersuchtsquerelen einst, studentisch-antiautoritäres Aufbegehren heute. Ob wohl der Tag kommen mag, da man die Wachehäuschen, die jetzt noch als denkmalgeschützter Schnörkel ungenutzt leerstehen, wieder in ihre alte disziplinäre Funktion einsetzen wird?

Erst der Lokalaugenschein in der Calle San Fernando zu Sevilla klärt jene Zusammenhänge, die noch jedes »Carmen«-Bühnenbild, aber auch das Konzept der Librettisten Meilhac und Halévy total im dunkeln gelassen haben. Hier, endlich, sehe und begreife ich, wieso das erste Bild der Oper – »Platz in Sevilla« – neben der Tabakfabrik eine Militärwache vorschreibt: nicht etwa nur aus dramaturgischer Zweckmäßigkeit, sondern weil die königlich-spanische Zigarettenmanufaktur ein Unternehmen mit eigener Rechtsprechung, eigenem Tribunal und eigenem Gefängnis, also auch eigener Exekutive war!

In der Tat: Wann je hätte eine gewöhnliche Fabrik so im Prunk geschwelgt, so mit Wehrhaftigkeit aufgetrumpft? Das staatliche Tabakmonopol verlangte beides: die Imponierarchitektur der klassizistischen Fassaden, der geschwungenen Brüstungen und gemeißelten Simse, der majestätischen Portale und breit ausladenden Balustraden, der steinernen Blumen, Gefäße und allegorischen Figuren einerseits und die Trutzarchitektur der Festungsgräben, Zugbrücken und Wachhütten andererseits. Denn die Erträgnisse der Tabakmanufaktur, von der Don José bewundernd berichtet:

»Meiner Treu, es sind gut vier- oder fünfhundert, die im großen Saale Zigarren drehen«, rechtfertigten nicht nur ein bombastisches Äußeres, sondern verlangten auch nach wirksamem Schutz. Beides vereinigte der Flame Wanderbour in seinem 1747 begonnenen Bau, von dem die Spanier noch heute sagen, er sei mit seinen 250 Metern Länge und seinen 80 Metern Breite neben dem Escorial das monumentalste Stück Profanarchitektur im ganzen Lande.

Der posauneblasende Engel am First, Überbleibsel aus alten Tagen auch er, verbreitet nicht etwa den Ruhm der Wissenschaft, sondern den der Sevillaner Zigaretten. Auf einem vergilbten Blatt, das im »Archivo General de Indias«, gleich neben der Kathedrale, einzusehen ist, findet sich das gleiche Motiv wieder. Es ist eine rührend unbeholfene Zeichnung von den Anfängen der technischmerkantilen Erschließung Neu-Spaniens: Pferd mit Augenbinde, einen Drehbalken in Gang haltend. Und über dem Zahnradwerk dieser urtümlichen »Mexikanischen Tabakmanufaktur« wieder dieser gleiche Engel mit der Posaune. Ein Spruchband klärt darüber auf, zu wessen Ruhm er die barocken Pausbacken bläht: »Viva el Rey!«

MENSCHEN IM HOTEL SAVOY

Am Schauplatz von Joseph Roths erstem Roman

Es war eine gottverdammte Stadt. Es roch, als wäre hier der Pech- und Schwefelregen niedergegangen, nicht über Sodom und Gomorrha. Gott strafte diese Stadt mit Industrie. Industrie ist die härteste Strafe Gottes.

Lodz – das sei doch wohl nicht mein Ernst, ich werde doch nicht wirklich nach Lodz wollen? In diese häßlichste aller Städte, diesen Ausbund an Abscheulichkeit? Von allen Seiten gingen mir Warnungen zu. Der Wiener Pastorensohn, dessen Großeltern in der Piotrkowska, die man zu jener Zeit noch ungestraft Petrikauer Straße nennen durfte, eine Konditorei geführt hatten, eine »deutsche Konditorei«, wie er betonte, die Schauspielerin aus Posen, die aus der Lodzer Filmakademie ausgerissen war, weil ihr die schlechte Luft nicht bekam; der westdeutsche Funkredakteur, den man, zwecks Planung einer Polnischen Woche für die Hörer seiner Region, auf die Dauer eines Tages auch nach Lodz geschleift hatte (»Wer hält es dort länger aus als einen Tag?«) – sie alle waren sich darin einig: Man muß dem Menschen dieses absurde Reiseziel ausreden.

Auch das staatliche Touristikbüro Orbis schloß sich der Kampagne an, freilich mit subtileren Mitteln. Das freundliche Mädchen in der Wiener Außenstelle sagte also nicht plump heraus: Um Gottes willen, mein Herr, was wollen Sie in Lodz? Ich beschwöre Sie: Fahren Sie anderswohin! Wie wär's zum Beispiel mit Krakau? Oder mit Danzig? Auch die Tatra kann ich sehr empfehlen. Aber Lodz? Nichts als Fabrikschlote.

Das alles, wie gesagt, sagte sie nicht. Ihr standen feinere Methoden zur Verfügung, diplomatischere, mein Projekt zu Fall zu bringen: Sie vereitelte einfach die Beschaffung von Prospektmaterial. Tut mir leid, da kann ich Ihnen nicht dienen, da haben wir nichts.

Aber Sie können sicher etwas beschaffen? Es muß von Lodz doch Prospekte geben. Eine Stadt von 750.000 Einwohnern, die zweitgrößte Ihres Landes!

Tut mir leid, von Lodz gibt es nichts.

Die groteske Architektur der windschiefen Giebel... zerbrochene und mit Zeitungspapier verklebte Fensterscheiben, arme Gehöfte, das Schlachthaus am Rande der Stadt, die Fabrikschlote am Horizont, Arbeiterbaracken... das Ganze ist wie ein Bahnhof: Man muß weiterfahren.

Auch die Literatur, die ich zu Rate zog, spendete keinerlei Ermutigung. Der Brockhaus des Jahres 1932 schien, eigens für das Stichwort Lodz, seine lexikalische Gelassenheit für einen Augenblick außer Kraft gesetzt zu haben, und schwelgte in Vokabeln der Verteufelung: »Äußerlich erscheint L. weniger als Stadt denn als charakterloser Arbeitsraum. Der Stadtplan zeigt die wesenlose Regelmäßigkeit, der man oft in den Städten der Vereinigten Staaten von Amerika begegnet. Die im ärmlichsten Rohziegelbau hergestellten Mietskasernen sind sehr unschön.« Die Neuausgabe des Jahres 1955 sagte es knapper, leidenschaftsloser: »Lodz – eine Fabrikstadt unausgeglichenen Charakters.«

Beim Durchblättern des Bibliothekskatalogs blieb mein Blick an dem Titel »Lodz – Das gelobte Land« hängen. Das Buch war 1899 in Polen erschienen und 16 Jahre später auch ins Deutsche übersetzt worden. Sein Autor, Wladyslaw Stanislaw Reymont, hatte 1924 den Nobelpreis erhalten – ein Name also, den man kennen sollte. Ich ergriff die Gelegenheit, Versäumtes nachzuholen. Insgeheim verband ich damit die Hoffnung, vielleicht aus diesem würdigen Mund Anziehendes über mein Reiseziel zu erfahren. Doch schon nach den ersten paar Seiten sah ich: Auch der Herr Nobelpreisträger schonte sein Lodz nicht – weder dessen Bauten noch dessen Bürger. Von den einen berichtete er, sie seien »ein Kehrichthaufen aller Stilarten«, von den anderen, sie lebten in dieser Stadt nur, um Geschäfte zu machen: »Keiner von uns will hier ewig bleiben.«

Auch ich wollte das nicht. Drei Tage, so dachte ich, müßten genügen, um den Schauplatz von Joseph Roths Roman »Hotel Savoy« zu erkunden.

Zum erstenmal nach fünf Jahren stehe ich wieder an den Toren Europas. Europäischer als alle anderen Gasthöfe des Ostens scheint mir das Hotel Savoy ... Es verspricht Wasser, Seife, englisches Klosett, Lift, Stubenmädchen in weißen Hauben ... schrillende Klingeln, die einem Daumendruck gehorchen, und Betten, daunengepolsterte, schwellend und freudig bereit, den Körper aufzunehmen.

Der ehemalige Fähnrich des 21. österreichischen Feldjägerbataillons Moses Joseph Roth aus dem ostgalizischen Brody lebte, nun schon Reisekorrespondent der angesehenen »Frankfurter Zeitung«, das vierte Jahr in Berlin, als 1924 der Verlag Die Schmiede diesen seinen ersten Roman herausbrachte. Seinen ersten in Buchform. Die Wiener »Arbeiter-Zeitung« hatte ein Jahr davor bereits die Agentenstory »Das Spinnennetz« fortsetzungsweise abgedruckt, doch versank dieses Werk bis weit über den Tod des Dichters hinaus in Vergessenheit. Nicht so das »Hotel Savoy«. Obwohl Roth, wie er dem Kritiker Erich Lichtenstein »mit der Bitte um Diskretion« anvertraute, »mit der Propaganda, dem Honorar und der Ausstattung der Bücher« nicht zufrieden war, die die Schmiede (zeitweise auch der Verlag von Kafka und Proust!) dem neuen Autor zubilligte, wurde mit diesem Werk des Dreißigjährigen der Grund für seinen späteren literarischen Ruhm gelegt.

Es ist die glanzlose, ernüchternde Geschichte des aus russischer Kriegsgefangenschaft zurückkehrenden k. u. k. Soldaten, des heimat- und besitzlosen Ostjuden Gabriel Dan, der – auf dem Weg in den Westen – in Lodz, der Stadt seiner reichen Verwandten, Station macht, im Hotel Savoy, diesem Sammelbecken der verlorenen Existenzen, in den Tag hinein lebt, Tür an Tür mit den wunderlichsten Zeitgenossen: Souffleuren und Magnetiseuren, Clowns und Varietétänzerinnen, Juxartikelhändlern, Militärärzten und Revolutionären, und auf der Suche nach Gelegenheitsarbeiten Hilfssekretär des großen Henry Bloomfield wird, der, längst zum Dollarkrösus avanciert, auf Besuch in die alte Heimat kommt – aber nicht, wie alle Welt hofft, um neue Geschäfte abzuschließen, sondern bloß, um auf dem orientalischen Friedhof das Grab seines Vaters aufzusuchen und dem seligen Jechiel Blumenfeld zu danken »für die Milliarden, für die Begabung, für das Leben, für alles, was er geerbt hatte«. Wenige Tage später ist Bloomfield wieder außer Landes – auf der Flucht vor den Flammen der Revolution, denen, geschürt von den Rußlandheimkehrern einerseits und den unzufriedenen heimischen Fabrikarbeitern andererseits, das Hotel Savoy am Ende zum Opfer fällt. Ein zutiefst pessimistisches Stück Nachkriegsprosa aus Roths präkonservativer Phase, stellenweise Anarchisches streifend, in der Anprangerung des Unternehmerhochmuts von hellwacher Sozialkritik. Menschen im Hotel – ganz in Dur.

Von Roths Freund Jozef Wittlin, dem polnischen Pazifisten und Expressionisten, wissen wir, daß der Verfasser von »Hotel Savoy«, was den Schauplatz betrifft, an das gleichnamige Etablissement in Lodz gedacht hat, und sein Biograph

David Bronsen hat sogar eine Reportage ausfindig machen können, in der Roth selber den Erlebnishintergrund seines Romans aufhellt:

»Ich mache diese Erfahrungen augenblicklich in Lodz, dem ›polnischen Manchester‹. Ich wohne hier in einem großen Hotel, dessen neuzeitlicher Komfort in einem auffallenden Gegensatz zum eingestandenen Religionsbekenntnis seiner meisten Gäste steht. ›Das Frühstück‹ – so lautet eine Verfügung an der Wand – ›ist obligatorisch‹. Die Ruhe nicht. Denn das Geldverdienen ist in Lodz eine laute Beschäftigung, und das ganze Hotel scheint ihr hingegeben zu sein. Und übrigens ist es auch die ganze Stadt. Ich kannte sie noch aus dem Krieg. Ich durfte sie damals nur streifen, aber ich erinnere mich, daß sie stärker als alle anderen Städte des Ostens und des Krieges ihre eigene Atmosphäre bewahrt hatte.«

»Alles, was ich betrete, geht unter«, hat Joseph Roth viel später, schon während seiner Pariser Exiljahre, in seiner schmerzvoll-traurigen Art gesagt, den Zusammenbruch seines österreichischen Vaterlandes beklagend. Mochte es sich mit dem Hotel Savoy ebenso verhalten? Nach allem, was ich davon wußte, wie ungleich gravierender der Zweite Weltkrieg der Gettostadt Lodz mitgespielt hatte, waren die ernstesten Zweifel angebracht, ob dieses Hotel Savoy überhaupt noch existierte. Und wenn doch: Was mochte inzwischen aus ihm geworden sein?

Die Stadt sah am Abend freundlicher aus als am Tage. Am Vormittag war sie grau, Kohlendunst naher Fabriken wälzte sich über sie aus riesigen Schornsteinen, schmutzige Bettler krümmten sich an den Straßenecken, Unrat und Mistkübel waren in engen Gäßchen gehäuft. Die Dunkelheit aber barg alles, Schmutz, Laster, Seuche und Armut.

»Es war eine recht amüsante Stadt mit allerlei wunderbaren Menschen«: Joseph Roth über Lodz (hier ein Blick in die alte Piotrkowska, die vier Kilometer lange Hauptgeschäftsstraße).

Der Zug von Warschau nach Lodz, in Südwestrichtung ebenes Land durchfahrend, braucht für die 130 Kilometer zweieinhalb Stunden. Die zweite Hälfte der Strecke wird er als Bummelzug geführt, nicht die kleinste Bedarfshaltestelle läßt er aus. Bald steigen nur mehr Eisenbahner zu. Was sich kennt, ruft einander einen Gruß zu, einen Scherz, irgendeine Belanglosigkeit. Ich bin der letzte Zivilist in meinem Waggon, rund um mich lauter Eisenbahner. Alle Eisenbahner Polens scheinen an diesem Tag nach Lodz zu wollen. Die Einfahrt in die Stadt scheint meinen Warnern recht zu geben:

düstere Vorortstraßen, aufgehellt nur von den gleißenden Arbeitslichtern der Werkshallen, alle in scheußlichster Backsteingotik, Industrieluft zum Schneiden dick. Der Zielbahnhof, auf den meine Fahrkarte ausgestellt ist, heißt bezeichnenderweise »Lodz Fabryczna« – ich bin auf das Schlimmste gefaßt. Aber entweder haben die Polen das Aschenbrödel unter ihren Großstädten zur Kosmetikerin geschickt, oder es hat sich in mir, in Opposition zu all der Miesmacherei der letzten Tage, ein schönfärberischer Trotzmechanismus in Gang gesetzt: Das Schreckensbild von Lodz, auf das ich programmiert bin, will sich, je mehr wir uns der City nähern, nicht und nicht einstellen. Der Bahnhof mit dem so herben Namen: ein strahlend heller Bau, hübsch altmodisch und von peinlicher Sauberkeit. Der kleine dem Bahnhof vorgelagerte Moniuszki-Park: Wo in der Welt habe ich ein jubelnderes Vogelgezwitscher gehört? Die Papageienwälder am Amazonas von Iquitos waren dagegen von der Stille eines Doms. Die Piotrkowska, die ominöse vier Kilometer lange Hauptstraße, berühmt für ihren baulichen Stilmischmasch: Auf mich wirkt sie gemütlich. Das Abendlicht, die noch keinem aufgeplusterten Autoverkehr geopferte endlose Baumkette, das dichte Geschiebe der eisschleckenden Flaneure, die trotz später Stunde hellerleuchteten Läden, all die vertraute Ornamentik der Gründerzeitfassaden, die kühnen Kinobauten, allesamt noch das Signum des Selbstbewußtseins einer erfolgstrotzenden neuen Kunstform tragend – ich sehe keinen Grund, ins gleiche Horn zu stoßen und angesichts dieser Stadt nichts als undifferenzierten Abscheu zu empfinden. Mag es auch nur der Reiz der frühindustriellen Architektur sein, etwa all der kurios-provokante Eklektizismus der Fabrikantenpalais aus den lange vergangenen Tagen des Lodzer Goldrauschs, die heute als Ämter und Schulen und Museen eine neue Bestimmung gefunden haben, die verstädterte Ländlichkeit der geduckten alten Weberhäuser, Holzkaten noch immer, und dazwischen die Signale des neuen Polen, Signale aus Stahlbeton und Glas – das alles zusammen bildet jedenfalls ein Stück Sozialgeschichte, echt und unverfälscht, authentischer beispielsweise als die gewiß liebevoll restaurierte, gewiß wunderschöne Warschauer Altstadt, die mir von allen Seiten als Alternative eingeredet wird.

Der Schutzmann sprach deutsch, viele Menschen sprachen hier deutsch, deutsche Fabrikanten, Ingenieure und Kaufleute beherrschten Gesellschaft, Geschäft, Industrie dieser Stadt.

Ich verliere mich; es wird Zeit, sich nach dem Hotel Savoy umzusehen. Ein älterer Herr, dessen vorzügliches Deutsch eine unverkennbar österreichische Färbung verrät, weist mich in eine schmale Nebenstraße der Piotrkowska. Die ulica Traugutta hat nur wenige Häuser. Eines davon, Nr. 6, das größte und höchste, ist das Savoy. Es ist mehr als nur die Vorfreude auf Bett und Bad und Nachtmahl, daß ich so etwas wie Heimatboden unter meinen Füßen verspüre: Ich kenne jeden Winkel dieses Hotels, ohne daß ich es je zuvor in meinem Leben betreten hätte. Joseph Roth hat mich darin herumgeführt.

Ob er es heute wiedererkennen würde? Die Bilder vom alten Savoy, die mir tags darauf die hilfsbereiten Mädchen der Stadtbibliothek an der ulica Gdanska unter großen Mühen zusammensuchen, zeigen den gleichen siebenstöckigen Palast; bis herauf in die fünfziger Jahre war er mit seinen 153 Zimmern der höchste Profanbau der Stadt. Die spätsezessionistische Fassade mit den beiden Erkerflügeln, den vielen kleinen Balkons, dem sparsamen Zierat befindet sich seit ihrer Renovierung in gutem Zustand. Gewiß, die Insignien des feudalen Hotelstils von einst sind verschwunden, verbannt: kein livrierter Portier mehr, kein goldenes Wappen, keine Spiegelwände im Lift. Von dem breiten gastronomischen Angebot des Hauses sind lediglich das Restaurant und ein etwas schäbiges Café erhalten geblieben, nach Fünf-Uhr-Saal und Bar fragt der Gast vergebens. Einzig der winzige Salon des »Fryzjer« läßt noch etwas vom alten Glanz ahnen, von der Zeit, da die Frontansicht des Savoy in jedem Tabakladen als Ansichtskarte zu haben war. Heute verfügt das Empfangspult nicht einmal mehr über ein Blatt eigenen Hotelbriefpapiers. Das geheimnisvolle System der Normaluhren, die, obwohl miteinander gekoppelt, in jeder Etage eine andere Zeit anzeigten, wurde vor einigen Jahren – mit dem Ableben des alten Uhrenwärters – demontiert; die »elektrischen Lampen mit ihren rosa und grünen Schirmen, erblühend wie aus Kelchen«, sind nüchternem Stahlblech gewichen; statt der »freundlich blinkenden Nachtgeschirre« finde ich im Bettschränkchen eine vorgedruckte Mobiliarliste; die polnische Hotelordnung schreibt für jedes Zimmer solch ein »spis inwentarza« vor. Das Inventar des meinen – dank freundlicher Intervention des Direktors macht man mir Nr. 703, das Logis von Roths Spiegel-Ich Gabriel Dan, frei – setzt sich, diesem Verzeichnis zufolge, aus 20 Posten zusammen. Einiges davon wurde wieder gestrichen – leider reicht mein kümmerliches Polnisch nicht dazu aus, zu klären, auf welche einstigen Segnungen volksdemokratischen Hotelkomforts ich mittlerweile verzichten muß.

In einigem kann ich mich meinem Quartiervorgänger Gabriel Dan überlegen fühlen: Ich habe Radio, Telefon und Bad. Außerdem ist eine Aufwertung meiner Etage auch darin zu erblicken, daß kein »grauer Dunst der Waschküche« mir den Blick verschleiert: Die Hotelwäscherei ist heute im Souterrain untergebracht. Wenn ich in den Lichthof blicke, sehe ich schon in aller Herrgottsfrühe die Wäscherinnen mit dem Bettzeug vom Vortag hantieren.

So ist also manches besser geworden, anderes schlechter, vulgärer. Aber ist das so wichtig? Soll ich etwa Unmut darüber äußern, daß ich zum Essen kein Bier bekomme, sondern nur strikt Alkoholfreies? Daß mir die etwas angejahrten Rhythmen der unvermeidlichen Hotel-Combo bis tief in die Nacht hinein das Einschlafen erschweren? Daß sich mir die gräßliche provinzielle Modernität der Wandgemälde im Speisesaal auf den Magen schlägt? Ist das alles wirklich so wichtig? Was aber *ist* es dann, was dieses »Erlebnis Savoy« in summa so unbefriedigend, so seltsam dürftig macht? Am zweiten Tag meines Aufenthalts, wo ich glücklich die ersten flüchtigen Hotelbekanntschaften hinter mir habe, ein Gruß im Aufzug, ein »Pardon« im Korridor, ein paar Floskeln beim Frühstückstisch, Einkäufer, Ingenieure und eine Handvoll Warschauer Touristenüberschuß, weiß ich den Grund: Mir fehlen die Leute, mit denen Joseph Roth sein Savoy bevölkert hat: Stasia fehlt mir, die kleine Tänzerin, Santschin, der sterbende Clown, Hirsch Fisch, der heruntergekommene Fabrikant, der über die Gabe verfügte, gewinnträchtige Lottozahlen zu »träumen«. Das Völkergemisch von einst – es existiert nicht mehr im Lodz von heute. Dafür haben schon die Nazis gesorgt.

Es war eine recht amüsante Stadt mit allerlei wunderbaren Menschen – man traf derlei nicht in aller Welt.

Direktor Kaszuba, dem ich nach dem Frühstück meine Aufwartung mache und der in mir zunächst einen Gast vermutet, der eine Beschwerde anbringen will, zeigt mir die Pläne, die die Deutschen im Jahr 1944 zurückgelassen haben, als der Traum von Litzmannstadt und dem Reichsgau Wartheland ausgeträumt war: Pläne zur Erweiterung des Hotels. 80.000 Reichsmark sollte allein die Lautsprecheranlage kosten, mit der wohl die Führerparolen in alle Winkel des

Hauses, in jedes Zimmer, selbst in die Bar, ins Kabarett und natürlich in die »Gefolgschaftsräume« gepumpt worden wären. Der Kostenvoranschlag, erstellt von Telefunken Berlin, Abteilung Elektroakustik, trägt das Datum 7. März 1942. Kurz zuvor war im Savoy durch deutsche Polizeiverordnung der Gebrauch der polnischen Sprache unter Strafe gestellt worden. Und die ulica Traugutta hieß auf einmal Herbert-Norkus-Straße.

Ich bin ein Ostjude, und wir haben überall dort unsere Heimat, wo wir unsere Toten haben.

Ich blättere im jüngsten Lodzer Telefonbuch. Von den alten Namen, die durch Roths Romanhandlung geistern, finde ich mit Mühe und Not gerade noch einen einzigen: Blumenfeld. Jakub Blumenfeld. Auch die Roths sind einmal vertreten – mit einem Stanislaw. Alle übrigen, soweit sie nicht sowieso der Phantasie des Dichters entsprungen sind, existieren nur mehr als Grabinschrift auf dem jüdischen Friedhof...

Ich lasse mich mit dem Taxi hinbringen, cmentarz zydowski sagt man auf Polnisch. Es ist einer der größten israelitischen Friedhöfe der Welt. Er liegt im Norden der Stadt, im Bezirk Baluty, dort wo während der deutschen Besetzung an die 200.000 Juden zusammengepfercht waren und wo auch Roths Kriegsheimkehrer Gabriel Dan seinen reichen Onkel Phöbus Böhlaug aufspürt – die »vornehme Vorstadtstraße« Gibka, die er als dessen Adresse nennt, ist in den Trümmern des Gettos mit untergegangen. Der Friedhof aber blieb erhalten.

Den Haupteingang, Backsteinmauerwerk wie alles Alte hier, finde ich versperrt. Mein Chauffeur kennt jedoch eine verborgene Nebenpforte, und dort läßt man uns ein. Gras und Unkraut drohen die Grabsteine zu überwuchern:

Grabsteine mit polnischen, mit russischen, mit deutschen, mit hebräischen Inschriften. Goldkorn und Silberstein, Honigmann und Blum. Nur ganz vereinzelt ein Toter aus den letzten Jahren. Wie hatte der Rabbi Kind zu mir gesagt, als ich ihn in seiner armseligen Kanzlei drinnen in der Stadt nach dem mosaischen Bevölkerungsanteil von heute gefragt hatte? »Zweihundert, vielleicht zweihundertfünfzig. Jeden Monat werden es weniger. Die einen *ziehen* weg, die anderen *sterben* weg.« Der Name Joseph Roth sagt ihm nichts. Auch sein Schamess, ein buckliges kleines Männlein, das mich die Hintertreppe zu ihm hinaufgeführt hat, schüttelt den Kopf. Das Hotel Savoy ein Romanschauplatz mit Dauergästen? Das muß lange her sein. Wer könnte sich dort heute ein fixes Logis leisten? Ja, früher einmal, da war das etwas ganz Normales. »Wie ich in Lemberg studiert hab', hab' ich über ein halbes Jahr im Hotel gewohnt.«

In einem der Eckhäuser an der Kreuzung Zachodnia/Wieckowskiego haben die paar übergebliebenen Juden von Lodz ihren Klub, der Verwalter führt mich durch die Räume. Im Lesezimmer hängt die »Folkssztyme« am Haken, sie kommt aus Warschau, ist die Zeitung der polnischen Juden und hat einen hebräischen neben einem polnischsprachigen Teil. In überschwenglicher Freundlichkeit werde ich aufgefordert, am Abend wiederzukehren, da seien mehr Leute da. »Es kommen zwar nur die Alten zu uns, die Jugend bleibt leider fern und leider auch die Intelligenz. Aber die Leute möchten sich freuen, wenn sie mit Ihnen deutsch sprechen könnten. Bitte, kommen Sie. Bitte.« Ich spüre ein Würgen im Hals: Sollten diese Menschen nicht eigentlich für alle Zeiten genug haben von allem Deutschen? Nein, sie wollen deutsch mit mir reden, und sie *bitten* mich noch darum. Wie stark sprachliche Bande sein können. Tieferschüttert verabschiede ich mich und mache mich auf den Weg zurück ins Savoy.

Das Hotel Savoy ist ein reicher Palast und ein Gefängnis. Unten wohnen in schönen weiten Zimmern die Reichen ... oben die armen Hunde, die ihre Zimmer nicht bezahlen können.

Unterwegs beginne ich nachzurechnen. 1912 wurde das Hotel erbaut – in Stahlbeton, wie die Warschauer illustrierte Wochenzeitung »Swiat« in einem ganzseitigen Huldigungsartikel ausdrücklich hervorhob. 1921, nur neun Jahre später, ließ Joseph Roth das für sein solides Service, sein literarisches Kabarett »Bi-Ba-Bo« und seine Musikkapelle »unter Maestro George de Lasareff« berühmte Etablissement in den Flammen eines Arbeiteraufstandes untergehen. Das ist Fiktion: Das Savoy ist niemals abgebrannt. Und doch kann man sagen: Roth verwendete es als Kulisse für etwas, was sowohl vor wie nach dem Ersten Weltkrieg in Lodz beinahe zum Alltag gehörte: Streik, Ausschreitung, Revolution.

Alle, die hier wohnten, waren dem Hotel Savoy verfallen ... Ich sah, daß keiner von ihnen freiwillig im Hotel Savoy wohnte. Jeden hielt ein Unglück fest. Jedem war Hotel Savoy das Unglück, er wußte nicht mehr gerecht zu scheiden zwischen dem und jenem.

Gewiß, Lodz und sein Hotel Savoy waren für Roth nur eine unter vielen Stationen. Das Eden in Amsterdam, das Cosmopolite in Brüssel, der Englische Hof in Frankfurt, das Imperial in Wien, das Beauvau in Marseille, das Hotel Schwanen in Rapperswil und gar das Foyot in Paris, das er in den Jahren der Emigration als seine ständige Adresse angab, waren ihm ebenso vertraut wie das Savoy in Lodz. Aber keines von allen konnte es mit diesem – im guten wie im bösen – an Charisma aufnehmen, keines von allen verstand es so wie dieses, Schicksal zu spielen: »Im Hotel Savoy konnte ich mit einem Hemd anlangen und es verlassen als der Gebieter von zwanzig Koffern.«

Weiß Gott, das hat sich geändert. Zwanzig Koffer – daß ich nicht lache. Heute hätte der gleiche Gabriel Dan alle Mühe, sich das eine Hemd, mit dem er ankommt, zu erhalten. Denn wenn es, Gott bewahre, nach dem neuesten westlichen Schnitt gearbeitet wäre, müßte er gewärtigen, daß es ihm mit treuherzigem Augenaufschlag der Liftboy abbettelte. Und ich bin sicher, er würde es ihm geben. Ganz sicher.

DICHTERS DIENSTMANN

Handkes »Tormann«-Welt ist voller Käuze

Die Bilder kamen einem nicht natürlich vor, sondern so, als seien sie extra für einen gemacht worden.

Er hat keine Chance, in die Literaturgeschichte einzugehen. Und hätte doch in ihr seinen Platz. Nicht einmal in seiner engeren Heimat sonnt er sich in Berühmtheit. Andere – wie etwa der »Planetenleser« Josef Weber, der die Gabe des Zweiten Gesichts für sich in Anspruch nimmt und in den Wirtshäusern rundum seine Sprechstunden abhält, um den kinderlos gebliebenen Frauen der Gegend die Stunden höchster Fruchtbarkeit zu errechnen – stehlen ihm die Show. Dabei hätte er einen Namen, der sich wie eine Bastelarbeit aus der Fabulierwerkstätte Thomas Manns ausnimmt: Eduard Sauerzopf. Doch so steht's nur auf dem Papier. Für seine Freunde ist er der Edi, für alle andern der »Herr Fachlehrer«. Fachlehrer an der gemischten Hauptschule zu Jennersdorf im Burgenland. Seine Fächer: Zeichnen, Kurzschrift, Englisch und Deutsch.

Jedem andern wäre das zuviel – ihm ist es zu wenig. Und so macht sich dieser Eduard Sauerzopf in jeder freien Minute an jene Künstlermenschen heran, die einander im Nachbarort Neumarkt an der Raab die Klinke in die Hand geben, seitdem man ihnen dort zwei strohgedeckte Bauernkaten aus dem vorigen Jahrhundert als Arbeitslogis hergerichtet hat. Peter Handke war, Herbst 1968, einer der ersten, die sich in der Zehn-Schilling-Klause einquartierten. Der Wunderknabe revanchierte sich mit einem Bestseller: »Die Angst des Tormanns beim Elfmeter« wird in Neumarkt und Umgebung ausgestanden, hier spielt der Roman, hier hat

Handke das Rohmaterial dafür gesammelt: die Außenwelt der Innenwelt des flüchtigen Mörders Josef Bloch. Und Eduard Sauerzopf, der »Herr Fachlehrer«, war dabei Cicerone und Berater, Manager und Chauffeur. Das Faktotum vom Dienst.

Im Gästebuch des Atelierhauses zu Neumarkt an der Raab liest sich das so:

»Für den sehr nützlichen Aufenthalt hier möchte ich mich bedanken. Vor allem bei Herrn Fachlehrer Sauerzopf, ohne den ich vielleicht kaum ein Zehntel von dem gesehen hätte, was ich gesehen habe. Peter Handke, 2 10. 1968.«

Daneben eine kleine Zeichnung: Peter Handke – radelnd. So haben ihn die Leute hier in Erinnerung: wie er Tag für Tag mit dem klapprigen Fahrrad, das zum Inventar des Atelierhauses gehört, die zwei Kilometer nach Jennersdorf herübergezockelt kam, um an der Kaffeehaus-Jukebox die neuesten Hits zu drücken. »Da hat der Handke sich unheimlich gut ausgekannt. Überhaupt ging ja bei ihm das meiste Geld für die Spielautomaten drauf. Für Tischfußball und Flipper. Sonst war er ausgesprochen bescheiden. Zum Essen hat er sich meist nur beim Greißler eine Wurstsemmel gekauft.«

Eine von Eduard Sauerzopfs Aufgaben war es, dem Dichter junge Mädchen zuzutreiben – in allen Ehren. Denn selbst wenn Handke mit ihnen tanzen ging, etwa zur »London-Pepi«, die im »Tormann« als »Grenzwirtin Hertha« verewigt ist, hatte er nichts anderes als das Materialsammeln im Sinn. Eines seiner »Opfer«, die Sparkassenangestellte Rosalinde, erinnert sich: »Kaum hatten wir uns niedergesetzt, um zu verschnaufen, da zog er auch schon seinen Notizblock hervor, so ein ganz kleiner Notizblock war das, und schrieb alles genau auf, was ich ihm erzählt hatte.«

»Und was hatten Sie ihm erzählt?« »Er sagte, er sei an allem interessiert. Ich solle nur daherreden, wie es mir ge-

Eduard Sauerzopf (Mitte) vor dem Handke-Atelier in Neumarkt

rade in den Sinn komme. Und ob ich mich an Dinge aus meiner Kindheit erinnerte. Ja, von der Kindheit an – alles wollte er wissen. Das hat er dann mitgeschrieben. Ich hab' ihn gut leiden mögen, den Handke Peter. Er hat überhaupt nicht überlegen getan – so wie sonst oft die Burschen.« Aber ein so überwältigend starker Eindruck, daß sie deswegen sein Buch gekauft und etwa Nachschau gehalten hätte, ob ihre Konfessionen in die Literatur eingegangen, ja womöglich selber Literatur geworden seien, scheint es wieder nicht gewesen zu sein. »Die Angst des Tormanns beim Elfmeter« wird man auf Rosalindes Nachttisch vergebens suchen.

Das ist nicht überall so in Jennersdorf. Eduard Sauerzopf schätzt, daß das Buch am Originalschauplatz seiner Handlung, einer Gemeinde von zweieinhalbtausend Seelen, »in fünfzig Exemplaren« verbreitet ist. Und die Reaktionen seiner Mitbürger? Teils Stolz, teils Befremden: Stolz darauf, daß dieser verlorene Winkel des Landes, mit dem der Durch-

Eine Skizze von seiner Hand.

schnittsösterreicher nicht viel mehr als Grenzschlagbaum und Kürbiskernöl assoziiert, literaturfähig geworden ist, und Befremden darüber, daß die diversen Lokalitäten im Buch so willkürlich durcheinandergewürfelt, so »verzerrt« und »entstellt« wiedergegeben sind. Ortsbeschreibung und Naturschilderung haben nun einmal für die einfachen Leute von Jennersdorf – und sicher nicht nur für sie – »wahrheitsgetreu« zu sein. Der Peter Rosegger etwa – ja, der habe davon etwas verstanden.

Besonders die »London-Pepi« – recte: Josefa Wellington –, deren Bar »Zur Stadt London« einer von Peter Handkes Lieblingsaufenthalten gewesen war und die ihm in endlosen Beichten ihre wildbewegte Lebensgeschichte eingebleut hatte, reagierte, als zwei Jahre später die ersten Buchexemplare in der Gegend auftauchten, ausgesprochen sauer, ehe sie – freilich aus ganz anderen Gründen – sich nach Australien davonstahl: Sie hatte fest damit gerechnet, in dem verheißenen Roman die Hauptfigur zu sein und ihre via dolorosa getreulich referiert wiederzufinden. Und was war davon übriggeblieben? Ein gemischter Salat, wie er auf ihrer Speisekarte stand! Ein bißchen Kolorit aus ihrem Lokal, gewiß, das schon – aber schamlos vermengt mit Details von der Konkurrenz! Der Musikautomat, gut – den hatte der Herr Dichter ihr noch zugestanden. Aber schon das »beschädigte Hirschgeweih«, von einem Hirsch stammend, der sich ins Minenfeld verirrt hatte – wie konnte dieser Peter Handke sich nur unterstehen, ihr superschickes Etablissement, das selbst Gäste aus der Stadt, aus Graz und Wien anzog, mit etwas derart Hinterwäldlerischem auszustaffieren!

Eduard Sauerzopf, vor diebischer Freude feixend, war, wie bei fast allem, auch bei der »Beschaffung« jenes Requisits Pate gestanden: »Oft, wenn es regnete und mir der Handke mit seinem alten Fahrrad leid tat, nahm ich ihn in meinem Volkswagen mit und zeigte ihm die Gegend. Das Hirschgeweih fanden wir in einer Gaststätte im Nachbarort Eisenberg. Sie ist inzwischen aufgelassen. Wenn Sie wollen, können wir hinfahren und es anschauen.«

Denn Eduard Sauerzopf macht keinen Unterschied zwischen Dichtern und Journalisten. Die vielgerühmte Hilfsbereitschaft, die er seinerzeit Peter Handke zuteil werden ließ, wiederholt sich jetzt aufs angenehmste an mir. Der »Herr Fachlehrer«, der den Verfasser der »Angst des Tormanns beim Elfmeter« unermüdlich mit Topographie versorgt hat, zeigt sich bereit, mit mir die Lektion von damals ein zweitesmal durchzunehmen – erweitert um die jeweilige Fußnote »Was der Dichter daraus gemacht hat«. Ich sehe also alle Winkel des Ortes, den der »Monteur Josef Bloch, der früher ein bekannter Tormann gewesen war«, nach seinem Mord an der Wiener Kinokassierin Gerda T. durchstreunt, mehr und mehr seiner Umwelt sich entfremdend, mehr und mehr in der Angst vor Verfolgung und Einkreisung sich verstrickend. Ich sehe den verlassenen Zöllnerunterstand am Grenzbalken und den »ersten Wachtturm auf der anderen Seite der Nie-

Die »Tormann«-Landschaft in und um Peter Handkes Feriendomizil Neumarkt an der Raab.

mandslandschneise«, die Sparkasse, in der Bloch den Eindollarschein umwechselt, »den er seit langem bei sich trug«, und die Parkbank, »die, wie ein Messingschild daran besagte, von der Sparkasse des Ortes gestiftet worden war«, ich sehe die Zigeunersiedlung am Waldrand, die Volksschule mit der Aufschrift »Volksschule«, das Kino, den Bahnhof, die »Gaststätte am Bahnhof«, sogar den alten Stich an der Wand, »der den Ort zur Zeit der Türkenkriege darstellte«, und auch den »ausgestopften Auerhahn«.

Das Schloß, in dem Handke die Wirtin des Grenzgasthofs den Pachtvertrag erneuern läßt, ist, so erfahre ich, wie so vieles eine Überlagerung mehrerer Motive: der Batthyany-Güter im nahen St. Martin und der Ritterburg im entfernteren Güssing, von wo der Dichter insbesondere die an ein Holztor genagelten Fischköpfe, die altertümlichen Zinsbücher und die Schmetterlingssammlung »entlehnt« habe. Sauerzopf, wohl gewohnt, von so manchem Ortsansässigen wegen allzu gravierender topographischer Verfremdung in Handkes Text zur Rede gestellt zu werden, glaubt auch mir

Worte der Entschuldigung, der Erklärung, der Verständnisweckung schuldig zu sein: »Es ist wie beim Schnapsbrennen. Man schmeckt die Zwetschgen heraus, aber man wüßte nicht mehr zu sagen, von welchem Baum.«

Eduard Sauerzopf unterscheidet sorgfältig zwischen Schauplätzen, an denen Handke sich nur aufgehalten hat, und solchen, die später – die Niederschrift erfolgte in Berlin – auch im Romantext wiederkehren. Eine dritte Kategorie bilden schließlich jene, an denen Wim Wenders, ein Jahr nach Erscheinen des Buches, seinen Film gedreht hat. Ein Beispiel:

»Das hier, sehen Sie, ist eines der Geschäfte, wo Handke gern die Leute bei ihren Gesprächen belauscht hat. Er hatte immer Papier zum Notizenmachen bei sich. Ein Zettelsystem – der reinste Jean Paul. Dort hinten liegt der Sportplatz, wo Bloch dem Tormann beim Elfmeter zuschaut. Und da drüben hat die Ortsfeuerwehr für eine der Filmszenen Regen gespritzt, Honorar: ein Faß Bier.«

Oder:

»Erkennen Sie das Gebäude da drüben? Das ist das Bezirksgericht. Dort hat Handke um die Bewilligung angesucht, mit den Gefängnisinsassen sprechen zu dürfen. Er wollte wohl ihre Lebensgeschichten erfahren. Aber das wurde abgelehnt. Und das ist das Café, wo Bloch die Burschen aus dem Ort beim Kartenspiel beobachtet. Ja, und in der Schlosserwerkstatt links von der Kirche haben sie die Erdrosselungsszene gedreht.«

So geht das ohne Unterlaß; der Herr Fachlehrer wird nicht müde, sein Jennersdorf in lauter kleine und kleinste biographische Stationen, lauter Romanpartikel, lauter Filmeinstellungen zu zerlegen. Für die Literatur scheint dieser wackere Idealist zu jedem Entgegenkommen bereit zu sein. Er lotst auch mich im VW durch die »Tormann«-Landschaft im österreichisch-ungarisch-slowenischen Dreiländereck, an der die Filmleute rühmten, sie sei so herrlich unauffällig, auf so eindringliche Weise »allgemein«, die ideale »Allerweltslandschaft«; er klingelt Leute aus ihren Häusern heraus, die, wie er glaubt, für meine Recherchen von Nutzen sein könnten; er bettelt dem Bäcker Brotkrumen ab, um – diesmal dem Photographen zu Diensten – zwecks Belebung der Szene Hühner ins Bild zu locken; und er zaubert im Handumdrehn, aus der Erinnerung, den radelnden Handke auf ein Blatt seines Skizzenblocks. Ja, es ist ihm sogar Ehre genug, in dem Buch, an dessen Entstehung er so starken Anteil hat, nur mit einem einzigen beiläufigen Satz verewigt zu sein – und auch das nur dem Namen, nicht dem Charakter nach. Denn dieser Eduard, der da auf Seite 58 seinen kurzen Auftritt hat, ist ein ziemlich mieser Vogel: Auf der Heimfahrt von einer Tanzveranstaltung läßt er seine Begleiterin irgendwo auf freier Strecke aus dem Wagen steigen und mutterseelenallein durch den Wald nach Hause gehen. Schutzlos, mitten in der Nacht. So etwas fiele dem Herrn Fachlehrer nicht einmal im Traum ein. Aber für die Literatur ist er gern bereit, sich sogar mit dieser Rolle abzufinden.

BILDNACHWEIS

The British Tourist Authority, London: S. 148
Edizioni G. Randazzo, Verona: S. 100
Ernst Feigl, Wien: S. 77
Dietmar Grieser, Wien: S. 15, 17, 45, 81, 89, 96, 195, 252, 260, 286
Hans Hoffmann, Husum: S. 169
Rudolf Kasparek, Wien: S. 182
Lufthansa, Frankfurt: S. 225
Nationalmuseum Stockholm (Photo: T. Lindeberg): S. 113
Photo-Blotin, Illiers: S. 213
Photo-Verlag W. Müller, Aßlar: S. 133
Dr. Rolf Schäfer, Wien: S. 297, 230
Servicio Official del Ministerio de Información y Turismo, Madrid: S. 278

Umschlagfoto: Uwe Dettmar, Frankfurt a. M.

In einigen Fällen war es leider nicht möglich, die Anschrift von Bildrechtsinhabern ausfindig zu machen; allfällige Ansprüche werden nach Geltendmachung abgegolten.

ZU DIESER AUSGABE

insel taschenbuch 1822: Dietmar Grieser, Schauplätze der Literatur. Der Text folgt der Ausgabe Dietmar Grieser, Schauplätze der Literatur. Vom Zauberberg zur Strudlhofstiege. Buchgemeinschaft Donauland/Kremayr & Scheriau, Wien/Bertelsmann Club GmbH. Die Beiträge wurden vom Autor zusammengestellt und entstammen den Werken: Schauplätze österreichischer Dichtung, © 1974 by Langen Müller Verlag, München, und Schauplätze der Weltliteratur, © 1975 by Langen Müller Verlag, München.

Biographien, Leben und Werk im insel taschenbuch

Lou Andreas-Salomé: Lebensrückblick. Grundriß einiger Lebenserinnerungen. Aus dem Nachlaß herausgegeben von Ernst Pfeiffer. Neu durchgesehene Ausgabe mit einem Nachwort des Herausgebers. it 54

– Rainer Maria Rilke. Mit acht Bildtafeln im Text. Herausgegeben von Ernst Pfeiffer. it 1044

Angelika Beck: Jane Austen. Leben und Werk in Texten und Bildern. it 1620

Bertolt Brecht. Sein Leben in Bildern und Texten. Mit einem Vorwort von Max Frisch. Herausgegeben von Werner Hecht. it 1122

Die Schwestern Brontë. Leben und Werk in Texten und Bildern. Herausgegeben von Elsemarie Maletzke und Christel Schütz. it 814

Robert de Traz: Die Familie Brontë. Eine Biographie. Aus dem Französischen von Maria Arnold. Mit einem Beitrag von Mario Praz. Mit zahlreichen Abbildungen. it 1548

Georg Büchner. Leben und Werk in Texten und Bildern. Von Reinhold Pabst. it 1626

Hans Carossa: Ungleiche Welten. Lebensbericht. it 1471

Cézanne. Leben und Werk in Texten und Bildern. Von Margret Boehm-Hunold. it 1140

George Clémenceau: Claude Monet. Betrachtungen und Erinnerungen eines Freundes. Mit farbigen Abbildungen und einem Nachwort von Gottfried Boehm. it 1152

Sigrid Damm: Cornelia Goethe. it 1452

– »Vögel, die verkünden Land.« Das Leben des Jakob Michael Reinhold Lenz. it 1399

Joseph von Eichendorff. Leben und Werk in Texten und Bildern. Herausgegeben von Wolfgang Frühwald und Franz Heiduk. it 1064

Elisabeth von Österreich. Tagebuchblätter von Constantin Christomanos. Herausgegeben von Verena von der Heyden-Rynsch. Mit Beiträgen von E. M. Cioran, Paul Morand, Maurice Barrès und Ludwig Klages. Mit zeitgenössischen Abbildungen. it 1536

Die Familie Mendelssohn. 1729 bis 1847. Nach Briefen und Tagebüchern herausgegeben von Sebastian Hensel. it 1671

Theodor Fontane: Kriegsgefangen. Erlebnisse 1870. Herausgegeben von Otto Drude. Mit zahlreichen Abbildungen. it 1437

– Meine Kinderjahre. Autobiographischer Roman. Mit einem Nachwort von Otto Drude. it 705

Theodor Fontane. Leben und Werk in Texten und Bildern. Von Otto Drude. it 1660

162/1/3.95

Biographien, Leben und Werk im insel taschenbuch

Sigmund Freud. Sein Leben in Bildern und Texten Herausgegeben von Ernst Freud, Lucie Freud und Ilse Grubrich-Simitis. Mit einer biographischen Skizze von K. R. Eissler. Gestaltet von Willy Fleckhaus. it 1133

Klaus Goch: Franziska Nietzsche. Eine Biographie. Mit zahlreichen Abbildungen. it 1623

Goethe. Sein Leben in Bildern und Texten. Vorwort von Adolf Muschg. Herausgegeben von Christoph Michel. Gestaltet von Willy Fleckhaus. it 1000

Manfred Wenzel: Goethe und die Medizin. Selbstzeugnisse und Dokumente. Mit zahlreichen Abbildungen. it 1350

Hermann Grimm: Das Leben Michelangelos. it 1758

Gernot Gruber: Mozart. Leben und Werk in Texten und Bildern. it 1695

Otto Hahn. Leben und Werk in Texten und Bildern. Mit einem Vorwort von Carl Friedrich von Weizsäcker. Herausgegeben von Dietrich Hahn. it 1089

Heinrich Heine. Leben und Werk in Daten und Bildern. Von Joseph A. Kruse. Mit farbigen Abbildungen. it 615

Hermann Hesse. Sein Leben in Bildern und Texten. Mit einem Vorwort von Hans Mayer. Herausgegeben von Volker Michels. it 1111

Volker Michels: Hermann Hesse. Leben und Werk im Bild. Mit dem ›kurzgefaßten Lebenslauf‹ von Hermann Hesse. it 36

Marie Hesse: Ein Lebensbild in Briefen und Tagebüchern. Mit einem Essay von Siegfried Greiner. Mit frühen Lithographien von Gunter Böhmer. it 261

Hölderlin. Chronik seines Lebens mit ausgewählten Bildnissen. Herausgegeben von Adolf Beck. it 83

Eckart Kleßmann: E.T.A. Hoffmann oder Die Tiefe zwischen Stern und Erde. Eine Biographie. Mit zahlreichen Abbildungen. it 1732

Erhart Kästner. Leben und Werk in Daten und Bildern. Herausgegeben von Anita Kästner und Reingart Kästner. it 386

Marie Luise Kaschnitz: Tage, Tage, Jahre. Aufzeichnungen. it 1453

Gisela Kleine: Gabriele Münter und Wassily Kandinsky. Biographie eines Paares. Mit farbigen Abbildungen. it 1611

Eckart Kleßmann: Die Familie Mendelssohn. Mit zahlreichen Abbildungen. it 1523

Werner Koch: Lawrence von Arabien. Leben und Werk in Texten und Bildern. it 1704

Cordula Koepcke: Lou Andreas-Salomé. Leben. Persönlichkeit. Werk. Eine Biographie. it 905

162/2/3.95

Biographien, Leben und Werk im insel taschenbuch

Oskar Kokoschka. Leben und Werk in Daten und Bildern. Herausgegeben von Norbert Werner. it 909

Dieter Kühn: Ich Wolkenstein. Eine Biographie. Neue, erweiterte Ausgabe. it 497

– Neidhart aus dem Reuental. it 1389

– Parzival. Der Parzival des Wolfram von Eschenbach. it 1328

Monique Lange: Edith Piaf. Die Geschichte der Piaf. Ihr Leben in Texten und Bildern. Aus dem Französischen von Hugo Beyer. Mit einer Discographie. it 516

Gertrud von le Fort. Leben und Werk in Daten, Bildern und Zeugnissen. it 195

Mütter berühmter Männer. Zwölf biographische Portraits. Herausgegeben von Luise F. Pusch. it 1356

Jean Orieux: Das Leben des Voltaire. Aus dem Französischen von Julia Kirchner. Mit einer Zeittafel und einem kommentierten Personenregister. it 1651

Ernst Penzoldt. Leben und Werk in Texten und Bildern. Herausgegeben von Ulla Penzoldt und Volker Michels. it 547

Marthe Princesse Bibesco: Begegnung mit Marcel Proust. Aus dem Französischen von Eva Rechel-Mertens. it 1349

Renate Wiggershaus: Marcel Proust. Leben und Werk in Texten und Bildern. it 1348

Gwen Raverat: Eine Kindheit in Cambridge. Roman. Aus dem Englischen übertragen von Leonore Schwartz. it 1592

Rainer Maria Rilke. Leben und Werk im Bild. Von Ingeborg Schnack. Mit einer biographischen Einführung und einer Zeittafel. it 35

George Sand. Leben und Werk in Texten und Bildern. Von Gisela Schlientz. it 565

Arthur Schopenhauer. Leben und Werk in Texten und Bildern. Herausgegeben von Angelika Hübscher. it 1059

Misia Sert: Pariser Erinnerungen. Aus dem Französischen von Hedwig Andertann. Mit einem Bildteil. it 1180

Töchter berühmter Männer. Neun biographische Portraits. Herausgegeben von Luise E. Pusch. it 979

Siegfried Unseld: Hermann Hesse. Werk und Wirkungsgeschichte. Revidierte und erweiterte Fassung der Ausgabe von 1973. Mit zahlreichen Abbildungen. it 1112

Voltaire. Leben und Werk in Texten und Bildern. Von Horst Günther. it 1652

162/3/3.95

Biographien, Leben und Werk im insel taschenbuch

Wilhelmine von Bayreuth: Eine preußische Königstochter. Glanz und Elend am Hofe des Soldatenkönigs in den Memoiren der Markgräfin Wilhelmine von Bayreuth. Aus dem Französischen von Annette Kolb. Neu herausgegeben von Ingeborg Weber-Kellermann. Mit Illustrationen von Adolph Menzel. it 1280

Virginia Woolf. Leben und Werk in Texten und Bildern. Herausgegeben von Renate Wiggershaus. it 932

Stefan Zweig. Leben und Werk im Bild. Herausgegeben von Donald Prater und Volker Michels. it 532

162/4/3.95

Literatur und Reisen
im insel taschenbuch

Alt-Prager Geschichten. Gesammelt von Peter Demetz. Mit Illustrationen von Hugo Steiner-Prag. it 613

Alt-Wiener Geschichten. Gesammelt von Joseph Peter Strelka. Mit sechs farbigen Abbildungen. it 784

Ernst Batta: Römische Paläste und Villen. Annäherung an eine Stadt. Mit zahlreichen Abbildungen. it 1324

Bodensee. Reisebuch. Herausgegeben von Dominik Jost. Mit zahlreichen Abbildungen. it 1490

Bonn. Ein Städte-Lesebuch. Herausgegeben von Doris Maurer und Arnold E. Maurer. Mit zahlreichen Abbildungen. it 1224

Dresden. Ein Reiselesebuch. Herausgegeben von Katrin Nitzschke. Unter Mitarbeit von Reinhard Eigenwill. Mit zahlreichen Abbildungen. it 1365

Flandern. Ein literarisches Landschaftsbild. Herausgegeben von Werner Jost und Joost de Geest. it 1254

Florenz. Lesarten einer Stadt. Herausgegeben von Andreas Beyer. Mit zahlreichen Illustrationen. it 633

Florida. Reisebuch. Herausgegeben von Katharina Frühe und Franz Josef Görtz. Mit zahlreichen Abbildungen. it 1492

Theodor Fontane: Jenseit des Tweed. Bilder und Briefe aus Schottland. Mit zahlreichen Abbildungen und einem Nachwort herausgegeben von Otto Drude. it 1066

– Ein Sommer in London. Mit einem Nachwort von Harald Raykowski. it 1723

Georg Forster: Reise um die Welt. Herausgegeben und mit einem Nachwort von Gerhard Steiner. it 757

Johann Wolfgang Goethe: Italienische Reise. Mit vierzig Zeichnungen des Autors. Herausgegeben und mit einem Nachwort versehen von Christoph Michel. it 175

– Tagebuch der Italienischen Reise 1786. Notizen und Briefe aus Italien. Mit Skizzen und Zeichnungen des Autors. Herausgegeben und erläutert von Christoph Michel. it 176

– Kampagne in Frankreich 1792. Belagerung von Mainz. Herausgegeben von Jörg Drews. Mit zeitgenössischen Abbildungen. it 1525

Walter Haubrich / Eva Karnofsky: Die großen Städte Lateinamerikas. Sechzehn Städtebilder. Von Walter Haubrich und Eva Karnofsky. Mit farbigen Fotografien. it 1601

Hamburg. Ein Städte-Lesebuch. Herausgegeben von Eckart Kleßmann. it 1312

158/1/3.95

Literatur und Reisen
im insel taschenbuch

Victor Hehn: Olive, Wein und Feige. Kulturhistorische Skizzen. Herausgegeben von Klaus von See unter Mitwirkung von Gabriele Seidel-Leimbach. Mit farbigen Abbildungen. it 1427

Heidelberg-Lesebuch. Stadt-Bilder von 1800 bis heute. Herausgegeben von Michael Buselmeier. it 913

Heinrich Heine: Italien. Mit farbigen Illustrationen von Paul Scheurich. it 1072

Hermann Hesse: Luftreisen. Berichte und Gedichte. Herausgegeben und mit einem Nachwort versehen von Volker Michels. Mit zahlreichen Abbildungen. it 1604

– Tessin. Betrachtungen, Gedichte und Aquarelle des Autors. Herausgegeben von Volker Michels. it 1494

Mit Hermann Hesse durch Italien. Ein Reisebegleiter durch Oberitalien. Mit farbigen Fotografien. Herausgegeben von Volker Michels. it 1120

Mit Hermann Hesse reisen. Betrachtungen und Gedichte. Herausgegeben von Volker Michels. it 1242

Erhart Kästner: Griechische Inseln. Aufzeichnungen aus dem Jahre 1944. Mit einem Nachwort von Heinrich Gremmels. it 118

– Kreta. Aufzeichnungen aus dem Jahre 1943. Mit einem Nachwort von Heinrich Gremmels. it 117

– Ölberge, Weinberge. Ein Griechenland-Buch. Mit Zeichnungen von Helmut Kaulbach. it 55

– Die Stundentrommel vom heiligen Berg Athos. it 56

Harald Keller: Die Kunstlandschaften Italiens. Toskana. Florenz. Umbrien. Rom. Lombardei. Emilia. Venedig. Zwei Bände in Kassette. Mit zahlreichen Abbildungen. it 1576

London. Eine europäische Metropole in Texten und Bildern. Herausgegeben von Norbert Kohl. it 322

Doris Maurer / Arnold E. Maurer: Literarischer Führer durch Italien. Ein Insel-Reiselexikon. Mit zahlreichen Abbildungen, Karten und Registern. it 1071

Reisen durch Europa. Andere Wege zu Kunst und Kultur. Von Günter Metken. Mit zahlreichen Fotografien. it 1572

Mit Rilke durch das alte Prag. Herausgegeben von Hartmut Binder. Mit zahlreichen Abbildungen. it 1489

Michel de Montaigne: Tagebuch einer Reise durch Italien. Aus dem Französischen von Otto Flake. it 1074

Moskau. Ein literarischer Führer. Von Sigrun Bielfeldt. Mit zahlreichen Abbildungen. it 1382

158/2/3.95

Literatur und Reisen
im insel taschenbuch

München. Ein Lesebuch. Herausgegeben von Reinhard Bauer und Ernst Piper. Mit zahlreichen Abbildungen. it 827

Paris. Deutsche Republikaner reisen. Herausgegeben von Karsten Witte. it 389

Ernst Penzoldt: Sommer auf Sylt. Liebeserklärungen an eine Insel. Mit farbigen Zeichnungen des Verfassers. Herausgegeben von Volker Michels. it 1424

Potsdam. Ein Reisebuch. Herausgegeben von Doris Maurer und Arnold E. Maurer. Mit farbigen Abbildungen. it 1432

Prag. Ein Lesebuch. Herausgegeben von Jana Halamičková. Mit zahlreichen Abbildungen. it 994

Reisen durch Deutschland. Von Gustav Faber. Mit farbigen Fotografien. it 1195

Reisen mit Mark Twain. Für Reiselustige ausgewählt und zusammengestellt von Norbert Kohl. it 1594

Rom. Ein Städte-Lesebuch. Herausgegeben von Michael Worbs. it 921

Salzburg. Ein Städte-Lesebuch. Herausgegeben von Adolf Haslinger. Mit zahlreichen Abbildungen. it 1326

Schwarzwald und Oberrhein. Literarischer Führer. Herausgegeben von Hans Bender und Fred Oberhauser. Mit zahlreichen Abbildungen. it 1330

Sommerliebe. Zärtliche Geschichten. Für den Reisekoffer gepackt von Franz-Heinrich Hackel. it 1596

Südtirol. Ein literarisches Landschaftsbild. Herausgegeben von Dominik Jost. it 1317

Toskana. Ein literarisches Landschaftsbild. Herausgegeben von Andreas Beyer. Mit Fotografien von Loretto Buti. it 926

Trier. Deutschlands älteste Stadt. Reisebuch. Herausgegeben von Michael Schroeder. Mit zahlreichen Fotografien. it 1574

Tübingen. Ein Städte-Lesebuch. Herausgegeben von Gert Ueding. Mit zahlreichen Abbildungen. it 1246

Umbrien. Reisebuch. Herausgegeben von Isolde Renner. Mit zahlreichen Abbildungen. it 1491

Venedig. Herausgegeben von Doris Maurer und Arnold E. Maurer. Mit zahlreichen Abbildungen. it 626

Venedig. Literarischer Führer. Herausgegeben von Doris Maurer und Arnold E. Maurer. Mit farbigen Abbildungen. it 1413

Warum in die Ferne? Das Lesebuch vom Daheimbleiben. Eingerichtet von Hans Christian Kosler. it 1332

Die Welt der Museen. Herausgegeben von Joachim Rönneper. it 1493

158/3/3.95

Literatur und Reisen
im insel taschenbuch

Wien. Reisebuch. Herausgegeben von Joseph Peter Strelka. Mit farbigen Fotografien. it 1573

Wien im Gedicht. Herausgegeben von Gerhard C. Krischker. it 1488

– Wiener Adressen. Ein kulturhistorischer Wegweiser von Dietmar Grieser. it 1203

158/4/3.95

Literatur der Moderne
im insel taschenbuch

Hans Christian Andersen: Spaziergang in der Sylvesternacht. Aus dem Dänischen von Anni Carlsson. Mit Zeichnungen von Gunter Böhmer. it 1130

Lou Andreas-Salomé: Lebensrückblick. Grundriß einiger Lebenserinnerungen. Aus dem Nachlaß herausgegeben von Ernst Pfeiffer. Neu durchgesehene Ausgabe mit einem Nachwort des Herausgebers. it 54

– Rainer Maria Rilke. Mit acht Bildtafeln im Text. Herausgegeben von Ernst Pfeiffer. it 1044

Bertolt Brecht: Hauspostille. Mit Anleitungen, Gesangsnoten und einem Anhang. Radierungen von Christoph Meckel. it 617

Hans Carossa: Werke in Einzelausgaben. Zwölf Bände in Kassette. Die Werke sind auch einzeln lieferbar. it 1461-1472

Band 1: Gedichte. Der alte Taschenspieler. it 1461
Band 2: Die Schicksale Doktor Bürgers. Rumänisches Tagebuch. it 1462
Band 3: Der Arzt Gion. it 1463
Band 4: Geheimnisse des Lebens. it 1464
Band 5: Führung und Geleit. it 1465
Band 6: Aufzeichnungen aus Italien. it 1466
Band 7: Eine Kindheit. it 1467
Band 8: Verwandlungen einer Jugend. it 1468
Band 9: Das Jahr der schönen Täuschungen. it 1469
Band 10: Der Tag des jungen Arztes. it 1470
Band 11: Ungleiche Welten. Lebensbericht. it 1471
Band 12: Ein Tag im Spätsommer 1947. Erzählung. it 1472

Tankred Dorst: Grindkopf. Libretto für Schauspieler. Mitarbeit Ursula Ehler. Mit farbigen Zeichnungen von Roland Topor. it 929

– Korbes. Ein Drama. Mitarbeit Ursula Ehler. Mit farbigen Zeichnungen von Johannes Grützke. it 1114

– Der nackte Mann. Mitarbeit Ursula Ehler. Mit farbigen Zeichnungen von Johannes Grützke. it 857

Federico García Lorca: Die dramatischen Dichtungen. Deutsch von Enrique Beck. it 3

Hermann Hesse: Bäume. Betrachtungen und Gedichte. Mit Fotografien von Imme Techentin. Zusammenstellung der Texte von Volker Michels. it 455

– Franz von Assisi. Mit Fresken von Giotto und einem Essay von Fritz Wagner. it 1069

– Gedichte des Malers. Zehn Gedichte mit farbigen Zeichnungen. it 893

– Hermann Lauscher. Mit frühen, teils unveröffentlichten Zeichnungen und einem Nachwort von Gunter Böhmer. it 206

155/1/11.93

155/2/11.93

Literatur der Moderne
im insel taschenbuch

Rainer Maria Rilke: Sämtliche Werke. 6 Bände in Kassette. Herausgegeben vom Rilke-Archiv in Verbindung mit Ruth Sieber-Rilke. Besorgt durch Ernst Zinn. it 1101-1106

Band I: Gedichte. Erster Teil. it 1101
Band II: Gedichte. Zweiter Teil. it 1102
Band III: Jugendgedichte. it 1103
Band IV: Frühe Erzählungen und Dramen. it 1104
Band V: Kritische Schriften. Worpswede. Auguste Rodin. it 1105
Band VI: Malte Laurids Brigge. Kleine Schriften. it 1106

– Am Leben hin. Novellen und Skizzen 1898. Mit Anmerkungen und einer Zeittafel. it 863
– Die Aufzeichnungen des Malte Laurids Brigge. it 630
– Auguste Rodin. Mit 96 Abbildungen. it 766
– Ausgesetzt auf den Bergen des Herzens. Gedichte aus den Jahren 1906 bis 1926. it 98
– Briefe. 3 Bde. in Kassette. Herausgegeben vom Rilke-Archiv in Weimar in Verbindung mit Ruth Sieber-Rilke. Besorgt durch Karl Altheim. it 867
– Die Briefe an Gräfin Sizzo. 1921-1926. Herausgegeben von Ingeborg Schnack. it 868
– Briefe über Cézanne. Herausgegeben von Clara Rilke. Besorgt und mit einem Nachwort versehen von Heinrich Wiegand Petzet. Mit siebzehn farbigen Abbildungen. it 672
– Das Buch der Bilder. Des ersten Buches erster Teil. Des ersten Buches zweiter Teil. Des zweiten Buches erster Teil. Des zweiten Buches zweiter Teil. it 26
– Duineser Elegien. Die Sonette an Orpheus. it 80
– Erste Gedichte. Larenopfer. Traumgekrönt. Advent. it 1090
– Ewald Tragy. Mit einem Nachwort von Richard von Mises. it 1142
– Frühe Gedichte. it 878
– Gedichte. Aus den Jahren 1902 bis 1917. Taschenbuchausgabe der 1931 als Privatdruck erschienenen Edition der Handschrift Rainer Maria Rilkes. Illustriert von Max Slevogt. it 701
– Gedichte aus den späten Jahren. Herausgegeben von Franz-Heinrich Hackel. it 1178
– Geschichten vom lieben Gott. Illustrationen von E. R. Weiß. it 43 und Großdruck. it 2312
– Die Letzten. Im Gespräch. Der Liebende. it 935
– Die Liebenden. Die Liebe der Magdalena. Portugiesische Briefe. Die 24 Sonette der Louïze Labé. it 355

155/3/11.93

Literatur der Moderne
im insel taschenbuch

Rainer Maria Rilke: Neue Gedichte. Der Neuen Gedichte anderer Teil. it 49

Rilkes Landschaft. In Bildern von Regina Richter, zu Gedichten von Rainer Maria Rilke. Mit einem Nachwort von Siegfried Unseld. it 588

– Das Stunden-Buch, enthaltend die drei Bücher: Vom mönchischen Leben. Von der Pilgerschaft. Von der Armut und vom Tode. it 2

– Über den jungen Dichter und andere kleine Schriften aus den Jahren 1906 bis 1926 in zeitlicher Folge. it 340

– Vom Alleinsein. Geschichten, Gedanken, Gedichte. Herausgegeben von Franz-Heinrich Hackel. it 1216

– Worpswede. Fritz Mackensen. Otto Modersohn. Fritz Overbeck. Hans am Ende. Heinrich Vogeler. Mit zahlreichen Abbildungen und Farbtafeln im Text. it 1011

– Zwei Prager Geschichten und ›Ein Prager Künstler‹. Mit Illustrationen von Emil Orlik. Herausgegeben von Josef Mühlberger. it 235

Rainer Maria Rilke / Lou Andreas-Salomé: Briefwechsel. Herausgegeben von Ernst Pfeiffer. it 1217

Rainer Maria Rilke / Mathilde Vollmoeller: Briefwechsel 1906–1914. Herausgegeben von Barbara Glauert-Heße. it 1537

Rilke in Spanien. Briefe, Gedichte, Tagebücher. Herausgegeben von Eva Söllner. Mit farbigen Abbildungen. it 1507

Der Roman der Zwölf. Von Hermann Bahr, Otto Julius Bierbaum, Otto Ernst, Herbert Eulenberg, Hanns Heinz Ewers, Gustav Falke, Georg Hirschfeld, Felix Hollaender, Gustav Meyrink, Gabriele Reuter, Olga Wohlbrück, Ernst von Wolzogen. Mit einem Vorwort von Alfred Estermann. it 1358

Leopold von Sacher-Masoch: Venus im Pelz. Mit einer Studie über den Masochismus von Gilles Deleuze. it 469

Felix Timmermans: Das Brevier für Liebende und andere Erzählungen. Aus dem Flämischen von Peter Mertens und Anna Valeton-Hoos. Mit Zeichnungen des Autors. Großdruck. it 2321

– Der Heilige der kleinen Dinge. Erzählungen. Mit Zeichnungen des Autors. it 1364

– Das Jesuskind in Flandern. Aus dem Flämischen von Anton Kippenberg mit Zeichnungen des Dichters. it 937

– Pallieter. Mit Zeichnungen des Dichters. Aus dem Flämischen von Anna Valeton-Hoos. it 1430

– St. Nikolaus in Not. Aus dem Flämischen von Anna Valeton-Hoos. Mit farbigen Bildern von Else Wenz-Viëtor. it 2023

155/4/11.93

Literatur der Moderne
im insel taschenbuch

Georg Trakl: Die Dichtungen. it 1156

Robert Walser: Fritz Kochers Aufsätze. Illustrationen von Karl Walser. Nachwort von Jochen Greven. it 63

– Liebesgeschichten. Zusammengestellt und mit einem Nachwort versehen von Volker Michels. it 263

Oscar Wilde: Gesammelte Werke in zehn Bänden. Herausgegeben von Norbert Kohl. it 582

Band 1: Das Bildnis des Dorian Gray
Band 2: Märchen und Erzählungen
Band 3: Theaterstücke I
Band 4: Theaterstücke II
Band 5: Gedichte
Band 6: Essays I
Band 7: Essays II
Band 8: Briefe I
Band 9: Briefe II
Band 10: Briefe III

– Aphorismen. Herausgegeben von Frank Thissen. it 1020

– Das Bildnis des Dorian Gray. Deutsch von Hedwig Lachmann und Gustav Landauer. Mit einem Essay, einer Auswahlbibliographie und einer Zeittafel herausgegeben von Norbert Kohl. it 843

– Die Erzählungen und Märchen. Mit Illustrationen von Heinrich Vogeler. Aus dem Englischen übersetzt von Felix Paul Greve und Franz Blei. it 5

– Gedichte. Herausgegeben von Norbert Kohl. it 1455

– Das Gespenst von Canterville. Erzählung. Mit Illustrationen von Oski. Aus dem Englischen von Franz Blei. it 344

– Der glückliche Prinz und andere Märchen. Aus dem Englischen von Franz Blei. Mit Illustrationen von Michael Schroeder und einem Nachwort von Norbert Kohl. it 1256

– Lord Arthur Saviles Verbrechen und andere Geschichten. Mit Illustrationen von Michael Schroeder. Aus dem Englischen von Christine Hoeppner. it 1151

– Salome. Dramen, Schriften, Aphorismen und ›Die Ballade vom Zuchthaus zu Reading‹. Mit Illustrationen von Marcus Behmer. it 107

155/5/11.93